献给所有选修过我的"社会科学中的研究设计"这门课的同学们，以及所有"新唐门"的学生们。没有他们，就不大可能会有这本书。

■ 唐世平学术著作系列

IDEA
ACTION
OUTCOME

观念 行动 结果

社会科学方法新论 >>>>>>>>>>>

唐世平 等◎著

天津出版传媒集团

天津人民出版社

图书在版编目(CIP)数据

观念、行动、结果 ： 社会科学方法新论 / 唐世平等著. -- 天津 ： 天津人民出版社，2021.6(2022.7重印) (唐世平学术著作系列)

ISBN 978-7-201-17349-8

Ⅰ．①观… Ⅱ．①唐… Ⅲ．①社会科学—研究方法 Ⅳ．①C3

中国版本图书馆 CIP 数据核字(2021)第 096027 号

观念、行动、结果:社会科学方法新论

GUANNIAN、XINGDONG、JIEGUO:SHEHUI KEXUE FANGFA XINLUN

出　　版	天津人民出版社	
出 版 人	刘　庆	
地　　址	天津市和平区西康路35号康岳大厦	
邮政编码	300051	
邮购电话	(022)23332469	
电子信箱	reader@tjrmcbs.com	

责任编辑	杨　舒
装帧设计	明轩文化·王　烨

印　　刷	天津新华印务有限公司
经　　销	新华书店
开　　本	710毫米×1000毫米　1/16
印　　张	16.25
字　　数	180千字
插　　页	1
版次印次	2021年6月第1版　　2022年7月第3次印刷
定　　价	65.00元

我的研究方法探索——从不自觉到自觉（代序）

缘 起

在我进入社会科学领域之初，我从未想过我会花这么多时间来探索一些有关研究方法，以及社会科学哲学的问题。

我在社会科学方面受过的正规训练只有两年（严格来说只有一年半，因为中间我回国实习找工作花了半年），除了正经地学过博弈论的入门之外，其间并没有修过别的方法论的课（尽管加州大学伯克利分校政治系的方法课程应该是非常优秀的）。不过有两本和方法论有关的书使我印象深刻：一本就是当时试图一统研究方法的加里·金、罗伯特·基欧汉、悉尼·维巴（Gary King, Robert O. Keohane and Sidney Verba，简称KKV）的《社会科学中的研究设计》（*Designing Social Inquiry*，1994）；另一本则是当时许多人都不以为然罗伯特·杰维斯（Robert Jervis）的《系统效应》（*System Effect*，1997）。事实上，这两本书都是由普林斯顿大学出版社出版，但它们的差别实在太大了。

我对KKV的《社会科学中的研究设计》的第一印象是，尽管他们宣称是基于自然科学中的实验方法来讨论社会科学的方法，但他们至少没有完全弄懂自然科学中的实验。最为关键的是，自然科学中的实验其实不止费希尔（Fisher），以及内曼（Neyman）发明的"（农业）田间实验"一种，至少还有一种实验逻辑，那就是通常在化学和分子生物学、分子遗传学等领域中最为核心的实验逻辑：以甄别或者确立"机制"（mechanism）或者说是"路径"（pathway）、"串联"（cascade）为目标的实验。比如大家都熟悉的有丝分裂、减数分裂、三羧酸循环、细胞凋亡、脱氧核糖核酸（DNA）结构和复制过程、基因表达调控（如著名的操纵子理论）等机制或过程，都是由后一类实验贡献的结果。事实上，几乎所有的诺贝尔生理学或医学奖都是授予后一类实验的结果（关于这两种不同的实验逻辑，我将在别处详细讨论。工作论文版本，见：Shiping Tang, 2019, "Two Logics of Experiment in Biology and Medicine：Mechanistic/Pathway versus Populational/Treatment", https://fudan. academia.edu/ShipingTang/Papers）。这些对于我这样一个受过分子生物学和分子遗传学训练的人来说，自然是常识。

因为KKV认定，自然科学中的实验就只有费希尔发明的"（农业）田间实验"一种。基于此，他们进而认定，从费希尔和内曼开创的基于群体样本的"随机控制干预"（Randomly controlled treatment, RCT）的实验才是最理想的实验，因而也是社会科学必须尽可能逼近的方法。这当然是错误的。不幸的是，很多KKV的批评者也没有意识到这一点。事实上，即便在自然科学哲学中，这两个不同的实验逻辑也没有被清晰地定义。

在社会科学研究中，面对观察数据，如何运用统计技术，逼近随机控制干预的境界而获得确定的"因果推断"（causal inference）肯定更加棘手。而在这一种实验逻辑上，如果社会科学都能够做严格地随机控制干预，那么就和自然科学同样的实验逻辑没有区别了。这背后的挑战非常棘手，也是绝大部分定量分析方法试图解决的核心问题（如果不是唯一核心问题的话）。

罗伯特·杰维斯的《系统效应》是一本令很多人困惑的书。这本书肯定不能算是方法论的书籍。事实上，我认为杰维斯对研究方法的运用基本上停留在"花絮性"证据的水平。这一方面是由于他的主要兴趣是发展理论，另一方面也是因为当年他上研究生的时候政治学还基本没有成型的方法讨论。但是《系统效应》是一本结合了本体论和认知论的书籍，它告诉我们

"系统效应"是自然界和社会的真实存在,而且几乎无处不在。因此我们看待世界的认知论必须是"系统范式"(system paradigm)。而因为在 KKV 之后,大家更强调方法,反而没有人能够理解本体论和认知论这类问题的重要性。不过对于受过地质学和生物学训练的我来说,系统效应无处不在当然也是"常识",加上杰维斯在这本书里更加旁征博引,我一下子就被这本书所折服,但是和我有交往的好几位同学却都不以为然。(我还很清楚地记得,我向当时一起上课的一两位同学提到并推崇这本书时,他们的发言是,完全不知道这本书所云,完全不知道这本书有何用。因为它不告诉读者该去怎样研究系统效应! 因此可以想象当年杰维斯出版这本书的某些内容时的困难了。见《系统效应》的前言。)

在我回到中国社会科学院工作期间(1999—2005 年),我这些最初与研究方法的"接触"却并没有持续。那段时间,我写的许多作品都是相对偏政策类的,对方法的要求没这么多。如果非要说对方法论的讨论是有用的话,那便是我知道案例研究,特别是通过"过程追踪"(process-tracing)的案例研究是必要的。因为这个做法和化学、分子生物学、分子遗传学等领域中以甄别或者确立"机制"或者说是"路径""串联"为目标的实验几乎是一个逻辑。因此在我早期的几篇偏理论捎带实证的作品中,我都是在不自觉地运用"过程追踪"的案例研究方法。在那期间,我猜最重要的是我意识到自己还需要学习更多的方法。

我在新加坡南洋理工大学工作期间,开始有计划地去学习不同的研究方法。首先当然是定量方法,之后便是定性比较分析,基于模拟行为模型(ABM)的模拟方法(后来成为我对"计算社会科学"的部分理解),以及"概念分析"(conceptual analysis)。尽管我对这些方法的掌握程度有不同,但是我对这些方法的优势和劣势有了更加清晰的理解。那时候,我已经确信,只有多种方法的融合才能解决我们面临的复杂实证问题。(其中一个混合方法的作品是,唐世平、龙世瑞:《美国军事干涉主义:一个社会演化的诠释》,2012。)这些理解贯穿我此后的实证研究(我对混合方法的理解,见本书的第二章）。

那段时间，由于已经开始动手写《国际政治的社会演化》（牛津大学出版社，2013）一书，我开始（重新）意识到，时间和空间其实是影响整个自然界和人类社会最重要的两个变量。对时间的"重新发现"也许和我曾经学习过地质学和演化生物学有关，而对空间的"重新发现"则可能来自我此前的地理知识。但是可能对我影响最大的还是贾雷德·戴蒙德（Jared Diamond）的杰作《枪炮、病菌与钢铁》（1997）。此后，我开始有意识地去试图理解如何重新把时间和空间放到社会科学的研究中去（这部分的一些理解，见本书的第三部分）。

到复旦大学任教的前三年（2009—2012 年），我也开始更加自觉地去运用不同的方法，并且在觉得既有方法不能让我解决我所面临的实证问题，或者说觉得既有关于方法的讨论（所谓的"方法论"）不能让我满意的时候，去有意识地发展方法或者讨论方法。

但是如果没有"社会科学中的研究设计"这门课程的话，我几乎肯定不会去写收录在本书中的这些章节。我理解的"社会科学中的研究设计"并不是一个普通意义上的方法课程（这些课程几乎都只教授某一种方法），而是一个介于方法和"社会科学哲学"之间，同时还要考虑其他诸多问题的课程。更具体地说，要写一篇好的博士论文（或者比较大的文章，甚至是一部实证社会科学的专著），需要从选题、理解文献（文献批评）、理论化、实证方法、具体的实证、讨论这六个方面有通盘的考虑，而具体的实证方法（和具体的做法）仅仅是一个环节而已。

我很高兴，从一开始，这门课就让选课的同学们感到很有帮助。（事实上，有好些选过这门课的同学都说，他们真的是上了这门课之后才知道如何做真正的研究。）

显然，开设这门课程对我自己而言也是一个巨大的挑战。为了教授这门课程，我只好继续给自己"补课"。我没想到的是，这使我对许多方法的理解，以及不同的方法如何结合起来使用有了更多的认识，这些认识的一部分结果就是这本书的内容。因此本书反映了我对研究方法的理解和探索所经历的从不自觉到自觉的过程。

学无止境。我还有很多想写的东西没有写出来。只要我们做科学研究，就肯定会碰到我们一时不能解决的问题。我希望本书的读者在不断面临这些问题的时候，也能够去努力探索，逐渐克服这些问题。这样的一个过程可能是困难的，但是一定能够产生一些好的研究。

本书的安排

尽管本书的每一章都是一篇相对独立的文章，但是它们之间都还是有密切的联系，因而全书构成了一个相对完整的讨论。为了方便读者阅读，本书的安排非常简洁，分为三个部分。

第一部分是偏理念性的两章。第一章是我认为我最近写的最为重要的社会科学哲学文章之一。这篇文章强调，整个社会科学只研究三个客体：观念、行动、结果。而更为重要的是，要面对这三个不同的客体，我们需要的认知论立场和方法可能是不同的。而此前的绝大部分，甚至是所有的讨论，都隐含地认为，社会科学的不同方法能够几乎无差别地被用来研究这三个不同的客体。在第一章的基础之上，从批评KKV(1994)出发，第二章则指出，不同的方法，包括定量和定性方法，并无抽象的优劣之争。要做得好都不容易，关键是面对不同的研究问题使用不同的方法。因此一个更加好的路径肯定是将不同的方法结合起来使用。这一点，我想已经基本成为学界的共识。

在第一部分的基础上，第二部分的两章试图进一步表明不同的方法真的是没有抽象的优劣之争，只是在面对不同的研究问题，以及它们不同侧面的时候，不同的方法确实有一定的优势和劣势的差别。因此第二部分的两章都是针对特定的问题，试图去比较两种不同的方法，从而希望帮助大家在面对不同的研究问题，以及它们不同侧面的时候，混合使用不同的方法。

本书的第三部分，是我（和合作者）"重新发现时间和空间"的结果。这个部分的四章构成了一个基本完整的整体，除了目前还未能完成的"社会科学中的空间"。我希望在本书的下一版中，能够将"社会科学中的空间"也收入其中。

结　语

我猜我将继续教授"社会科学中的研究设计"这门课程。我希望我还能从这门课程，特别是从选修这门课程的同学中学到更多的新东西。因此我希望读者能够指出本书的错误。尽管除了第一部分的两章是我的独立作品，本书的其他章节都是和不同的学生或者同事合作的成果，但我对本书的所有错误都负有最后的责任。

唐世平

2021 年 1 月

目　录

第一部分　理念

第二部分　比较与混合方法的实践

第三部分　寻找时空中的机制

第一部分　理念

第一章

观念、行动和结果：社会科学的客体和任务[①]

在最简约的水平上，社会科学只有三类客体（研究对象），它们分别是观念、行动和结果。未能理解这三类客体在本体论层面的差异以及解释它们需要不同的认识论立场和方法论工具这一事实，是造成很多认识论和方法论之争显得内容贫乏的核心原因。因此明确区分这三类客体，并理解、解释它们需要不同的认识论立场和方法论工具的事实，会让我们更好地应对社会科学的实证挑战，并为科学的进一步发展铺平道路。这一讨论对社会科学的教学也有重要的价值。比如在认识论层面上，"认识论折中主义"（epistemological eclecticism）越来越流行。而笔者的分析表明，这种"认识论折中主义"是误导性的。尽管没有任何一种认识论是万能的，但并不是所有的认识论都是一样的，某些认识论立场对大多数的社会科学任务来说甚至是基本站不住脚的。在方法论层面上，如今多数的社会科学研究生项目都要求学生至少掌握一种方法，甚至更多。而大家似乎都认为，这些不同的方法几乎具有同等重要的价值。但这一假定也是错误的。因此对于研究生们所面对的"时间太少和要学的知识太多"这一不可避免的困境，笔者的分析给他们提供了选择方法的基础。

① 作者：唐世平。曾发表于《世界经济与政治》。感谢道怀恩·伍兹（Dwayne Woods）最开始的鼓励，感谢安德鲁·阿博特（Andrew Abbott）、阿伯希谢克·查特吉（Abhishek Chatterjee）、蒲晓宇、丹尼尔·斯蒂尔（Daniel Steel）和赵鼎新的建议，同时感谢《世界经济与政治》杂志匿名评审专家的意见和建议。中文版是由董杰曼翻译的英文版，经唐世平修订后的版本。

一、前言

社会科学家和哲学家始终就什么是正确的社会科学认识论和方法论这一问题进行着激烈的争论。[①]这些争论极大地提高了我们对社会科学的任务及其挑战的理解。然而本章认为，在这些激烈的争论中缺失了一些更为根本性的东西。更具体地说，虽然大多数社会科学家都很乐意承认，难题或客体的本体论性质确实对处理客体时所用的认识论和方法论有所启示，但都未能充分理解这些启示。[②]因此社会科学家可能错失了某些看似棘手的认识论和方法论僵局的清晰解决方案，许多本可以得到更有效解决的问题仍然悬而未决。

本章提出了三个核心论点。第一，在最根本的层面，社会科学中只有三类客体，或者说三个待解释的研究对象：观念、行动和（社会）结果。而这三类客体在本体论上是不同的。由于它们本体论上的不同，需要不同的认识论视角和方法论工具来进行解释。正如罗伊·巴斯卡（Roy Bhaskar）在几

[①] Andrew Abbott, *Time Matters: On Theory and Method*, Chicago: University of Chicago Press, 2001; Andrew Abbott, *Chaos of Disciplines*, Chicago: University of Chicago Press, 2001; Andrew Abbott, *Methods of Discovery: Heuristics for the Social Sciences*, New York: W.W. Norton & Company, 2004; Henry E. Brady and David Collier, eds., *Rethinking Social Inquiry*, Lanham: Rowman and Littlefield, 2004; Philip S. Gorski, "The Poverty of Deductivism: A Constructive Realist Model of Sociological Explanation", *Sociological Methodology*, Vol.34, No.1, 2004, pp.1–33; Ian C. Jarvie and Jesús Zamora-Bonilla, eds., *The Sage Handbook of Philosophy of Social Sciences*, Beverley Hills: Sage, 2011; Patrick Thaddeus Jackson, *The Conduct of Inquiry in International Relations*, London: Routledge, 2011; Harold Kincaid, ed., *Oxford Handbook of the Philosophy of Social Sciences*, Oxford: Oxford University Press, 2012; Gary King, Robert O. Keohane and Sidney Verba, *Designing Social Inquiry: Scientific Inference in Qualitative Research*, Princeton: Princeton University Press, 1994; George Steinmetz, ed., *The Politics of Method in the Human Sciences: Positivism and Its Epistemological Others*, Durham: Duke University Press, 2005.

[②] 阿博特曾简明有力地说过，好的社会科学最关键的两个要素便是难题和想法，而方法仅仅是解决问题的技巧。参见 Andrew Abbott, *Methods of Discovery: Heuristics for the Social Sciences*, New York: W. W. Norton & Company, 2004, p.xi。

十年前所详细阐述的那样，本体论优先于认识论，认识论优先于方法论，[①]"虽然本体论、认识论和方法论之间未必存在完美的对应关系，但它们的确相互制约"[②]。很不幸的是，绝大多数现有的关于认识论和方法论的讨论都隐含，甚至明确地假设了对三类客体的解释基本需要相同的认识论和方法论。这个无效的假设是导致认识论和方法论之争趋于棘手和困惑的主要原因。因此纠正这一错误的假设会让我们更好地应对社会科学的实证挑战，并为科学的进一步发展铺平道路。

理解社会科学的三类核心客体及其对认识论和方法论的启示，不仅能带来探求社会科学知识的现实意义，而且对社会科学的教学也有批判性的价值。

在方法论的层面上，如今多数的社会科学研究生项目都要求学生至少掌握一种方法，甚至更多。导师和研究生们都隐含地认为，这些方法在探求知识和学生的职业生涯中几乎具有同等重要的价值。本章的分析表明，这一隐含假定是错误的。首先，没有任何一种方法能够处理所有的三类客体。其次，某些盛行且根深蒂固的方法，本身价值其实非常有限。而与之相反，另一些方法倒是用途更多。最后，即便无误地使用某些方法，它们也并不适用于研究某些客体。因此对于研究生们所面对的"时间太少和要学的知识太多"这一不可避免的困境，本章的分析可以为他们提供选择方法的基础。

在认识论的层面上，研究生们已经被越来越流行的"认识论折中主义"所社会化。这种折中主义认为，所有的认识论立场，如实证主义（positivism）、行为主义、释经学都同样有效，至少在很大程度上是这样。本章的分

---

① Roy Bhaskar, *A Realist Theory of Science*, London: Routledge, 1975[2008]; Roy Bhaskar, *The Possibility of Naturalism: A Philosophical Critique of the Contemporary Human Sciences*, London: Routledge, 1979[1998].

② Abhishek Chatterjee, "Ontology, Epistemology, and Multimethod Research in Political Science", *Philosophy of the Social Sciences*, Vol.43, No.1, 2013, pp.73-99; 也可参见 Mario Bunge, *Chasing Reality: Strife over Realism*, Toronto: University of Toronto Press, 2006。

析表明，这种"认识论折中主义"是存在误导性的，因为没有任何一种认识论是万能的。认识论也并非都一样，某些认识论立场对大多数的社会科学任务来说甚至是基本站不住脚的。与此同时，尽管一些认识论立场对某些特定任务是有用的，但一些被认为是针对某些任务的黄金标准的认识论立场，实际上并不能解决这些任务。在此，笔者先为自己的本体论出发点提供一些初步的辩护。

本章本体论立场最有力的辩护是，很多社会科学家或历史学家都至少隐含地承认了笔者提倡的本体论立场。罗伯特·默顿（Robert K. Merton）和诺伯特·埃利亚斯（Norbert Elias）在论及"有目的的行动所产生的意料之外的结果"时，都隐含地承认了行动和（社会）结果（来自行动和其他对象的互动）在本体论上是不同的。[1]当然，众所周知的是，虽然行动是由观念支撑的，但并非所有观念都转化成了行动。同时多数历史学家主要对行动和作为结果的事件感兴趣。[2]而在历史学领域，思想史或观念史都或多或少地被视为释经学、哲学一类的东西，而非知识社会学。但至少有一篇文献明确出现了观念、行动和结果，那就是安德鲁·阿博特的《美国社会学中的结果观》一文。[3]

第二，虽然很少有人明确理解了三个不同客体可能需要不同的认识论和方法论这一事实，但大多数社会科学家都心照不宣，甚至下意识地把各自的研究范围限制到了某个或某两个客体上。因此几乎没有（实证的）社会心理学家去研究社会结果。相反，大多数社会心理学家都把焦点局限在观念（如感知、认知）和行动上。与之对应的是，几乎没有（实证的）社会科

---

① Robert K. Merton, "The Unanticipated Consequences of Purposive Social Action", *American Sociological Review*, Vol.1, No.6, 1936, pp.894-904; Norbert Elias, *The Civilizing Process*, Rev. ed., Oxford: Blackwell, 1994.

② William H. Sewell, Jr., *Logics of History: Social Theory and Social Transformation*, Chicago: University of Chicago Press, 2005.

③ Andrew Abbott, "The Idea of Outcome in U.S. Sociology" in George Steinmetz, ed., *The Politics of Method in the Human Sciences: Positivism and Its Epistemological Others*, Durham: Duke University Press, 2005, pp.393-426.

学家敢于解释观念的起源。在《新教伦理与资本主义精神》一书中，马克斯·韦伯(Max Weber)清楚地知道他在尝试解释资本主义精神(与新教伦理)的选择和扩散，而非这种精神的起源本身，尽管他在书中多处提及"起源"。[1]令人毫不奇怪的是，主要致力于解释行动和社会结果的实证社会科学家极少会追随释经学路径，这主要是因为他们心里非常清楚，虽然释经学路径对理解观念的意义和启示有一定帮助，但它基本不能解释行动和社会结果。此外，博弈论的奠基之作和"经济学帝国主义"的宣言[2]都指向了"行为"而非社会结果。因此即使是顽固的经济学帝国主义者也都意识到，博弈论和理性选择理论(RCT)主要在于处理行动，而对处理社会结果却不尽如人意，即便他们只是潜意识地认识到这一点。

第三，本项研究的意义应该依据它的有趣程度和它对社会科学实证、社会科学哲学问题的批判性来评判。在这方面，尽管我们可以进行更精准的划分，比如把社会结果细分为事件、过程、涌现性质和状态，[3]但把社会事实划分为观念、行动和结果，在根本层面上是恰当且穷尽的，因为它使我们能在认识论和方法论的核心问题上得出最重要和最广泛的启示。

在进一步的探讨之前，需要做五个重要说明。

第一，笔者不否认存在一些关于三类客体及相关问题的有益讨论，毕竟每个社会科学家都必须选取他/她的客体。这方面确实存在一些例外，[4]

---

① Max Weber, *The Protestant Ethic and the Spirit of Capitalism*, Talcott Parsons trans, New York：Charles Scribner's Sons, 1958.

② Gary S. Becker, *The Economic Approach to Human Behavior*, Chicago：University of Chicago Press, 1976.

③ Mario Bunge, *Finding Philosophy in Social Science*, New Haven：Yale University Press, 1996.

④ Albert S. Yee, "The Causal Effects of Ideas on Policies", *International Organization*, Vol.50, No.1, 1996, pp.69-108；Andreas Pickel, "Book Review：Jon Elster, Explaining Social Behavior：More Nuts and Bolts for the Social Sciences", *Philosophy of the Social Sciences*, Vol.40, No.1, 2010, pp.178-185；Abhishek Chatterjee, "Ontology, Epistemology, and Multimethod Research in Political Science", *Philosophy of the Social Sciences*, Vol.43, No.1, 2013, pp.73-99.

但这些讨论都远远不够。本章对它们做了批判性的探讨，并大大拓展了它们的内容。

第二，本章从科学实在主义（scientific realism），即巴斯卡意义上的社会科学的批判实在主义（critical realism）的立场出发，因此拒绝了本体论相对主义（即除了我们的文本之外没有其他事实）、认识论实证主义（即经验规则性的预测性是科学理论及科学进步的唯一标准）和工具经验主义（即假设都只是虚构）。[1]此外，从科学实在主义的立场出发，本章强调因素和机制是所有因果解释的一部分。[2]

本章把机制定义如下：①机制是在真实的社会系统中，驱动变化或阻止变化的真实过程；②机制和因素的互动驱动了社会系统的结果，因此机制和因素是相互依赖的。[3]然而除了明确声明我们应该持有这个立场，且

---

[1] 在此要明确指出很重要的一点，笔者从科学实在主义的立场出发主要是因为实在主义可能过于宽泛而获得了不好的名声。关于科学实在主义对实证主义的早期批判，参见 Roy Bhaskar, *A Realist Theory of Science*, London：Routledge, 1975[2008]；Harold Kincaid, *Philosophical Foundations of the Social Sciences: Analyzing Controversies in Social Research*, Cambridge: Cambridge University Press, 1996, chapter 3；Mario Bunge, *The Sociology-Philosophy Connection*, New Brunswick：Transaction Publishers, 1999.

[2] Roy Bhaskar, *A Realist Theory of Science*, London：Routledge, 1975[2008]；Roy Bhaskar, *The Possibility of Naturalism: A Philosophical Critique of the Contemporary Human Sciences*, London：Routledge, 1979[1998]；Mario Bunge, *Finding Philosophy in Social Science*, New Haven: Yale University Press, 1996；Mario Bunge, "Mechanism and Explanation", *Philosophy of the Social Sciences*, Vol.27, No.4, 1997, pp.410–465；Mario Bunge, "How Does It Work? The Search for Explanatory Mechanisms", *Philosophy of the Social Sciences*, Vol.34, No.2, 2004, pp.182–210；Tulia G. Falleti and Julia F. Lynch, "Context and Causal Mechanisms in Political Analysis", *Comparative Political Studies*, Vol.42, No.9, 2009, pp.1143–1166；Philip S. Gorski, "The Poverty of Deductivism: A Constructive Realist Model of Sociological Explanation", *Sociological Methodology*, Vol.34, No.2, 2004, pp.1–33.

[3] 定义的第一部分来自马里奥·邦奇（Mario Bunge），而第二部分是笔者的原创观点。第二部分对理解机制和因素如何相互关联，以及如何设计揭示新机制和新因素的方法至关重要。因此笔者拒绝了乔恩·埃尔斯特（Jon Elster）对机制的定义，即"在普遍未知的情况下触发或伴随不确定结果的，经常重复且容易识别的因果模式"。机制不是可识别的（因果）模式，而埃尔斯特的定义受到过多"覆盖律"的影响。类似地，笔者拒绝把机制定义为解释的"（理想的）结构"。简单来说，理解是解释的一部分，而诠释则是纯粹的"释经学"。菲利普·戈尔斯基（Philip S. Gorski）把机制定义为"系统内相关实体的涌现因果力量"，与邦奇和笔者的想法相似。

我们的讨论有助于理解这些问题之外，本章无法处理围绕机制、因果和因果解释的诸多棘手问题。[1]

第三，尽管本章的科学实在主义的立场坚持本体论绝对主义，但只要我们明确并充分地理解了不同认识论和方法论的优势和劣势，笔者明确赞成"认识论折中主义和方法论折中主义"[2]。换句话说，笔者由衷地支持"认识论折中主义和方法论折中主义"，只要它在某种意义上理解客体的本体论属性会约束不同的认识论和方法论在处理不同客体时的效用。事实上，科学实在主义的立场在涉及认识论和方法论时明确需要折中主义，因为它承认对于任何单一的认识论和方法论而言，社会系统（或人类社会）都过于复杂。[3]

第四，虽然笔者完全同意如埃利亚斯、玛格丽特·阿彻尔（Margaret S. Archer）、约翰·迈耶（John W. Meyer）和罗纳德·杰普森（Ronald L. Jepperson）[4]所主张的那样，行动者（行为体）是有待解释而非理所当然的社会结果（或产物），但本章不会在此单独处理行为体的社会建构或构成这一问题，因为本章对于社会结果的讨论也适用于解释行动者（行为体）。此外，在终极意义上，我们试图理解行动者的诞生，往往是为了理解他们的行动及其行动与互动的结果。

第五，下文提到的每个认识论立场（加上它们潜在的本体论假设和派

---

① Philip S. Gorski, "Social 'Mechanisms' and Comparative-Historical Sociology: A Critical Realist Proposal", in Peter Hedström and Björn Wittrock, eds., *Frontiers of Sociology*, Leiden and Boston: Brill, 2009, pp.147-194.

② Andrew Abbott, *Time Matters: On Theory and Method*, Chicago: University of Chicago Press, 2001; Gary Goertz and James Mahoney, "For Methodological Pluralism: A Reply to Brady and Elman", *Comparative Political Studies*, Vol.46, No.2, 2013, pp.278-285.

③ Roy Bhaskar, *A Realist Theory of Science*, London: Routledge, 1975[2008].

④ Michel Foucault, *Power/Knowledge: Selected Interviews and Other Writings, 1972-1977*, New York: Pantheon, 1980; Margaret S. Archer, *Being Human: The Problem of Agency*, Cambridge: Cambridge University Press, 2000; John W. Meyer, "World Society, Institutional Theories, and the Actor", *Annual Review of Sociology*, Vol.36, 2010, pp.1-20; John W. Meyer and Ronald L. Jepperson, "The 'Actors' of Modern Society: The Cultural Construction of Social Agency", *Sociological Theory*, Vol.18, No.1, 2000, pp.100-120.

生的方法论启示)都需要不止一本书的篇幅来讨论。下文提到的每个方法论(加上它们潜在的本体论假设和认识论立场)也都是如此。因此对它们进行全面深入的讨论超出了本章的范围(恐怕也在笔者的能力之外)。本章的讨论是概要性的或范式的,故而是简略而非详尽的。它的目的是激发我们关于本体论、认识论和方法论之间交织关系的全新看法,这种看法建立于又超越了现有的争论和很多相关的出色文献。①

　　本章将如下展开。第二节从本体论上定义了三类客体。第三节选取了把三类客体完全混为一谈的突出案例进行考察。第四节阐述了认识论的启示,并说明了为什么某些认识论立场比其他的更有效。第五节处理了方法论启示,通过把社会科学的方法分为六个大类,这一节强调了为什么某些方法在理解三类客体时比其他方法的用处更多,而另一些方法为什么总的来说价值有限。结论部分对实证研究给出了一些启示并阐述了若干原则。

二、三类客体:观念、行动和结果

　　在最根本的层面上,社会事实(social facts)只有三个大类:观念、行动和结果。这三类客体在本体论上是不同的,尽管它们以分层的方式相互关联,同时行动和结果都有不止一个尺度(见表1-1)。本章会提供两个例证。比如有个支持比尔·克林顿的选民:他/她对克林顿的支持是一个观念。选民实际给克林顿投了票(或者没有投票),这是一个行动(或是无行动)。而克林顿赢得选举的事实则是一个结果。同样地,一个人相信勤奋能带来向上的社会流动,这是他/她的观念。他/她确实努力了一段时间,这是行动。然而他/她是否实现了向上的社会流动,则是一个结果(整个社会流动模式则是宏观结果)。

---

① Andrew Abbott, *Methods of Discovery: Heuristics for the Social Sciences*, New York: W.W.Norton & Company, 2004; Mario Bunge, *Finding Philosophy in Social Science*, New Haven: Yale University Press, 1996.

表1-1 社会科学的三类客体:层次和尺度

	观念	行动	结果
层次		集体	宏观 (如法国大革命、工业革命)
尺度	只有个体	个体	微观 (如家庭或小村庄的信任)

资料来源:笔者自制。

因此观念仅仅是个体心智活动的产物,它可以是对某个事件的感知(或错误感知),对某个行为体行为的归因,对某个社会结果的(科学或非科学的)解释,抑或是对某个产品的设计。观念只有一个尺度——个体。这是因为在终极意义上,观念是由个人而非集体所萌发和持有的。虽然几个不同的人会萌发(和持有)相同的观念,但从本体论上说,这个观念仍然存在于个体的大脑中,而非集体的大脑,集体没有大脑。

这里需要特别注意的是,任何超出个人层次的观念性结果都不再仅仅是观念,而是社会结果,即便它包含了诸多甚至纯粹的观念元素。当一个科学理论被科学共同体接受时,这是一个社会结果。①当一个观念变成一种意识形态并在群体中扩散时,这也是社会结果。相似地,制度[即已经"条文化了的"(codified)观念]、规范、禁忌、意识形态都不是观念,它们是社会结果,尽管它们主要是观念性的。②

---

① Thomas Kuhn, *The Structure of Scientific Revolutions*, Chicago: Chicago University Press, 1970.

② Craig Parsons, *How to Map Arguments in Political Sciences*, Oxford: Oxford University Press, 2007.

行动是有意识的行为。[1]行动是由行动者的内在动力和外部环境的互动驱动的,[2]而此刻的外部环境则是之前时刻的产物。外部环境只能通过影响个体的动机和动力(如通过社会化)来影响行为体的行动。一个行动在它实现之前,总是有一个理由(以观念的形式),因此理由具有生成性因果力。[3]

虽然观念和行动都可以被广义地理解为结果,但本章的社会结果则严格指代那些由个体行为与其他个体,以及社会系统的其他组成部分(包括物质环境)互动的产物。法国大革命这样的历史事件、经济发展和全球化这种长期结果都是典型的社会结果。其他社会结果还包括关联、关系、社会结构、制度、规范、禁忌、文化、集体意识、意识形态、行动的成败、合作、公共物品、涌现趋势和过程等。[4]

某些社会结果是由行动直接导致的(比如战争是组织化的敌对所导致的结果)。但即使不是绝大多数,许多社会结果都不是由行动单独导致的。相反,结果通常是行动与社会和物质环境约束的互动而涌现的产物。另外,社会结果经常是意料之外的、延迟的、间接的结果,甚至是未发生的。

---

① 这里重要的是要认识到,聚焦于那些有目的的行为作为行动,并不意味着无目的或本能的行为不重要。恰恰相反,它们对于社会世界的形成至关重要,没有这些本能行为,我们就无法生存。然而本能行为大多属于演化生物学和生理学领域,而不是社会科学领域。对于我们自身的行动,我们只是简单地为它提供一个理由。但对于其他人的行动,我们只能尝试去推断它们背后的原因,这个推断的过程就是归因过程。对于本能行为,我们的解释是简单而直接的。严格来说,社会科学家对解释本能行为(生理学领域)并不感兴趣,但对它们的后果很感兴趣。当然,行动可能产生意料之外的结果,尽管行动是有目的的。更细致的讨论,参见 Bertram Malle, *How the Mind Explains Behavior: Folk Explanation, Meaning and Social Interaction*, Cambridge: MIT Press, 2004。

② Shiping Tang, "Outline of a New Theory of Attribution in IR: Dimensions of Uncertainty and Their Cognitive Challenges", *Chinese Journal of International Politics*, Vol.5, No.3, 2012, pp.299-338。

③ Roy Bhaskar, *The Possibility of Naturalism: A Philosophical Critique of the Contemporary Human Sciences*, London: Routledge, 1979[1998]。

④ Shiping Tang, "International System, Not International Structure: Against the Agent-Structure Problématique in IR", *Chinese Journal of International Politics*, Vol.7, No.4, 2014, pp.483-506。

因此大多数社会结果，无论是微观的（如村庄的繁荣）还是宏观的（如英国的工业革命），都不能被还原为个人的观念和行动。[①]与行动不同的是，结果不会有理由，它只有原因（包括行动是原因的一部分）。

在此有两个新的重要说明。

第一，在观念、行动和结果中，每类客体都有各自内部的互动（即观念与观念的互动、行动与行动的互动、结果与结果的互动）。而下文的探讨更多集中在不同客体间的互动，因为笔者认为这些探讨更加艰巨且更为根本。

第二，尽管笔者承认观念在解释行动和结果方面的作用，但下文的讨论主要集中在行动和结果上。同时对于社会科学而言，解释观念的起源是无法终极完成的任务，我们甚至经常无法解释自身观念的起源。其实对于神经科学而言，解释观念的起源也仍旧是非常艰巨甚至是不可能完成的任务。[②]也正因为观念无法被解释，大多数侧重于解释的实证社会科学家都把主要精力集中在行动和结果上，而非观念上。当实证社会科学家对观念感兴趣时，他们主要感兴趣的是行动和社会结果的直接或间接的观念动力。因此大多数社会科学家其实内心都已经认识到，观念是不需要被解释的，而是需要被学习、诠释和运用的。

三、把三类客体混为一谈：埃尔斯特的《基本要点》

即便粗略地翻阅现有的文献，我们也能发现在社会科学和社会科学哲学中，或明或暗地把观念、行动和结果混为一谈的现象是非常普遍的。这

---

① Roy Bhaskar, *The Possibility of Naturalism: A Philosophical Critique of the Contemporary Human Sciences*, London: Routledge, 1979[1998].

② 在科学哲学中，费耶拉本德（Feyerabend, *Against Method*, London: New Left Books, 1975）在论及新观念或新理论的形成时所提出的"怎么都行"（anything goes）的概念，以及劳丹（Larry Laudan, *Science and Values: The Aims of Science and Their Role in Scientific Debate*, University of California Press, 1986, Chapter 7）所谓的我们无法"理性地重现"新的（科学的）观念的起源的说法，说的都是同一个意思。

一节将展示一个把三类客体完全混为一谈的典型案例，并强调它的严重后果。

把社会科学的三类客体混为一谈的最糟糕的案例便是乔恩·埃尔斯特。埃尔斯特在号称是探讨研究社会行为（即行动）的工具的讨论中给出了两列社会行为，但其实在行动之外，他夹杂了很多观念和社会结果。他的第一个列表（即行动）共有15项，其中有7个（第一、二、三、四、六、十二、十四项）是社会结果，有1个（第九项）是行动和结果的混合体，只有余下7个是行动。他的第二个列表（即互动）有14项，其中有4个是结果（第三、五、十三、十四项），有2个是观念（第十、十二项），只有余下8个是行动或互动。[①]事实上，把意料之外的结果、信任、可信任（trustworthiness）、社会规范、集体信仰、组织和制度都置于"互动"的标题下，说明埃尔斯特把"互动"和结果等同了起来。他早年把意料之外的结果、均衡、社会规范、社会制度和社会变迁等社会结果都置于"互动"标题下，只有集体行动（属于行动）和讨价还价才是真正的"互动"，两者相比，他并没有任何改进。[②]

尽管从1989年到2007年期间，埃尔斯特做了大量的增订，但他仍然不清楚对事实和事件的区分。埃尔斯特早些时候声称，社会科学只有两大主题（或现象）：事件（events）和事实（facts）。之后他继续声称，"解释事件在逻辑上优先于解释事实"，因为"事实是一系列事件的一个时间快照或一堆这样的快照"。此外，行动是事件的基本形式。[③]但在2007年，埃尔斯特突然改变了想法。如今他相信，"社会科学家更倾向于关注事实或事态，而非事件"，"标准的社会科学解释通常是事实—事实的模式"。[④]

由于没能正确理解三类客体，以及解释三类客体需要不同的认识论立场和方法论工具，埃尔斯特的诸多讨论既不清晰也不一致。比如虽然埃尔

①④ Jon Elster, *Explaining Social Behavior: More Nuts and Bolts for the Social Sciences*, Cambridge: Cambridge University Press, 2007.

②③ Jon Elster, *Nuts and Bolts for the Social Sciences*, Cambridge: Cambridge University Press, 1989.

斯特现在承认"理性选择理论的解释力比他之前认为的要弱"①，但是他并没有完全放弃理性选择理论，并坚持他修正后的版本（即"结构个体主义"式的理性选择理论，把规范、角色和环境纳入理性选择理论中）。但正如第五节将分析的那样，即使是修正后的理性选择理论，对社会结果甚至行动的解释力都少之又少。

四、认识论启示

如上所述，本体论约束着认识论和方法论。这一节将详细阐述划分社会科学的三类客体对认识论的重要启示。本章不可避免地从一些对不同认识论立场（即"主义"）和方法论的讨论中得到启发，②尽管这些讨论并没有从解释客体的本体论性质开始。

这一节的讨论分为两部分：综合陈述和具体陈述。在综合陈述中，笔者重点强调解释行动和结果的普遍挑战，尽管这一讨论确实触及观念。③在具体陈述中，这一节审视了更具体的认识论路径和学派（或"范式"）。

（一）综合陈述

第一，解释较高层次的结果，就不可避免地需要来自较低层次的输入。由于结果是由行动所部分驱动的，行动是由观念所部分驱动的，所以解释结果就需要行动和观念，解释行动则需要观念。

第二，解释较低层次的结果，也需要来自较高层次的输入，因为后者会反过来影响前者。一个层次的结果也能被同一层次的其他结果所影响。因此仅仅用观念或/和行动来解释行动是不够的，因为行动也会被社会环

---

① Jon Elster, *Nuts and Bolts for the Social Sciences*, Cambridge：Cambridge Unversity Press，1989.

② Craig Parsons, *How to Map Arguments in Political Sciences*, Oxford：Oxford University Press，2007.

③ 鉴于（新）实证主义（neo-positivism）和工具经验主义（instrumental empiricism）的高度复杂性，笔者会另外阐述这两者与科学实在主义之间的关系。在此简单地说，实证主义是一种幼稚的科学实在主义，而工具经验主义更应该是科学实在主义下的认识论立场。

境这个先前的结果所影响。同理，仅仅用观念解释观念也是不够的，因为个体的观念也被行动和更大的社会环境所影响。正因如此，把社会结果还原到行动，或者把行动还原到心理学和生理学的还原主义是无效的。[①]

第三，上述两点加强了图1-1中双重箭头的含义。因为观念、行动和结果形成了一个分层系统，它们之间相互影响。所以要解释它们中的任何一个，除了自身以外，还需要另外两个客体。如果没有其他两个客体的输入，那必然是不充分的解释，甚至是扭曲的。[②]

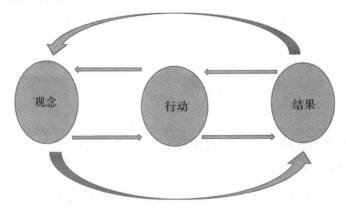

图 1-1　社会科学的三类客体

资料来源：笔者自制。

注：图中箭头具有双重含义：当解释一个特定客体时，它同时表示解释该特定客体的任务和向其他两个客体获取因素的必要性。细节讨论参见本章第四节和第五节。

第四，从较低层次到较高层次和从较高层次到较低层次，两者的认识论挑战是不同的：它们存在着重要的不对称性。更具体地说，从较低层次到较高层次的主要挑战是涌现结果和多重因果（即殊途同归）。[③]相比之

---

① Roy Bhaskar, *The Possibility of Naturalism: A Philosophical Critique of the Contemporary Human Sciences*, London: Routledge, 1975[1998].

② 虽然李特尔（Danie Little, *Varieties of Social Explanation: An Introduction to the Philosophy of Social Science*, Westview Press, 1991, pp.18-19)正确地认知到社会解释总是需要人类行动的输入，但他没能理解反之亦然。如果没有观念、（作为社会情境的）社会结果和行动的输入，人类行动无法被充分理解。

③ 比如互动使得任何行动所产生的结果都不止一种。同样地，不同的行动、互动和系统约束的组合，可能会导致相似的结果。

下，从较高层次到较低层次的主要挑战是多重因果关系和无穷递归。①

第五，横跨一个层次（即从观念到结果，或从结果到观念）通常要比相邻的两个层次转换（即从观念到行动，或从行动到结果）更为困难。显然，社会结果不能仅用观念来解释，反之亦然，因为它们之间没有直接联系。

第六，因为涌现性和殊途同归性在驱动社会结果方面更为复杂和普遍，所以在其他条件相同的情况下，对社会结果的充分解释，尤其是在宏观层面，远比对行动的充分解释（无论是个体的还是集体的）要求更高。这就对适当理解社会结果造成了巨大压力，更不用说"充分"理解了。

第七，遵循第六点，机制对于宏观社会结果的解释要比解释观念和行动更加关键。由于殊途同归性在塑造宏观社会结果方面更为复杂和普遍，仅凭社会结果与某些微观或宏观条件的相关性，我们并不能清楚知晓社会结果的形成。为了弥补这一点，我们必须更多地依赖机制去证实我们对宏观社会结果的解释，通过证明以机制为基础的解释的有效性，我们限制了导致结果的其他可能性。②

第八，解释行动在本质上就是社会心理学的归因过程，但是社会心理学的归因理论过于实验化，故而是非历史的和非社会的。③同时行动的社会学解释至少隐含地假定了一些心理学因素（如兴趣、能力和决心）。④因

---

① 在此有可能认为，从较低层次到较高层次要比相反的方式简单一些（比如解释社会结果要比解释行动更苛求），但这最多只是有根据的猜测。

② Mario Bunge, "Mechanism and Explanation", *Philosophy of the Social Science*, Vol.27, No.4, 1997, pp.410-465; Peter Manicas, *A Realist Philosophy of Social Science: Explanation and Understanding*, Cambridge: Cambridge University Press, 2006.

③ Bertram Malle, *How the Mind Explains Behavior: Folk Explanation, Meaning and Social Interaction*, Cambridge: MIT Press, 2004.

④ Emile Durkheim, *The Elementary Forms of Religious Life*, translated by Karen E. Fields, New York: Free Press, 1995; Norbert Elias, *The Civilizing Process*, Rev. ed., Oxford: Blackwell, 1994.

此对行动的恰当解释需要将社会因素/机制与心理因素/机制相结合。①

表1-2　认识论的综合陈述

认识论立场	解释的客体		
	观念	行动	结果
心理学（包括精神分析）	必不可少，但观念无法被终极解释	必不可少，因为行动必须先于某种观念	仅对于理解作为行动的驱动因素的观念有用，进而可能会（或可能不会）影响结果
释经学和知识社会学	必不可少，但不充分	并非必不可少，也许甚至是微不足道的	并非必不可少，也许甚至是微不足道的
行为主义	不适用	有效，但仅限于理解直接的驱动因素；对于理解直接驱动因素背后的深层原因（通常是历史和社会的原因）没什么帮助	本质上无效，除非是极其简单的社会结果（如易货交易）
方法论个体主义	必不可少，但观念无法被终极解释	对于理解个体行动必不可少，但几乎总是不够；对于理解集体行动普遍不够	本质上无效，除非是极其简单的社会结果
新古典经济学/理性选择理论	不适用（即诸如偏好或兴趣等观念被认为是外生的）	对于理解个体行动必不可少，但几乎总是不够；对于理解集体行动通常不够	本质上无效，除非是极其简单的社会结果
结构主义（作为系统主义的受限形式）	使用有限	多半无效，容易落入结构功能主义的陷阱（即个体宛如僵尸）	结构对于理解任何社会结果都必不可少，但是仅靠结构是不够的
社会系统路径	必不可少，作为知识社会学的一部分	必不可少，所有行动都在系统内展开	必不可少
社会演化路径	必不可少，作为观念史的一部分（即个体的观念选择）	必不可少，所有行动都在社会系统内展开，这就是社会演化	必不可少，所有结果都在社会系统内展开，这就是社会演化

资料来源：笔者自制。

① Pierre Bourdieu, *The Logic of Practice*, Stanford：Stanford University Press, 1990; Margaret S. Archer, *Being Human: The Problem of Agency*, Cambridge：Cambridge University Press, 2000. 笔者提出了一个解释行动的更完整的框架。具体地说，新框架认为解释个体行动时，我们要审视个体的利益、能力、意图和决心（作为四个内在维度），同时以历史的角度把内在维度与外部环境相联系（比如，一个个体的兴趣被他或她的文化和认同所影响，这种文化和认同是个体生活经历的产物）。参见 Shiping Tang, "Outline of a New Theory of Attribution in IR：Dimensions of Uncertainty and Their Cognitive Challenges", *Chinese Journal of International Politics*, Vol.5, No.3, 2012, pp.299-338。

（二）具体陈述

下文将详细阐述六个著名认识论立场的内在缺陷。显然，笔者无法在此审视所有的认识论立场，[①]但是这里的目的是挑战流行的"认识论折中主义"，它认为所有的认识论立场至少在很大程度上甚至同等程度地有效。

1.心理学路径在解释行动和结果上的局限性

对于解释观念，心理学是必不可少的。但由于观念是无法被终极解释的，所以大多数社会科学家（包括社会心理学家）主要依靠心理学来解释行动。然而心理学本身并不足以解释行动，因为我们的大多数乃至所有的行动都是内在的心理过程/动力与外在的社会约束的混合产物，而非仅靠内在的心理驱动。[②]并不令人感到奇怪的是，正是考虑了社会情境后，大量的社会心理学研究才提升了我们对行动的理解。

但社会心理学对直接解释社会结果并没有多少价值，只有通过行动（和观念）来解释社会结果才有些许价值。这一点极其重要，因为大部分社会结果并不单纯是行动（和观念）的产物。对于像革命和民主化这样的宏观社会结果，心理机制的价值甚至更少。[③]

总之，这两个局限解释了为什么心理学路径主要用于解释行动（和观念）而非社会结果，不借助心理学去解释行动是不可能的，但太依靠心理学

---

① 笔者对不同认识论立场的更早讨论，参见 Shiping Tang, *Social Evolution of International Politics*, Oxford: Oxford University Press, 2013; Shiping Tang, "International System, Not International Structure: Against the Agent-Structure Problématique in IR", *Chinese Journal of International Politics*, Vol.7, No.4, 2014, pp.483-506。

② Norbert Elias, *The Civilizing Process*, Rev. ed., Oxford: Blackwell, 1994; Pierre Bourdieu, *The Logic of Practice*, Stanford: Stanford University Press, 1980; Bertram Malle, *How the Mind Explains Behavior: Folk Explanation, Meaning and Social Interaction*, Cambridge: MIT Press, 2004; Shiping Tang, "Outline of a New Theory of Attribution in IR: Dimensions of Uncertainty and Their Cognitive Challenges", *Chinese Jorunal of International Politics*, Vol.5, No.3, 2012, pp.299-338.

③ Andreas Pickel, "Book Review: Jon Elster, *Explaining Social Behavior: More Nuts and Bolts for the Social Sciences*", *Philosophy of the Social Sciences*, Vol.40, No.1, 2010, pp.178-185.

去解释社会结果则是过度心理学化。

2.释经学的必要性与不充分性

所有行动都需要一些事先的观念,而至少有一部分观念是源于我们对自身、他者和周围社会环境的诠释和理解。换句话说,在行为体行动之前,他/她必须对已有的观念、行动和事件进行诠释。因此诠释是任何解释的必要成分,尤其是对观念和行动的解释。正如约翰·费里约翰(John Ferejohn)所说的那样:"任何引发客观理性的(对行动的)解释,都嵌入了诠释的视角。"①把诠释和理解放在解释的对立面是误导性的,因为"(解读)意义并没有在原则上对社会科学的充分证实的解释设置障碍"②。

诠释可以是也必须是解释的一部分。③其实"所有的社会理论都是关于理论的理论,对诠释的诠释,对预测或期望的预测或期望"④。所以社会科学需要"释经学的螺旋"⑤,而不仅仅是"释经学循环"。

然而至少在三种意义上,仅凭诠释是不够的。⑥首先,如果不把诠释嵌入解释之中,我们就没有任何标准去评判哪种诠释更有效且更有用。其次,缺乏解释的诠释不能让我们充分理解观念、行动和结果。最后,释经学主要有助于"推断(其实是猜测)"观念,⑦对解释社会行动也有一点儿用(通过追溯行动背后的观念),但与解释社会结果不怎么有关,甚至毫不相干。

---

① John Ferejohn, "Rational Choice Theory and Social Explanation", *Economics and Philosophy*, Vol.18, No.2, 2002, pp.211-234.

② Harold Kincaid, *Philosophical Foundations of the Social Sciences: Analyzing Controversies in Social Research*, Cambridge:Cambridge University Press,1996,p.192.

③ Peter Manicas, *A Realist Philosophy of Social Science: Explanation and Understanding*, Cambridge:Cambridge University Press,2006.

④ Dennis H. Wrong, *The Problem of Order: What Unites and Divides Society*, New York: Free Press, 1994.

⑤⑥Roy Bhaskar, *The Possibility of Naturalism: A Philosophical Critique of the Contemporary Human Sciences*, London:Routledge, 1979[1998].

⑦ Mario Bunge, *Chasing Reality: Strife over Realism*, Toronto:University of Toronto Press,2006.

理由很简单，因为诠释不会改变任何事后的社会结果，对解释社会结果也没有多大帮助。

总之，释经学对于实证社会科学的价值有限，和威廉·狄尔泰(Wilhelm Dilthey)及其各种追随者的观点相反，它不能成为实证社会科学的唯一方法。[1]当它走向反科学的极端立场时(比如拉图尔对爱因斯坦狭义相对论的诠释)，[2]释经学路径就会沦为荒诞的骗术。[3]

3.结构功能主义循环论证的原因

长期以来，埃米尔·涂尔干(Emile Durkheim)和塔尔科特·帕森斯(Talcott Parsons)所倡导的结构功能主义一直被指责为循环论证。但循环论证背后的深层原因从未被清楚地揭示出来。一旦我们理解了前文所提到的三类客体，我们就会更清楚地认识到结构功能主义循环论证背后的关键原因。

粗略地讲，结构功能主义试图达到两个目的：用相同的因素或机制来解释个体行为和社会结果。[4]具体地说，结构功能主义会用现有的"结构性"因素(作为之前阶段的结果)来解释个体行为，特别是诸如规范和规则这样的观念结果。随后，它会用个体对规范和规则的观察和内化，来解释社会结果，特别是社会的良好运作与稳定。结构功能主义的完整解释逻辑便是图1-2中的三个箭头：

---

①③ Mario Bunge, *Finding Philosophy in Social Science*, New Haven：Yale University Press，1996.

② Bruno Latour, "A Relativistic Account of Einstein's Relativity", *Social Studies of Science*, Vol.18, No.1, 1988, pp.3-44.

④ 这里重要的是，要区分功能分析(或解释)与功能主义本身。金凯德就没能做到这一点，故而最终以功能分析来捍卫功能主义。功能分析是理解各个部分如何融入整体的方法论成分，而功能主义则是另外一回事，因为功能主义是混淆了本体论立场的认识论立场。参见 Harold Kincaid, ed., *Oxford Handbook of the Philosophy of Social Sciences*, Oxford：Oxford University Press，2012。

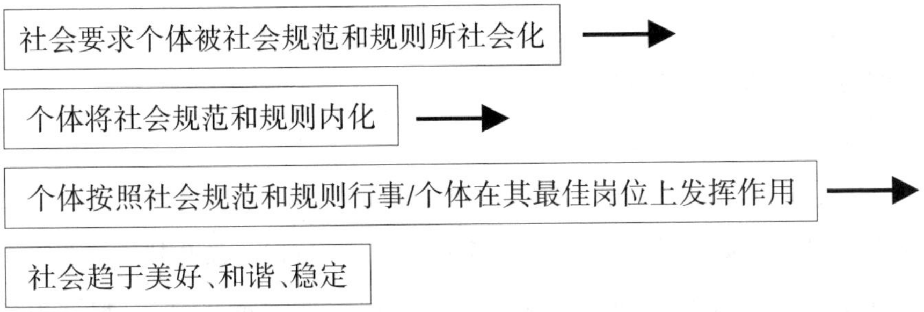

社会要求个体被社会规范和规则所社会化

个体将社会规范和规则内化

个体按照社会规范和规则行事/个体在其最佳岗位上发挥作用

社会趋于美好、和谐、稳定

图 1-2　结构功能主义的完整解释逻辑

显然，从社会到个体行动的第二个箭头试图去解释行动，而从个人行动到"社会美好、和谐、稳定"的第三个箭头在尝试解释结果。但在这两个部分中，关键的中介因素是现有的社会规范和规则。因此结构功能主义先是用现有的社会规范和规则来解释个体行动，然后用为规范与规则所驱使的行动去解释社会稳定或变迁等社会结果。

在第二个箭头中，结构功能主义忽略了作为一种社会约束方式的规范和规则只能代表塑造个体行动的一组因素。因此我们并不确定是否会按照社会规范和规则行动。虽然我们所有人都在极大程度上被社会规范和规则社会化了，但这个事实并不能自动得出我们永远按照社会规范和规则行事这样的结论。事实上，反社会化或抵抗社会化总是可能的。

更重要的是，结构功能主义将现有的规范、规则和社会本身看作外生给定的（或自然的）事实，而非有待解释的结果。对于解释某个观念是如何成为社会规范或规则的问题以及（美好的）社会如何一开始就存在的问题，结构功能主义都说不出所以然来。相反，功能主义只能声称社会是自然而来的，或者声称某种社会是美好的仅仅因为它"自然"而来。"（社会中的）一切都可能已按最好的方式安排了。每个人，无论他的立场是什么，都会满足他在社会中的位置，而且共同的价值体系以快乐大家庭的形式团结了所有人。"①由于结构功能主义无法有意义地解释社会规范和规则如何存在,又轻易地用规范、规则和(有机的)社会来解释行动和(有机的)社会,所以功能主义必然是循环论证。

4.行为主义的利与弊

在行为主义革命到来后的很长一段时间里,很多行为主义的先驱支持者隐含甚至明确且坚定地认为,社会科学只关乎行为,没有其他东西。事实上,戴维·伊斯顿(David Easton)甚至将政治系统定义为"一种行为系统"②,好像社会环境不是政治系统的一部分一样。③

行为主义可以从两个层面理解:认识论和方法论。从认识论上说,行为主义坚持认为社会科学应该主要,甚至仅仅关注(可观察的)人类行为。从方法论上说,行为主义坚持认为我们应该通过处理数据来测量和预测行动。④下文将处理认识论问题,方法论问题则在下一节中涉及。

如上所述,所有社会结果都是由某种(个体或集体)行动所驱动的。因此行动对于完整解释社会结果而言是不可或缺的。其实某些结果就是行动的直接产物(比如对一个国家进行大规模和直接的攻击几乎不可避免地导致一场战争),行为主义对于理解这种类型的社会结果非常有用。

但许多甚至大多数的社会结果都不是单一甚或一系列行动的直接产

---

① Ralf Dahrendorf, *Essays in the Theory of Society*, Stanford: Stanford University Press, 1968; Shiping Tang, *A General Theory of Institutional Change*, London: Routledge, 2011.比如涂尔干坚称,"人类制度不能依赖于错误和谎言。如果真是这样,那它将不能持续"。当然,对不同的功能主义者来说,理想社会是不同的。对于柏拉图而言,它是个有着固定社会分层的哲学王社会。对于帕森斯而言,它是20世纪40年代的美国社会(存在普遍而深刻的种族歧视)。

② David Easton, *A Framework for Political Analysis*, Englewood Cliffs: Prentice-Hall, 1965.

③ Jon Elster, *Nuts and Bolts for the Social Sciences*, Cambridge: Combridge University Press, 1989.而与此同时,戴维·伊斯顿也将个体和互动视为系统的单位。他的不同立场很难调和。

④ 从认识论上说,行为主义是经验主义的一种极端形式。在此必须指出的是,不仅仅是理性主义(即理性选择),行为主义还能与(方法论)个体主义、集体主义、心理主义(强调情感),甚或是生物决定论相结合。

物。相反,大多数社会结果是在社会环境下行动互动的产物。虽然行动对于任何社会结果的解释都是不可或缺的,但仅凭行动并不能为大多数的社会结果提供完整解释。所以行为主义(甚至还有互动主义这种更复杂的行为主义,因为互动主义正确强调了行动的互动是决定行为体行动的关键因素)对于解释大多数社会结果都效用有限。[1]大多数社会科学家都认知到行为主义对理解工业革命一类的社会结果没有很大帮助,这就解释了为什么对社会结果感兴趣的社会科学家不会买行为主义的账,他们最糟糕的一点是买了实证主义的账。[2]

当试图解释那些不单由行动驱动的社会结果时,行为主义会不可避免地陷入死胡同,或者走向站不住脚的立场。比如当罗伯特·达尔(Robert A. Dahl)和他的行为主义同伴试图理解权力时,他们只能将权力定义为行为体的权力的公开运作(即行动)。[3]但权力不是行动,权力作为能力,是社会结果的一种形式。[4]更糟糕的是,行为主义坚持认为,行为体的权力仅仅是个人权力的行使,而与其社会地位和更广泛的社会情境没有任何关系。所以在研究权力时,行为主义不得不忽略社会情境(或者可以说结构)。[5]

事实上,由于社会情境(作为社会结果的沉积)必须是任何行动的解释

---

① Roy Bhaskar, *The Possibility of Naturalism: A Philosophical Critique of the Contemporary Human Sciences*, London: Routledge, 1979[1998].

② Andreas Pickel, "Book Review: Jon Elster, Explaining Social Behavior: More Nuts and Bolts for the Social Sciences", *Philosophy of the Social Sciences*, Vol.40, No.1, 2010, pp.178-185.

③ Robert A. Dahl, "The Concept of Power", *Systems Research and Behavioral Science*, Vol.2, No.3, 1957, pp.201-215.

④ Michael Mann, *A History of Power from the Beginning to A. D. 1760*, Vol.1 of *The Sources of Social Power*, Cambridge: Cambridge University Press, 1986; Peter Morriss, *Power: A Philosophical Analysis*, Manchester: Manchester University Press, 2002.

⑤ Michel Foucault, *Power: Essential Works of Foucault (1954—1984)*, Vol.3, New York: The New Press, 2000.

的一部分,所以行为主义对于解释行动而言是天生不足的。[①]

5.方法论个体主义的效用和局限

部分因为身后的经济学帝国主义及对它的反抗,部分因为它支撑了新古典经济学及其衍生出的理性选择理论,[②]方法论个体主义(methodological individualism)已经引起了社会科学哲学家和社会科学研究者的持续关注。[③]然而没能充分理解社会科学的三类客体,现有的方法论个体主义的讨论恐怕遗漏了一些关键点。

在进一步的讨论之前,有必要澄清三点。第一,"方法论个体主义"其实是用词不当。它首先是认识论立场,而它的方法论立场是遵循认识论立场的。第二,与传统观点相反,方法论个体主义与非理性主义立场是兼容的。[④]我们可以明确地组织一个纯粹有关个人行动的社会探究,根据恐惧、仇恨、荣誉或者仅仅是错觉来展开。[⑤]事实上,社会生物学和它衍生出的演化心理学都是彻底的个体主义。有机体是延扩适应值(inclusive fitness)的最大化者,而且所有的集体属性都是纯粹或非纯粹地由基因支配,是延扩适应值最大化的结果。[⑥]第三,方法论个体主义与释经学完全兼容,[⑦]而非仅仅与行为主义和经验主义兼容。[⑧]

---

① Mark Granovetter, "Economic Action and Social Structure: The Problem of Embeddedness", *American Journal of Sociology*, Vol.91, No.3, 1985, pp.481–510; Alexander Rosenberg, *Philosophy of Social Science*, Boulder: Westview, 2008.

②下文将讨论新古典经济学和理性选择理论。

③ Karl Popper, *The Open Society and Its Enemies*, London: Routledge, 1967; Steven Lukes, "Methodological Individualism Reconsidered", *British Journal of Sociology*, Vol.19, No.2, 1968, pp.119–129; Daniel Little, *Varieties of Social Explanation: An Introduction to the Philosophy of Social Science*, Westview Press, 1991.

④ Dennis H. Wrong, *The Problem of Order: What Unites and Divides Society*, New York: Free Press, 1994; Craig Parsons, *How to Map Arguments in Political Sciences*, Oxford: Oxford University Press, 2007.

⑤⑦ Mario Bunge, *The Sociology-Philosophy Connection*, New Brunswick: Transaction Publishers, 1999.

⑥ Richard Dawkins, *The Selfish Gene*, Oxford: Oxford University Press, 1996.

⑧ Robert A. Dahl, *Who Governs? Democracy and Power in an American City*, New Haven: Yale University Press, 1961.

对于个体层次的行动,方法论个体主义是有些贡献的,但即使在这个层次,方法论个体主义也并不令人满意。这是因为行为体的能力、利益、意图和决心至少在部分上是由社会构造的。[①]缺乏在社会或集体层次上的假设,方法论个体主义对个体的行动和观念的解释价值不大。

论及集体层次的行动时,方法论个体主义只能通过坚称集体行动最终是所有个体基于其理性或心理计算的行动的总和[②],以及诸如族群、阶级意识、(作为社会结果的)意识形态等集体观念不会在种族冲突和制度变迁等集体行动事件中影响个体的看法来浑水摸鱼。然而即便粗略地看一眼人类世界,也会发现事实并非如此。[③]难怪像道格拉斯·诺斯(Douglass C. North)这样以理性主义式的方法论个体主义为特征的新古典经济学的狂热支持者,也最终承认我们为尊崇方法论个体主义和批判曼瑟尔·奥尔森(Mancur Olson)没有在组织化的集体行动中考虑意识形态因素而付出了惨重的代价。如今流行的行为经济学只要还坚持方法论个体主义,就不会好到哪里去。[④]

除了那些由个体行动(如打架或决斗)直接导致的结果,方法论个体主义在解释社会结果上的贡献更小。正如肯尼斯·约瑟夫·阿罗(Kenneth J. Arrow)后来所承认的那样,对于诸如革命、经济增长、国家建设等复杂的社会结果,方法论个体主义其实没有什么意义。[⑤]

6.新古典经济学和理性选择路径的效用和局限

① Craig Parsons, *How to Map Arguments in Political Sciences*, Oxford: Oxford University Press, 2007.

② Mario Bunge, *Chasing Reality: Strife over Realism*, Toronto: University of Toronto Press, 2006.

③ Mancur Olson, Jr., *The Logic of Collective Action: Public Goods and the Theory of Groups*, Cambridge: Harvard University Press, 1965.

④ Douglass C. North, *Structure and Change in Economic History*, New York: W.W. Norton & Company, 1981.

⑤ Mario Bunge, *The Sociology-Philosophy Connection*, New Brunswick: Transaction Publishers, 1999.

尽管方法论个体主义经常被认为是经济学帝国主义的邪恶化身，但经济学帝国主义的真正体现则是理性选择路径（RCA，通常是博弈论的形式），它被新古典经济学所支持。方法论个体主义和（主观）工具理性的假设支撑了新古典经济学，也就支撑了理性选择路径。[1]

新古典经济学被用于解释从完美市场到市场失灵等经济难题，而理性选择路径主要被用于解释民主、集体行动、婚姻、家庭、成瘾、歧视、种族隔离、战争、群体冲突等社会和政治难题。归根结底，所有这些学者都试图仅凭"理性"的个体行动效用的最大化来解释社会结果。[2]

不幸的是，理性选择路径所理解的理性（通过学习和选择战略或行为而效用最大化）只是人类行为的驱动因素之一。因此人类行为不能只靠"理性"来解释。事实上，除了通常被含糊定义的效用和偏好之外，理性选择理论遗漏了大部分的社会环境（作为之前阶段的社会结果）和其他驱动行动的心理因素，所以它甚至无法有效理解行为体在真实社会中的简单行动。[3]埃尔斯特这位理性选择理论的长期拥护者都承认，"严格地说，用机

---

① Mario Bunge, *The Sociology-Philosophy Connection*, New Brunswick: Transaction Publishers, 1999.虽然"理性选择方法"通常被称为"理性选择理论"，但是以任何标准衡量，它都不是一个理论，而是一种方法。新古典经济学和理性选择路径未必属于经验主义，因为它们都主要是构建模型，并没有为模型提供系统的实证证据。相反，新古典经济学和理性选择路径属于"工具实证主义"。金迪斯要求博弈论放弃方法论个体主义。参见［美］赫伯特·金迪斯（Herbert Gintis），《演化博弈论：问题导向的策略互动模型》，中国人民大学出版社，2015年。

② Anthony Downs, *An Economic Theory of Democracy*, New York: Addison Wesley, 1957; James Buchanan and Gordon Tullock, *The Calculus of Consent: Logical Foundations of Constitutional Democracy*, Indianapolis, 1999; Mancur Olson, Jr., *The Logic of Collective Action: Public Goods and the Theory of Groups*, Cambridge: Harvard University Press, 1965; Gary S. Becker, *The Economics of Discrimination*, Chicago: University of Chicago Press, 1971; Thomas Schelling, *Micromotives and Macrobehavior*, New York: W.W.Norton, 1978.

③ 这里重要的是，由于个体的偏好（作为观念）无法被终极解释，对理性选择理论（或其他认识论立场和方法论的立场）的正确批判不是它不能解释偏好，而是它能捕捉多少社会现实，以及（进而）能解释多少社会现实。在对理性选择理论的另一种攻击中，马里奥·邦奇未能指出由于理性选择理论抽离了社会环境（之前阶段的社会结果），所以它甚至无法解释社会化个体的简单行动。

会和欲望去解释行动并不适宜……理性选择是不明确的"[1]。从根本上说，通过假设所有行为体的行动完全是由各自的原子式计算和其他个体的行为所驱动的，理性选择路径忽视了个体抉择的行动背后的社会环境。所以即使对于个体的行动，理性选择路径也只能给出非社会和非历史的解释，甚至是反社会和反历史的解释。这种解释即使不空洞，也是肤浅的。[2]

理性选择路径对人类行为的理解非常匮乏，对社会结果的理解更是贫瘠。由于大多数社会结果都不仅是由行动所决定的，所以理性选择路径对理解大多数并非由个体行动直接和全部驱动的（微观或宏观）社会结果，几乎没有什么帮助。[3]当谈及社会结果时，新古典经济学/理性选择理论所能做到的最好情况就是，假设大多数社会结果都仅是由个体行动直接驱动的，然后基于含糊的理性计算原则，给出对行为体行动肤浅又不够信服的解释。

从根本上说，新古典经济学和理性选择理论都在坚持极度过时的社会科学观，即认为社会科学必须效法自然科学（特别是物理学）来进行建模。[4]但当模型中的假设和假说不符合实证检验，以及不能被实证检验时，所有"严格精简的"模型、等式和数学证明都等于零。最好的情况是，所有的数学式和预测也不过是"有用的虚构"或"幻想"。[5]最坏的情况则是，许多所谓的"严格精简的"模型、等式和数学证明都是伪数学化，故而是伪科

---

① Jon Elster, *Nuts and Bolts for the Social Sciences*, Cambridge：Combridge University Press，1989.

② Mark Granovetter, "Economic Action and Social Structure：The Problem of Embeddedness", pp.481–510.

③ Mario Bunge, *The Sociology-Philosophy Connection*, New Brunswick：Transaction Publishers，1999.

④ Peter Manicas, *A Realist Philosophy of Social Science：Explanation and Understanding*, Cambridge：Cambridge University Press，2006.

⑤ Paul K. MacDonald, "Useful Fiction or Miracle Maker：The Competing Epistemological Foundations of Rational Choice Theory", *American Political Science Review*, Vol.97, No.4, 2003, pp.551–565.

学。[①]虽然理性选择理论仍流行于社会科学的核心领域，但它已经危害了我们对社会世界的理解。埃尔斯特姗姗来迟又略显犹豫地承认理性选择理论的解释力比他过去想象得要弱，这一点既让人振奋又令人沮丧。[②]

也许并不是巧合，冯·诺依曼（John von Neumann）和奥斯卡·摩根斯顿（Oskar Morgenstern）的博弈论奠基之作名为"经济行为"。类似地，加里·贝克尔（Becker）的"经济学帝国主义"的宣言也名为"人类行为"。也许经济学家和理性选择理论的追随者已在潜意识中认识到，博弈论和理性选择理论是用来处理行为而非社会结果的。不幸的是，在经济学帝国主义的狂热扩张中，经济学帝国主义者有意识地走上了错误的扩张之路。

五、方法论启示

这一节将阐述把社会事实划分为观念、行动和结果对方法论的启示，但只是做两个陈述，并不讨论某种特定方法应该如何适当使用，因为这需要更专门的方法论论著。

首先，正如一开始所提到的，笔者赞成"方法论折中主义"。事实上，在处理不同客体或研究问题时，笔者运用过下文提到的所有方法，我践行了我所宣扬的。因此笔者对以下不同方法论的看法不应该被理解为由于个人偏好而贬低了某种方法。

其次，尽管不可避免地要涉及定量方法和定性方法之间的激烈争论，[③]但不可能在此详尽地处理这个问题。重申一次，笔者仅仅陈述三个关键说明。对这两种方法更详细的讨论将留待之后的研究。

---

① Mario Bunge, *The Sociology-Philosophy Connection*, New Brunswick: Transaction Publishers, 1999.

② Jon Elster, *Explaining Social Behavior: More Nuts and Bolts for the Social Sciences*, Cambridge: Cambridge University Press, 2007.

③ Chaim D. Kaufmann, "Out of the Lab and into the Archives: A Method for Testing Psychological Explanations for Political Decision Making", *International Studies Quarterly*, Vol.38, No.4, 1994, pp.557-586; Andrew Abbott, *Time Matters: On Theory and Method*, Chicago: University of Chicago Press, 2001.

第一,我们必须明确区分推断一个因素的影响(即推断"原因的影响")和构造一个原因的解释(即推断"结果的原因")。只有在结果是由不受其他因素即仅由单一因素(或处理)导致的情况下,推断"结果的原因"等同于推断"原因的影响"。但这种情况在社会系统中极为罕见,大多数的社会行动和结果是由一系列因素辅以特定的机制而导致的。在这种情况下,推断"原因的影响"仅仅只是推断"结果的原因"的一部分。换句话说,在大多数情况下,推断"结果的原因"不止于推断"原因的影响"(前者比后者更苛刻)。

正如加里·格尔茨(Gary Goertz)和詹姆斯·马奥尼(James Mahoney)所指出的那样,在定性方法和定量方法的争论中,很多困惑来源于隐含地混淆了"原因的影响"和"结果的原因",[1]罗伯特·基欧汉、金和维巴[2]颇有影响的作品便是典型。[3]然而统计方法的重要贡献者保罗·霍兰(Paul W. Holland)非常明确这一差异,他指出统计学对"测量原因的影响"(即变量、处理、条件)是有用的,[4]但对于它是否有助于构建因果解释一直存在争议。[5]

第二,虽然回归分析有助于估计不同变量的"独立"影响或两三个因素的交互影响,但它对理解多于三个因素的交互影响有着几乎无法克服的障碍。[6]不幸的是,许多统计方法支持者对推断交互原因的影响的讨论都只

---

① Gary Goertz and James Mahoney, *A Tale of Two Cultures: Qualitative and Quantitative Research in the Social Sciences*, Princeton: Princeton University Press, 2012.

② [美]加里·金、罗伯特·基欧汉、悉尼·维巴,陈硕译:《社会科学中的研究设计》,格致出版社,2014年。

③ Chaim D. Kaufmann, "Out of the Lab and into the Archives: A Method for Testing Psychological Explanations for Political Decision Making", *Internation Studies Quarterly*, Vol.38, No.4, 1994, pp.557-586.

④ Paul W. Holland, "Statistics and Causal Inference", *Journal of the American Statistical Association*, Vol.81, No.396, 1986, pp.945-960.

⑤ 实际上,这里正确的说法应该是统计学对于"测量一个原因(在某个时候)的影响"是有用的,但对测量几个原因的联合或交互作用则没有太大帮助。

⑥ 由拉金和他的追随者所开发的定性比较分析(QCA)在这里作出了重要的贡献,但是定性比较分析也有局限性。这里同样需要注意的是,简单认为定性比较分析与回归分析中的交互作用一样是具有误导性的。

使用两个因素或变量作为例证。①虽然为了清晰呈现交互项的基本逻辑而进行简化是很合理的，但这种简化使我们忽视了很少的社会结果仅由两三个因素的交互作用所导致，而定量技术根本无法处理超过三个因素的交互作用这一简单事实。②因此这些对定量方法的交互作用的简化讨论，使得定量方法看上去比它的实际能力更为强大，甚至强于对它的期望能力。

第三，金、基欧汉和维巴错误地认为，推断"原因的影响"在逻辑上先于寻找因果机制。③其实这两项任务不仅可以齐驱并进，而且寻找因果机制在逻辑上可以先于推断"原因的影响"。④

一旦我们理解了这些关键点，定量方法和定性方法就可能形成更有建设性的对话。简单来说，虽然定性方法和定量方法可能是两种文化，⑤但它们是高度互补的，合适地结合可能会产生更强的解释力。⑥

（一）综合陈述

1.解释行动：社会心理学之外的归因理论

如上所述，解释行动是社会心理学中的归因过程，但社会心理学现有的关于归因的讨论尚有不足。⑦批判性地基于现有的讨论，本章提出了一

---

① Bear F. Braumoeller, "Hypothesis Testing and Multiplicative Interaction Terms", *International Organization*, Vol.58, No.4, 2004, pp.807-820.

②⑤ Gary Goertz and James Mahoney, *A Tale of Two Cultures: Qualitative and Quantitative Research in the Social Sciences*, Princeton: Princeton University Press, 2012.

③ Chaim D. Kaufmann, "Out of the Lab and into the Archives: A Method for Testing Psychological Explanations for Political Decision Making", *Internation Studies Quarterly*, Vol.38, No.4, 1994, pp.557-586.

④ Roy Bhaskar, *A Realist Theory of Science*, London: Routledge, 1975[2008].

⑥ Andrew Abbott, *Time Matters: On Theory and Method*, Chicago: University of Chicago Press, 2001；唐世平：《超越定性与定量之争》，《公共行政评论》，2015年第4期，第45~62页。

⑦ Bertram Malle, *How the Mind Explains Behavior: Folk Explanation, Meaning and Social Interaction*, Cambridge: MIT Press, 2004；Shiping Tang, "Outline of a New Theory of Attribution in IR: Dimensions of Uncertainty and Their Cognitive Challenges", *Chinese Journal of International Politics*, Vol.5, No.3, 2012, pp.299-338.

个更完整的归因理论。①简要地说，本章认为行动是由外在因素（我们试探性地把它放在"社会情境"和"外在环境"的标签下），以及由包括利益、意图、决心和能力的内在因素所驱动的。此外，外在因素或社会系统只能通过六个渠道影响四个内在因素，进而塑造我们的行动。遵循这个更严格的框架，我们在解释行动时会更加正规。但由于外在因素和内在因素间的互动非常复杂，我们应该对行动的广义理论的前景保持谨慎。②

2.解释社会结果：一般原则

解释社会结果，特别是诸如社会流动及分层、革命、工业革命、大国的兴衰和民主化等复杂的社会结果，代表了社会科学最艰巨的任务。

解释社会结果当然需要行动和观念，因此没有个体观念和行动的纯粹结构性解释在本质上是无效的。然而仅凭行动和观念本身也不能充分解释大多数社会结果。除了行动和观念，我们还需要考虑社会情境——即来自之前阶段的社会结果。这就是为什么理性选择理论/博弈论和方法论个体主义在解释大多数社会结果时价值有限，因为它们几乎完全忽略了社会情境并只依赖于行动和观念。

解释复杂的社会结果可能要忽略一些观念和行动的微观基础，但必须考虑更宏观的因素。面对解释复杂社会结果的艰巨任务时，我们必须进行一定的简化。这就解释了为什么一些关于宏观社会结果的重要文献（如革命、工业革命、民主化）主要基于二手而非一手资料，也解释了为什么在主要关注宏观社会结果的社会科学家中，系统主义（结构主义是它的狭义形

---

① Bertram Malle, *How the Mind Explains Behavior: Folk Explanation, Meaning and Social Interaction*, Cambridge：MIT Press, 2004.

② Stephan Fuchs, "Beyond Agency", *Sociological Theory*, Vol. 19, No. 1, 2001, pp.24-40.

式)仍然相当盛行。[①]

表1-3　方法论的综合陈述

方法	行动	结果
充分解释的必要成分	能力、利益、决心、意图，这四个内在维度传输了作为外部环境(包括其他个体)的社会系统的影响	初始社会条件、个体行动、互动(作为干预过程)和其他机制
必要方法	归因； 通过档案和日记的过程追踪； 系统路径	带有特定微观基础的宏观比较，既可定性，也可定量； 过程追踪； 系统路径； 演化路径
有效但有限的方法	访谈、调查、回忆录； 实验研究：对于理解真实的复杂决定价值非常有限； 博弈论：推断直接原因很有效，而非更深层的原因	聚焦于结果的建模、计算机模拟(如行为体建模、系统动力学)； 博弈论：仅对非常简单的社会结果有效
本质上无效的或只有边缘价值的方法	释经学	释经学； 实验研究； 调查、民意调查、访谈
警告和评论		对于复杂的社会结果，我们也许永远不能让"黑箱"完全透明

资料来源：笔者自制。

(二)具体陈述

社会科学现有的实证方法可以分为六大类：①调查、民意调查、(深度)访谈和民族志；②聚焦于行动的形式模型(如博弈论/理性选择理论)；③聚焦于结果的模型(如宏观经济模型、经济增长模型)和计算机模拟(如行为体建模、系统动力学)；④实验；⑤大样本和中等样本的回归分析或定性比

---

① Mario Bunge, *Finding Philosophy in Social Science*, New Haven：Yale University Press，1996；Shiping Tang, *Social Evolution of International Politics*，Oxford：Oxford University Press，2013；Shiping Tang，"International System，Not International Structure：Against the Agent-Structure Problématique in IR"，*Chinese Journal of International Politics*，Vol.7，No.4，2014，pp.483-506.这里的结构主义仅指(过度)强调(社会)结构约束的理论，而非被称为"结构主义"的社会理论学派。

较分析；⑥深度过程追踪分析的小样本案例研究，历史叙述是其必要部分或相近的方法。①每种方法都有各自的效用和局限，并且效用和局限因不同的任务而不同。但总体来说，最后两种方法更为常用，这一事实很大程度上解释了它们在实证社会科学中的主导地位。

第一，调查、民意调查、(深度)访谈和民族志对于理解个体关于特定事物的观念(或知觉)很有用。它们在某种程度上也有助于理解行动，因为行动是部分由观念驱动的。这些方法对理解社会结果并没有太多用处。更重要的是，这些方法主要用于收集数据。仅凭它们无法解释行动和结果，②其实它们并没有甚至不能解释观念。

第二，聚焦于行动的形式模型(如博弈论)对于在特定的社会约束下猜想通过互动来驱动行为体行为的特定因素和机制是很有用的。它也有助于理解仅由行动所驱动的社会结果(如因战争行为而爆发的战争)。但这种方法对理解大多数社会结果的用处非常有限，因为大多数社会结果并不仅仅是行动及其互动的产物。

第三，聚焦于结果的模型和计算机模拟有助于证明一些声称在推动特定社会结果方面有重要价值的因素和机制。行为体建模(agent-based modeling)的优势在于它能模拟微观行动及其互动如何涌现出宏观结果，而系统动力学的优势在于它能模拟宏观过程如何驱动宏观结果。宏观经济模型和经济增长模型更有助于说明(如"玩具"般的)经济动力和组织实

① 笔者认为概念分析应该被理解为一种独立的方法论。因为概念分析在某种程度上与实证方法相距较远，所以在本章不予讨论。本章的方法论观点和阿博特类似，阿博特分成了五个方法：民族志、历史叙述、大样本和中等样本分析(用他的术语叫"标准因果分析")、小样本比较和形式方法。本章的方法论分组与阿博特有些不同，还在每个主要的方法中加入了更多的子类型。笔者认为实验研究是有别于大样本和中等样本分析(或"标准因果分析")的主要方法。虽然回归分析和定性比较分析都从自然科学家如何从真实的实验数据得出因果推论获得启发，但大样本或中等样本分析不是实验，最主要的原因是它们使用的是观察数据而非实验数据。

② Andrew Abbott, "The Idea of Outcome in U.S. Sociology", in George Steinmetz, ed., *The Politics of Method in the Human Sciences: Positivism and Its Epistemological Others*, Durham: Duke University Press, 2005, pp.393–426.

证数据。但这些方法对真实世界的社会结果给出的真正解释则价值有限。[1]

第四，实验方法是度量行动背后的驱动因素的有效方法。实验其实是实验社会心理学的基本原则，但在社会科学中，实验不太可能为真实世界中的行动提供真正的解释。在对社会结果做出解释时，实验的价值甚至更加有限，它只有助于证明一些声称在推动特定社会结果方面有重要价值的因素和机制。

从根本上说，即使我们能为实验建立一些外部有效性，[2]但社会科学中的实验其实价值有限，因为社会系统无法像自然科学的实验那样实现"实验封闭"。[3]最近的研究表明，发表在三大社会心理学期刊的论文中，只有39%可以被重复验证，[4]这给了我们足够的理由去质疑经济学和政治学中正流行的田野实验结果的可重复性。

第五，大样本和中等样本的回归分析或定性比较分析有助于理解所有三类客体。回归分析的优势在于，能识别可能影响行动及结果的因素和因素之间（最多三个因素）潜在的互动。定性比较分析提高了对几个因果因素的联合效应的识别。因此定性比较分析可能比传统的回归分析更有效地揭示因果机制。[5]但无论是大/中等样本的回归分析，还是中等/小样本的

---

① 对于用行为体建模来处理本体论和认识论上的困难的讨论，参见 Thomas B. Pepinsky, "From Agents to Outcomes: Simulation in International Relations", *European Journal of International Relations*, Vol.11, No.3, 2005, pp.367-394。

② 这可能主要是因为人类不容易被操控，实验对象可能有意或无意地在实验中试图挫败实验者的操控。对"行为经济学"的实验方法缺少批判性，但尚属优秀的综述，参见 Samue Bowles and Herbert Gintis, *Schooling in capitalist America: educational reform and the contradictions of economic life*, Chicago, Illinois: Haymarket Books, 2011, Chapter 4。

③ Roy Bhaskar, *The Possibility of Naturalism: A Philosophical Critique of the Contemporary Human Sciences*, London:Routledge, 1979[1998].

④ John Bohannon, "Many Psychological Papers Fail Replication Test", *Science*, Vol.349, No.6251, 2015, pp.910-911.

⑤ Charles Ragin, *Fuzzy Set Social Sciences*, Chicago: University of Chicago Press, 2000.

定性比较分析,都不能自身揭示机制。因此这两者都不能对特定的行动或结果给出真正的解释。[1]不幸的是,很多回归分析和定性比较分析的支持者不仅混淆了统计结果(即相关)和解释,还混淆了制订假说和理论化。[2]

第六,深度过程追踪分析的小样本案例研究和前者一样,有助于理解社会科学的所有三类客体。和前者相比,小样本案例研究弱于识别诸多因果因素,但擅长处理几个因果因素。深度过程追踪分析的小样本案例研究的特别优势在于,能捕捉因素的互动和揭示或确认机制的实际运作。所以与回归分析和定性比较分析相比,它在构建行动和结果的特定因果解释方面更强大。[3]

对于构建特定的因果解释,深度过程追踪分析的小样本案例研究能对不同客体使用更具体的技术。具体地说,当试图解释行动时,深度过程追踪分析的小样本案例研究倾向于使用档案、日记和(决策者或旁观者的)回忆录,来重建特定行动背后的真实决策过程。[4]同样地,在处理具有严重的殊途同归性的宏观社会结果时,深度过程追踪分析的小样本案例研究试图用因素和机制来构建解释,而不仅仅是影响的推断。如此一来,这种方法能强化特定因果解释的有效性。这一逻辑解释了为什么对宏观社会结果

---

① Andrew Abbott, *Time Matters: On Theory and Method*, Chicago:University of Chicago Press, 2001.

② Peter Hedström and Richard Swedberg, eds., *Social Mechanisms: An Analytical Approach to Social Theory*, Cambridge: Cambridge University Press, 1998.

③ 更深入的对案例研究和过程追踪的讨论,参见 John Gerring, *Case Study Research: Principles and Practices*, Cambridge: Cambridge University Press, 2007。

④ Yuen-Foong Khong, *Analogies at War: Korea, Munich, Dien Bien Phu, and the Vietnam Decisions of 1965*, Princeton: Princeton University Press, 1992.当然,即使我们想要探究认知、情感和政治之间的互动如何影响了决策者在真实世界中的感知和决策,但这可能被证明是非常困难甚至是不可能完成的任务。邝云峰,以及勒博和斯坦因最接近完成这一点,因为他们能采访一些危机中的核心决策者,但他们的成功可能很难复制。一个好的关于解释历史中的关键决策的方法论挑战的讨论,参见 Chaim D. Kaufmann, "Out of the Lab and into the Archives: A Method for Testing Psychological Explanations for Political Decision Making", *Internation Studies Quarterly*, Vol.38, No.4, 1994, pp.557−586。

更感兴趣的社会科学家更倾向于依赖深度过程追踪分析的小样本案例研究，以及为什么他们更加强调揭示机制在构建解释时的必要性。[1]

六、结论

在很长的一段时间里，认识谬误已经渗透到（社会）科学哲学中，而方法论谬论则主导了实证社会科学。因此虽然大多数社会科学家已经拒绝了"覆盖律"和"统计规律"等极端立场，[2]但他们仍然仅仅争论认识论和方法论，从而隐含地假设本体论问题已经解决了或者毫不相关。

本章认为在没有解决本体论问题的情况下，聚焦于认识论和方法论是具有误导性的。相反，社会科学存在本体论上不同的客体，并且需要不同的认识论立场和方法论工具来解释它们。更具体地说，本章把观念、行动和结果识别为社会科学的三个核心客体，并强调需要不同的认识论立场和方法论工具来理解和解释它们。

在认识论上，不同的认识论立场具有不同的优势和弱点，尽管某些认识论立场对于理解三类客体价值有限，甚至全然无效。在方法论上，没有万能的方法能涵盖所有三类客体，因此任何让某一种方法主导的呼吁都必须坚决反对。[3]更确切地说，从"方法论之战"中得到的正确教训不是否定某个特定方法的合适位置，而是认识到不同方法有不同的优势和弱点，并在真实的实证探究中明智地使用它们，而且通常是方法相互组合的

---

[1] Mario Bunge, "Mechanism and Explanation", *Philosophy of the Social Sciences*, Vol.27, No.4, 1997, pp.410–465; Alexander George and Andrew Bennett, *Case Studies and Theory Development in the Social Sciences*, Cambridge: MIT Press, 2005.

[2] Roy Bhaskar, *A Realist Theory of Science*, London: Routledge, 1975[2008].

[3] Chaim D. Kaufmann, "Out of the Lab and into the Archives: A Method for Testing Psychological Explanations for Political Decision Making", *Internation Studise Quarterly*, Vol.38, No.4, 1994, pp.557–586.

形式。[1]

明确区分三类客体并理解需要不同的认识论立场和方法论工具来解释它们的事实，可以让我们更好地应对社会科学的实证挑战，并指向更高效地增进人类知识的道路。

---

① Andrew Abbott, *Time Matters: On Theory and Method*, Chicago: University of Chicago Press, 2001; David A. Freedman, *Statistical Models and Causal Inference: A Dialogue with the Social Sciences*, Cambridge: Cambridge University Press, 2010; Gary Goertz and James Mahoney, "For Methodological Pluralism: A Reply to Brady and Elman", *Comparative Political Studies*, Vol.46, No.2, 2012, pp.278-285；唐世平：《超越定性与定量之争》，《公共行政评论》，2015年第4期，第45~62页。

第二章

超越定性与定量之争[1]

在政治学方法论发展的进程中，KKV[2]所著的《社会科学中的研究设计》(1994)是一部地位独特的著作，由其出版所引发的方法论大辩论，特别是其中"定性与定量之争"，带动了整个政治学界对方法论的深入理解及方法创新。本章将围绕上述"定性与定量之争"问题，阐述笔者对方法论的理解。具体而言，笔者重点批评了那些(包括KKV在内)错误的想法："寻求因果解释"的最重要途径，就是用定量方法甄别"原因的影响"。这是一个对研究方法相当狭隘而无益的理解。从研究者的角度来看，没有任何捷径可以超越两者之争。只有懂得多种技巧并理解它们各自的长处和短处，才能够在面对实际的研究问题时，灵活运用不同的方法组合，比较好地解决研究问题。

---

① 作者：唐世平。曾发表于《公共行政评论》。
② Gary King, Robert O. Keohane and Sidney Verba, *Designing Social Inquiry: Scientific Inference in Qualitative Research*, Princeton University Press, 1994，下文中简称"KKV"。

一、引言及四点声明

在笔者的学术作品中,本章的风格可能是独一无二的。笔者将不拖泥带水,而是直击要害,只给出论断,而不追求精细的实证支持,甚至逻辑的严密。这是因为本章将是一篇"说教性"的文章,笔者的目标是给出笔者认为正确的方法论立场,而不去纠缠细节。

简单地说,笔者认为,尽管由KKV所引发的"定性与定量之争"带动了整个政治学界对方法论的深入理解及方法创新,但今天的社会科学需要的是"超越定性与定量之争"。只有懂得多种技巧并理解它们各自的长处和短处,才能够在面对实际的研究问题时,灵活运用不同的方法组合,比较好地解决研究问题。在展开之前,需要做四点说明。

首先,鉴于"定性与定量之争"的内容纷杂,笔者在此不罗列,更不评论这场争论中的任何细节。这一方面是因为笔者只能在其他文章中才可能仔细讨论这其中的某些关键细节,而另一方面是因为笔者的立场一直是"(我们需要)超越定性与定量之争"。

笔者必须强调一点,"定性与定量之争"最核心的问题在于"寻找因果解释",到底是试图寻找"结果的原因"(causes of effects),还是仅仅是试图甄别"原因的影响"(effects of causes)。定量研究的优势在于通过甄别"原因的影响",从而确立某些因素对于某一类社会结果有影响(或者贡献)与否。而定性研究的优势在于试图获得我们直觉意义上对某一类社会结果的"因果解释",比如"为什么大革命会发生在某些国家"或者"为什么某些革命成功了,而某些革命失败了"。

显然,我们绝大部分人士都会同意这样的立场:我们通常所说的"因果解释"是后一种意义上的"因果解释",即结果的原因。尽管确立某些因素对于某一类社会结果是否有影响（或者贡献）是重要的，但是这么做只是寻求"因果解释"的一部分。许多偏好定量分析的学者则错误地认为，寻求"因果解释"和甄别"原因的影响"完全等同（也见下面对KKV的具体批评）。①由此这些人士也错误地强调，寻求"因果解释"的最重要方法就是用定量方法进行"因果推断"，或者说是甄别"原因的影响"。

其次，笔者对任何一类方法并没有特别的偏爱。这是因为任何一类方法都有它的长处和短处，并没有全能的方法。因此笔者认为，只有懂得多种技巧，并且理解它们各自的长处和短处，我们才能够在面对实际的研究问题时，灵活运用不同的方法组合比较好地解决问题。

再者，社会科学中的方法其实远远不止定性和定量两种。按照笔者的分类，社会科学中的方法至少有六个大类。②但是笔者确实认同，定性分析、定性比较分析（Qualitative Comparative Analysis，QCA）③、定量分析是最重要的数据分析方法。④

最后，尽管笔者对方法论的理解仍是一个"学习进行时"，笔者自己独立，以及和合作者一起运用过的方法基本覆盖了社会科学中的所有的大类，包括行为体建模（Agent-based modeling，ABM）、地理信息系统（GIS）、社会网络分析（social network analysis，SNA、定性比较分析（包括既有的软件，

---

① Gary Goertz and James Mahoney, *A Tale of Two Cultures: Qualitative and Quantitative Research in the Social Sciences*, Princeton：Princeton University Press，2012.

② 更早一点的讨论见 Andrew Abbott, *Time Matters: On Theory and Method*, Chicago：University of Chicago Press，2001；Andrew Abbott, *Methods of Discovery: Heuristics for the Social Sciences*, W. W. Norton & Company，2004。

③ 和定性比较分析的发明者查尔斯·拉金（Charles Ragin）的理解不同，笔者认为定性比较分析其实更加接近定量分析，至少在甄别因素，以及因素组合（或者说，相互作用）上是如此。和定量分析一样，定性比较分析也不能甄别机制。

④ 关于这些不同方法的适用范围更详细的讨论，见唐世平：《观念、行动和结果：社会科学的客体与任务》，《世界经济与政治》，2018年第5期。

以及我们自己新开发的软件)、定性分析、定量分析、概念分析①、形式化建模(formal modeling,包括博弈论、经济学模型),以及解释结构模型(interpretative structural modeling,ISM)。事实上,笔者和笔者的团队还在试图为解决社会科学中的某些具体研究问题而发展一些新的方法,但是笔者不是一个"唯数学化而数学化"的人。笔者始终认为,我们发展任何新的方法都是为了解决具体的研究问题,而不是为了让东西好看或不让人看懂。

在本章中,笔者将主要阐述对方法论的理解,而不做太多的解释,许多文献也将不详细列出。更加详细的讨论只能在其他的文章里展开。

二、对KKV的简短评价

在政治学的方法论发展进程中,KKV所著的《社会科学中的研究设计》是一部有特别地位的作品。但是这本书的特别地位不是因为它都对,而恰恰可能主要是因为它的核心立场是如此极端的错误,以至于许多学者,包括许多杰出的计量统计学者,群起而攻之,从而引爆了后来的方法论辩论。②而这一轮由KKV带动的方法论大辩论,特别是其中的"定性与定量之争",确实带动了整个政治学界对方法论的深入理解,以及对方法论的创新。③

KKV直接明确了他们对定量和定性两类方法的立场:

"Our view is that these differences(即定性方法和定量方法的区别)are mainly ones of style and specific technique. The same underlying logic provides the framework for each research approach. This logic tends to be explicated and formalized clearly in discussions of quantitative research methods. But the

---

① 经过相当长时间的摸索和理解,笔者认为,"概念分析"事实上是一个独立的方法,它有自己的一套规则和做法。很遗憾,笔者无法在这里展开讨论。

② Henry E. Brady and David Collier, *Rethinking Social Inquiry: Diverse Tools, Shared Standards*, Lanham:Rowman and Littlefield, 2004/2010.

③ James Mahoney, "After KKV: The New Methodology of Qualitative Research", *World Politics*,Vol.62,No.1,2010.

same logic of inference underlies the best qualitative research, and all qualitative and quantitative researchers would benefit by more explicit attention to this logic in the course of designing research."[1]

如此说来，KKV 是一部非常不幸的作品。这其中的最核心原因有三。首先，这三位作者尽管都是学界大家，但他们对方法论的理解都是不够完整的。具体地说，金几乎不懂定性分析，而他对定量技术的偏爱又让他不能批判性地看待定量技术的缺陷。而基欧汉和维巴则不仅基本不懂定量分析，而且也不太懂定性分析（至少按现在的标准看）。因此 KKV 这本书对方法论的理解有严重的偏差也就不难理解了。

其次，KKV 没有提及任何当时就有的对定量方法的深刻批评，而是一味强调定量方法的优势。[2]笔者这里要特别强调，这些批评定量方法的人士都是对定量和定性有非常好的理解的人士。笔者这里仅列出两位：安德鲁·阿博特和弗里曼（David A. Freedman）。

安德鲁·阿博特对定量方法有重要的贡献，定量方法中的两个重要方法序列分析（sequence analysis）和最佳匹配（optimal matching）都是他首先发展出来的（而"序列分析"背后的原理是生物学中脱氧核糖核酸序列测定的思维和逻辑）。但是阿博特又非常清楚定量方法的缺陷。1988 年他发表在《社会学理论》（*Sociological Theory*）杂志上的《超越一般线性模型》（Transcending General Linear Model）一文中，阿博特指出了"（广义）线性模型"（即主要基于定量分析的方法论）的六个根本性假设：①有特定属性的实体（entities with attributes）；②单调因果流（monotonic causal flow）；③变量

---

① Gary King, Robert O. Keohane and Sidney Verba, *Designing Social Inquiry: Scientific Inference in Qualitative Research*, Princeton University Press, 1994.

② 金对定量分析方法局限性认识的不足也许来自于他就观察数据对研究方法的约束认识的不足。定量分析的根本基础来自生物学（特别是群体遗传学）、医学，以及后来的实验心理学。这其中最重要的奠基性工作是罗纳德·费希尔（Ronald Fisher，英国统计学家、理论遗传学家）在 20 世纪二三十年代完成的工作。但是费希尔面对的数据主要都是（田间）实验数据，而社会科学家面对的数据绝大部分都是观察数据，而非实验数据。

只有唯一含义（univocal meaning of variables）；④没有时序影响（absence of sequence effects）；⑤独立因果效应及其他相关假定（causal independence and related assumptions）；⑥在不同的时空里，具备独立情境［independence context（in their space and time）］。而阿博特进一步认为，正是这些"（广义）线性模型"的根本性假设的缺陷使得社会科学家不能够更好地理解世界。

费里曼就更是职业的统计学家（他曾经当选过美国统计学学会的主席）。1991年费里曼发表了一篇广受赞誉的文章"Statistical Models and Shoe Leather"①。在这篇文章中，费里曼指出，在许多的场合，一味地试图用不同的统计技巧去甄别观察数据中的因果关系（而这基本上是金的立场）是不可能完成的任务。要想从观察数据中甄别出相对确定的因果关系，需要各种各样的逻辑思维（包括定性思维），而统计技巧只是其中的一种工具而已。

笔者还可以列出KKV中存在的许多更加具体的问题。这里笔者只列出五个。①KKV一味强调增加观察样本，但是许多社会科学最重要的问题本就是一个小样本的问题。因此这些问题的观察样本不可能被增加，也不应该被增加。比如要讨论现代化在西欧的起源，就不可能增加样本。在1500—1700年间，有可能成为世界上第一个现代化国家的西欧国家只有四个。②这背后的根本性原因是我们面对的不是实验数据，而是有限的观察数据。②KKV对机制的理解可以说是荒谬的。③和许多定量人士一样，KKV对用交互项（interactive）来捕捉因素之间的相互作用的局限性没有足够的认识，因而根本就没有认识到定性比较分析技术的价值。③④KKV几乎完全忽略了数据的测量问题（见下面的讨论）。⑤最为致命的是，尽管KKV在定义"因果关系"（causality）时多处引用了霍兰德（Hol-

① 收录在 David A. Freedman, *Statistical Models and Causal Inference: A Dialogue with the Social Sciences*, Cambridge University Press, 2010。
② 叶成城、唐世平：《第一波现代化：一个机制和因素的新解释》，《开放时代》，2015年第1期。
③ Charles C. Ragin, *Fuzzy Set Social Sciences*, University of Chicago Press, 2000.

land），①但却忽视了霍兰德非常强调的一点，即"给出因果解释"（formulating a causal explanation）和（KKV最关心的）"因果推断"是不同的。前者要远比后者复杂，尽管后者通常是前者不可或缺的一部分。②

为此，笔者特别建议，所有的青年学子都应该把KKV和对KKV的批评进行集成，即布莱迪（Brady）和科利尔（Collier）合编的《重新思考社会研究》（*Rethinking Social Inquiry*）③一起看。事实上，笔者鼓励大家先看看布莱迪和科利尔，这样才不会被KKV过多地误导。而笔者再次强调，笔者批判KKV不是为了批评定量分析方法。事实上，笔者和同事的许多研究都在运用定量分析方法，但是我们不认为定量分析是唯一可行和可靠的因果分析方法，而我们也总是基于问题和数据来选择方法，而不是倒过来使用。

三、超越定性与定量之争：评价一项研究的共同标准

笔者认为，任何一项实证研究，无论其使用的方法如何（即无论是定性与定量还是它们的组合，以及其他的方法），我们对它的水平的评价应该有基本统一的评价标准。笔者认为，以下五条标准是最重要的（见表2-1）。

---

① Paul W Holland，"Statistics and Causal Inference"，*Journal of the American Statistical Association*，Vol.81，No.396，1986.

② Gary Goertz and James Mahoney，*A Tale of Two Cultures：Qualitative and Quantitative Research in the Social Sciences*，Princeton：Princeton University Press，2012.这个问题非常复杂，笔者只能在其他的文章中再作更详细的讨论。

③ Henry E. Brady and David Collier，*Rethinking Social Inquiry：Diverse Tools，Shared Standards*，Lanham：Rowman and Littlefield，2004/2010.

表2-1 如何评价一项研究：一些共同的基本规则

	定性	定量
问题是否重要：so what?（你都正确，又如何）	一样的标准：问题不重要，那研究就不重要，即使你发表或出版在再好的杂志或者出版社	一样的标准：问题不重要，那研究就不重要，即使你发表或出版在再好的杂志或者出版社
问题的提出是否真实、是否妥当（properly framed）：立足于真实世界和文献，提出好的和真实的问题	一样的标准：问题需要正确地被框定（framed）	一样的标准：问题需要正确地被框定
理论化水平	一样的标准	一样的标准
提出基于理论之上的假说	核心假说是否和理论是有机联系的？因素、因素相互作用、机制	核心假说是否和理论是有机联系的？因素、因素相互作用。（定量不能展现机制）
具体研究细节1：数据的恰当性	案例选择是否合适，是否有负面案例	数据是否合适：比如应该只考察发达国家，却包括所有国家；比如笼统地研究国内战争
具体研究细节2：数据的质量	案例的材料是否可靠（比如研究领导人行为背后的驱动力，应该用而没有用档案）	数据的质量：主要变量的概念化、度量方式（比如调查数据是否真实，估计数据是否可靠）
具体研究细节3：数据的具体处理	案例研究是否做得合适：案例研究不是堆砌史料	定量分析是否做得合适：定量分析不是垃圾回归
具体研究细节4：结果的呈现是否妥当	案例研究是否扭曲了事实？比如案例研究是否承认有些地方和理论有出入，如何处理这些不符合的地方	定量分析的结果是否解释妥当？比如定量分析的结果是否有些地方和理论有出入，如何处理这些不符合的地方
具体研究细节5：讨论	一样的标准：讨论的水平体现了对整个研究领域的把握和理解	一样的标准：讨论的水平体现了对整个研究领域的把握和理解

（一）问题是否是真实的，问题是否重要，问题的提出是否妥当

评价一项研究的价值，首先是它的问题的水平。这一项至少包含以下三个方面：

首先，研究问题必须是一个真实的问题，而不是一个假的问题。比如"上帝为什么先造就男人，然后再造就女人"就不是一个真实的问题，而是一个虚假的问题。无论自然科学还是社会科学都是实证科学，因此我们只研究来自于真实世界的真实问题。

其次，这个研究问题是否重要？如果一项研究用了非常高妙的技巧，但是却是在研究一个非常无聊或者渺小的问题，那这项研究就不太重要。①

最后，问题的提出的方式是否妥当。

(二)对问题解释的理论化水平

接下来则是理论化水平。无论一项研究使用的方法是定性、定量还是其他，其理论化水平都应该是评价它的第二重要的标尺。

在这里，需要特别强调的是，"提出实证假说"(formulating empirical hypothesis)不是"理论化"(theorization)。而现在，许多定量和定性研究其实几乎没有理论化，只是罗列了几个实证假说而已。这一不幸结果背后的主要原因是将"提出实证假说"和"理论化"等同起来的错误理解。

简单地说，除非你面对的是一个极其简单的问题(比如为何人在饿的时候就想吃东西)，"提出实证假说"并不构成"理论化"。也就是说，提出几个可以验证的实证假说——无论是定量的还是非定量的——都不是"理论化"本身：至少，这样的做法的"理论化"程度是非常不够，甚至是非常低的。

在(绝)大部分时候，理论需要解释可能出现的"实证结果"(empirical outcomes)。因此理论应该支撑实证假说，或者说是，假说应该从理论推导而来，而没有理论支撑的假说只是对数据有可能展现出的相关性的猜测而已。不幸的是，现在的许多定量研究，它们所谓的理论部分只是罗列了一些(定量的)假说，然后就是回归结果。它们所给出的回归结果不容易理

---

① 当然，对一篇纯粹的方法论文章，我们对它的评价标准肯定是不同的。现在的普遍问题是，尽管定性研究的水平也是参差不齐的，但是因为定性研究相对不那么容易发表，许多水平其实也非常低的定量研究就容易得以发表。

解,也非常难以确立是否稳健。笔者想,大家对这样的低俗实证研究的态度多半是一笑而过。①

这背后还有一个关键原因。理论的一个核心作用就是约束实证假说的提出,从理论推导出来的假说不能随意修改。而不受理论约束的实证假说其实很容易和实证结果相互"事后自圆其说"。也就是说,对具体的实证结果(无论是定量的还是定性的)的事后(ex post)解释不是"理论化",至少不是好的"理论化",因为要"事后自圆其说"实在太容易了。

只有这样,我们才能理解为什么如果从一个理论推导出的多个实证假说得不到实证支持的时候,我们就要对这个理论本身持更加谨慎,甚至怀疑的态度。因为一个好的理论必须做到逻辑自洽,并且整合了多个因素和机制。

学界有一种说法是"ideas are cheap"(想法不值钱)。事实上,好的思想永远是稀缺的。现在的问题是大家都走向了低水平的理论化,这不可避免地导致许多实证研究的低俗化。

因此最好是先发展出一个好的理论,然后再从这个理论推出(好的)实证假说,即有理论支撑具体的(实证)假说。只有这样做出来的实证结果才有趣,才相对可靠[这方面,麦克唐纳(McDonald)发表的研究可以说是最近的一个范例②]。相反,如果一项定量实证研究没有好的理论,我们不仅难以判断它给出的统计结果是否可靠,甚至都不知道需要度量什么样的东西、怎么度量,更谈不上给出特定的统计模型。需要特别强调的是,同样的标准适用于定性研究。

以对内战,特别是族群冲突的研究为例。一些非常有影响的早期工

---

① 由于大家越来越抵制低俗的定性研究(比如讲几个花絮性的故事),因此比较而言,现在的情况是,低俗的定量研究要比低俗的定性研究更容易被发表。这一趋势在国际刊物上尤其明显。

② Patrick J Mcdonald, "Great Powers, Hierarchy, and Endogenous Regimes: Rethinking the Domestic Causes of Peace", *International Organization*, Vol.69, No.3, 2015.

作①几乎没有理论。因此毫不奇怪,他们的许多结果都备受质疑,甚至被推翻。②相反,我们对族群冲突的研究则一直是以理论为向导。③因此我们给出的实证假说是清晰的,从而实证假说是否得到支持也是清晰的。④

归根结底,没有理论贡献的定量研究只是(更加复杂的)相关性描述而已,它和一个描述性的定性研究相比,并不一定更好,或至少是好得有限。

为了约束自己,也为了读者读起来一目了然,笔者认为,所有的理论都必须有从起初状态到结果的、带箭头的导向图(directed graph)。这个导向图还必须同时包含因素和机制,甚至时空约束。

(三)实证假说是否是基于理论之上

有了第二点要求,我们就很容易理解第三个要求:实证假说需要建立在好的理论之上。只是罗列了实证假说,而这些假说背后没有一个理论能够导出这些假说的实证研究,都是不够好的。这样的研究甚至都可以被认为有"看到实证结果写假说",或者是"操纵实证结果"的嫌疑。纯粹的定量研究尤其要注意避免这样的错误。

具体说来,定量分析(以及定性比较分析)的实证假说必须包含以下两

---

① Paul Collier and Anke Hoeffler, "On Economic Causes of Civil War", *Oxford Economic Papers*, Vol.50, No.4, 1998; Paul Collier and Anke Hoeffler, "Greed and Grievance in Civil War", *Oxford Economic Papers*, Vol.56, No.4, 2004; James D Fearon and David D Laitin, "Ethnicity, Insurgency, and Civil War", *American Political Science Review*, Vol.97, No.1, 2003.

② 关于族群冲突的文献回顾,见 Shiping Tang, "The Onset of Ethnic War: A General Theory", *Sociological Theory*, Vol.33, No.3, 2015;中文版见唐世平、李思缇:《族群战争的爆发:一个广义理论》,《国际安全研究》,2018年第4期。

③ Shiping Tang, "The Security Dilemma and Ethnic Conflict: Toward a Dynamic and Integrative Theory of Ethnic Conflict", *Review of International Studies*, Vol.37, No.2, 2011; Shiping Tang, "The Onset of Ethnic War: A General Theory", *Sociological Theory*, Vol.33, No.3, 2015.

④ Hui Li and Shiping Tang, "Location, Location, and Location: The Ethno-geography of Oil and the Onset of Ethnic War", *Chinese Political Science Review*, Vol.2, No.2, 2017; Shiping Tang, Yihan Xiong and Hui Li , "Does Oil Cause Ethnic War? Comparing Evidences from Quantitative and Process-tracing Exercises", *Security Studies*, Vol. 26, No.3, 2017;熊易寒、唐世平:《油田的族群地理区位和族群冲突的升级》,《世界经济与政治》,2015年第10期。

个部分:因素(含时空)、因素之间的相互作用。因为绝大部分社会结构都是由多个因素相互作用造就的,独立的变量变得相对没有太多的意义(当然,某些变量本身就是几个变量的"交互项")。如果可能的话,定量分析的实证假说还应该包括"因果路径"(causal pathways),因为定量研究的某些方法可以帮助我们甄别不同的"因果路径",比如是传导(mediating),还是调节(moderating),或者两者都有。因为定量方法和定性比较分析均无法真正验证机制,我们可以不要求它们的实证假说提出机制,但是定量研究的理论同样需要有机制。

定性分析的实证假说则必须有以下三个部分:因素(含时空)、因素之间相互作用,以及机制。因为只有定性研究可以解决机制问题(这也是定性研究的核心优势之一),定性研究的实证假说应该尽可能包含机制。

定量分析和定性比较分析的优势在于甄别因素,以及因素组合,从而帮助我们判定不同的"因果路径"哪一个有可能是更正确的,但是定量方法和定性比较分析都无法验证机制。相比之下,定性方法的独特优势在于可以解决机制问题,尽管它也可以帮助我们甄别因素,以及因素组合。因此越来越多好的研究是定性、定量,以及其他方法的结合。

(四)数据的可靠性:概念化、度量操作、整体数据质量

任何研究结论的可靠性都至少部分取决于它使用的数据的可靠性:再复杂的方法也无法从根本意义上解决数据质量的问题,而数据质量的问题不仅仅是缺失值的问题。大体说来,数据的可靠性主要由三个方面决定:概念化、具体的度量操作,以及整体的数据质量。比如芭芭拉·格迪斯(Barbara Geddes)对威权政体的分类存在概念性的分类错误,所以是不能直接用的。[1]

---

[1] Barbara Geddes, *Paradigms and Sand Castles*, University of Michigan Press, 2003. 他们最近的修正,见 Barbara Geddes, Joseph Wright and Erica Frantz, "Autocratic Breakdown and Regime Transitions: A New Data Set", *Perspectives on Politics*, Vol.12, No.2, 2014。

某些东西可能无法通过问卷度量，或者用问卷度量得到的结果是高度偏差的。比如你要调查中国公民对日本作为一个国家的态度，问卷调查的数据恐怕都是不可靠的，无论你是面对面调查还是通过电话，或者是互联网。比较可靠的度量可能是：某一个地区的日系汽车销售量、保有量，以及这个地区去日本旅游的绝对人数和相对比例。而在做回归分析的时候，至少需要控制以下变量：是否遭遇过抗战的战火，是否遭到过日本残酷的大屠杀、大洗劫、"三光"政策，日本占领时间，是否有日系汽车合资企业、人均国内生产总值、离海岸线的距离等。事实上，笔者认为民众在表达自己的政治和社会观点时会有所顾忌，所获得民意数据是值得怀疑的，因此基于这些数据之上的实证研究的结果和价值都是值得怀疑的。

不是所有的数据集都可以拿来直接运用，因为这些数据集本身可能有非常严重的问题。比如世界治理指数（World Governance Index）就是一个有大问题的数据集。类似有大问题的数据集还包括著名的"世界价值观调查"（World Value Survey）。

某些数据集则包含了太多不相干的观察（irrelevant observations or cases）。直接运用这样的数据获得的统计结果通常会高估某些因素的显著性。因此这样的数据集不可以拿来直接运用，而是需要对样本进行细致的截取和挑选。这方面，麦克唐纳最近对"民主和平论"的统计证据的攻击值得大家好好学习。[①]

（五）具体的方法使用

如果是定量研究，这些方面包括具体的数据处理方式、具体的回归工具是否妥当、回归模型是否正确、具体的回归技巧、结果的稳健性、回归结果的理解（interpretation）、是否排除了竞争性解释等。

如果是定性研究，这些方面包括具体的案例选择，是否至少包含了负

---

① Patrick J Mcdonald, "Great Powers, Hierarchy, and Endogenous Regimes: Rethinking the Domestic Causes of Peace", *International Organization*, Vol.69, No.3, 2015.

面案例、半负面案例①、具体的历史证据的考证、具体的实证证据的使用、"过程追踪"是否妥当、是否排除了竞争性解释、对回归结果的理解等。

四、定量分析的一些基本原则

许多偏爱定量方法论的人士已经讨论了一些基本的原则②,告诫我们在从事定量研究时不要犯一些根本性的错误。以下的讨论中,有引用的地方表明笔者发展了既有的一些讨论,或者只是强调;而非引用的观点则基本上是笔者认为目前的许多定量研究方法讨论还没有注意到或者强调不够的地方。

第一,也是最重要的,无论使用何种方法,一个研究者都必须对他想研究的问题有确实的了解。比如对国内战争的延续,特别是关于族群政治延续的许多研究都是那些对战争没有基本了解的所谓的"冲突专家"做的。而因为度量的便利,这些研究通常只有"结构"因素,而没有人的因素。这些人士恐怕基本不知道支撑一场战争有多难,也没有几个人真正读过克劳塞维茨的著作、《孙子兵法》、毛泽东的著作。又比如最近很时髦(而且几乎都发表在顶尖杂志)的"基因社会科学",其实都是一堆不懂得从基因到人的行为,以及社会结果之间有如此长的距离,而完全"让数据说话"造就的垃圾,最后都会成为学术界的笑话(见第一章的讨论)。

第二,基于对研究问题的深入了解,以及对文献的良好把握,发展出一个好的理论。这个问题笔者在其他文章中已经详细讨论过,此处不再赘述。再强调一次,为了约束自己,也为了读者读起来一目了然,笔者认为,所有的理论都必须有从起初状态到结果的、带箭头的导向图(directed

---

① 周亦奇、唐世平:《半负面案例比较法与机制辨别:北约与华约的命运为何不同?》,《世界经济与政治》,2018年第12期。

② 比如 James Lee Ray, "Explaining Interstate Conflict and War: What Should Be Controlled for?", *Conflict Management and Peace Science*, Vol.20, No.1, 2003; Christopher H Achen, "Let's Put Garbage-can Regressions and Garbage-can Probits Where They belong", *Conflict Management and Peace Science*, Vol.22, No.4, 2005。

graph)。这个导向图还必须同时包含因素和机制，甚至时空约束。

第三，千万不要想用定量分析来解决一切研究问题。这是笔者希望大家多学一些不同类别的方法的核心原因。事实上，如果你只想用定量分析来解决研究问题，你很容易犯以下错误：

(1)你会忘记，某些问题几乎不可能用统计技巧解决。[①]

(2)成为数据(集)的囚徒，没有数据(集)就没有研究。有些问题可能没有现成的数据，也有可能不会有可靠的数据，或者至少不会有特别好的能用于回归的数据。

(3)对文献过于挑剔。比如可能对一部分文献很熟悉(特别是定量的)，但是对其他的研究，或者不依赖定量技术的研究不够熟悉。

(4)太想快速发表文章，而对理论化，以及数据质量等问题重视不够，欲速而不达。

第四，忠于你的理论，以及从理论推导出来的实证假说。

第五，拿到数据后，不要直接就去"跑"回归，最好先通过描述性统计对数据有基本的了解。

第六，弄懂定量方法背后的基本逻辑。定量方法最核心的问题可能并不是具体的操作技巧，而是理解一类方法的基本核心逻辑(尽管不是我们每一个人都能完全弄懂背后的数学推导)。

(1)比如不能用两个类别变量或者级别变量，或者一个类别变量、一个级别变量做交互项(interactive)。这背后的逻辑很简单，这样做出来的交互项很多时候都是"混淆不同类别"(categorical conflation)。[②]

[①] 见 Henry E. Brady and David Collier, *Rethinking Social Inquiry: Diverse Tools, Shared Standards*, Lanham：Rowman and Littlefield, 2004/2010.

[②] Jeff D. Colgan, *Petro-aggression*, Cambridge University Press, 2013，科尔根(Colgan)对石油国家和革命性政府，以及对外战争的研究就犯了这个致命的错误。在他的数据处理中，石油国家是二分变量(0-1)；而革命性政府也是二分变量。而他直接就把这两个二分变量做成交互项。这么做至少是值得商榷的。不幸的是，科尔根的这项研究发表在《国际组织》杂志上，还获得了基欧汉论文奖。

（2）许多人士认为,稳健性检验主要是通过加入更多的控制变量,因为怕遗漏了许多应该控制的变量。但是这种不假思索的、对遗漏变量的恐惧事实上是一个幽灵威胁(phantom threat)①。只有当遗漏变量有可能影响因变量的时候,才是必须控制的,特别是这些变量可能是竞争性理论的核心自变量时。如果遗漏变量影响自变量,这个变量可能是一个更深层的变量,它就不能被当成普通的控制变量使用。如果一个变量是"传导(mediating)变量"或者是"调节(moderating)变量",也不能被当成普通的控制变量使用。

第七,弄懂特定定量技巧背后的逻辑和特殊要求。一些特定的技巧有特定的假设,而这些假设是否成立需要验证。比如生存分析(survival analysis)的模型就有许多需要检验的假设,不能拿到数据后不假思索地做回归分析。

第八,最后才是具体的操作。笔者推荐以下五个基本的步骤:这些步骤让你自己和读者都能更加直观地理解你的回归结果。

（1）先来一个最简洁的模型②:核心自变量,最好单独做一个回归,除非一些控制变量是理论上必须控制的。比如以人均国内生产总值增长率[无论是政府和社会资本合作(PPP)、常数(constant)、还是现行价格(current price)]为因变量的经济增长回归模型,必须控制人口增长率、起始人均国内生产品总值(GDPpc)、资本投资率。

（2）考虑到数据背后的时空问题。没有时空,就没有社会事实和自然事实。但是,对于时空这两个极其重要的变量,目前绝大部分的定量和定性研究都没有特别好的把握,甚至都没有意识到这个问题。麦克唐纳对

---

① Kevin A Clarke, "The Phantom Menace: Omitted Variable Bias in Econometric Research", *Conflict Management and Peace Science*, Vol.22, No.2, 2005.

② James Lee Ray, "Explaining Interstate Conflict and War: What Should Be Controlled for?", *Conflict Management and Peace Science*, Vol.20, No.1, 2003; Christopher H Achen, "Let's Put Garbage-can Regressions and Garbage-can Probits Where They belong", *Conflict Management and Peace Science*, Vol.22, No.4, 2005.

"民主和平论"的挑战是最近少数的例外,他的这项工作不仅充分考虑到了时空的作用,而且有非常好的理论化。[①]

(3)充分考虑到不同自变量之间的相互作用。只是一个个自变量独立的回归模型越来越受到质疑,因为绝大部分社会结果都是多个因素相互作用的结果。因此交互项变得越来越流行起来。做交互项时最好采取如下方式。假定有两个自变量 A 和 B,它们可能相互作用而导致结果,那么你应该给出以下的回归模型和结果:A;B;A+B;A,B,AB(最后这个才是标准的交互项模型)。这样的结果将会是非常清晰的,即使你在最终的论文或者书稿中不报告前面的三个模型结果,你也应该这么做。不过如果你的理论强调三个以上变量的相互作用,那么交互项的技术恐怕也不适合,因为三个以上变量的相互作用的回归结果非常难解。

(4)充分考虑到不同自变量之间的不同的"因果路径"(causal pathways),并且测试这些不同的"因果路径"。这方面的具体工具非常多,不再赘述。

(5)最好,甚至必须有赛马模型(horse-race model),即把你的解释变量和其他竞争性解释理论的核心解释变量放在一起相互竞争。这里要特别强调,基于其他竞争性解释理论的核心解释变量不是常规意义上的控制变量。如果你的变量依旧显著,而其他竞争性解释理论的核心解释变量不再显著,那么你的结果会更加可靠一些。没有控制竞争性理论的核心解释变量的回归结果,至少是不尽如人意的。

五、定性分析的一些基本原则

和定量研究一样,关于定性研究的讨论也已经非常深入。[②]以下的讨

---

① Patrick J Mcdonald, "Great Powers, Hierarchy, and Endogenous Regimes: Rethinking the Domestic Causes of Peace", *International Organization*, Vol.69, No.3, 2015.

② James Mahoney, "After KKV: The New Methodology of Qualitative Research", *World Politics*, Vol.62, No.1, 2010; David Collier, "Understanding Process Tracing", *PS-Political Science & Politics*, Vol.44, No.4, 2011.

论中,有引用的地方同样表明笔者发展了既有的一些讨论,或者只是强调。而非引用的观点则基本上是笔者认为目前的许多定性研究方法讨论还没有注意到或者强调不够的地方。

另外,因为笔者对定性方法的前两点要求和对定量方法的前两点要求一样(即"对问题的深入了解"和"好的理论"),所以直接进入原则的第三点。

第三,和定量研究一样,偏好定性研究的学者也不要想只用定性分析来解决一切研究问题。事实上,如果你只想用定性分析来解决研究问题,你很容易犯以下错误:

(1)你会忘记某些问题几乎不可能用定性技巧解决。比如如果你想把一个只是基于因素的理论的适用性最大化,那么定性分析方法肯定有相当的局限性。

(2)对文献过于挑剔。比如你可能只熟悉一部分的定性文献,但是对其他的研究,特别是依赖于定量技术的研究则不够熟悉。

(3)太想快速发表文章,但是对理论化,以及如何才能做出好的定性研究等问题重视不够,欲速则不达。

第四,与定量研究相比较来说,定性研究的理论发展更加强调讨论超过两个以上因素的相互作用、时空的约束,以及机制的作用[1],因此需要更系统和更强的逻辑思考。不幸的是,现在许多定性研究的理论化水平变得和许多庸俗定量研究一样低级,从而丧失了定性研究的核心优势之一。

(1)定性研究的理论发展必须系统、全面、严谨地展示逻辑。许多定性研究不尽如人意,一个重要的原因是没有全面展示理论的逻辑。比如一个简单的2*2表,至少有四种组合。好的理论化必须展示这四种组合的逻辑。而如果是2*2*2的因素组合,那就有八个组合。好的理论化必须展示

---

[1] 叶成城、黄振乾、唐世平:《社会科学中的时空与案例选择》,《经济与政治体制比较》,2018年第3期。

这八种组合的逻辑。如果这其中的某些组合可以合并①，那也要说明，不能省略。

（2）定性研究的理论必须讨论因素和机制之间的相互作用，而不仅仅只是讨论因素之间的相互作用。如果定性研究的理论只是讨论因素之间的相互作用，同样是丢掉了定性研究的核心优势之一，等于自废武功。

（3）再强调一次，为了约束自己，也为了读者读起来一目了然，笔者认为，所有的理论都必须有从起初状态到结果的、带箭头的导向图。这个导向图还必须同时包含因素和机制，甚至时空约束。

第五，选择合适的案例。案例是用来服务于支持自己提出的理论和推导出来的假说。

（1）最好的案例选择当然是"全样本"案例选择。定性研究同样可以做到"全样本"案例选择。但是定性研究的"全样本"案例不是拿数据集过来用，而是通过时空约束，紧密结合研究问题，来最终确定全案例。比如丹·施莱特（Dan Slater）就研究了二战后东南亚不同的国家在构建国家基础能力方面的不同。他的研究覆盖了东南亚10个国家的7个，因此非常接近一个全案例研究。②类似的研究还有傅泰林（Taylor Fravel）对新中国所有的领土争端的研究③，以及我们最近完成的对第一波现代化的研究④。

（2）如果不能做到全样本研究，那么案例至少要有两个，而且最好是案例还可以出现时间上的对比维度。在至少要有两个以上案例的前提下，这些案例必须有两类：正面案例（某种结果出现）和负面案例（某种结果没有出现）。而最好的负面案例必须是可能出现某种结果却没有出现的案例。而完全没有可能出现某种结果的案例是无关的案例，这和定量研究中无关

---

① Colin Elman，"Explanatory Typologies"，*International Organization*，Vol.59，No.2，2005.

② Dan Slater，*Ordering Power*，Cambridge University Press，2010.

③ Taylor Fravel，*Strong borders，Secure Nation*，Princeton University Press，2008.

④ 叶成城、唐世平：《第一波现代化：一个机制和因素的新解释》，《开放时代》，2015年第1期。

的观察是一样的。[1]

（3）从确立机制的角度来说，最好，甚至必须有"半负面案例"。"半负面案例"在展现机制与因素的相互作用从而驱动机制的运行上有独特的优势。"半负面案例比较"能够充分展现不同因素组合对核心机制的影响，即某些特定的因素组合能使机制走完整个进程，而某些特定的因素组合则能够阻止机制走完整个进程，让机制停在某一个程度。这种做法类似于在化学和生物学实验中，加入"阻抗剂"（inhibitor），从而使得相关生物过程能够停滞在某一个阶段一样。[2]

第六，忠实于自己提出的理论和推导出来的假说。

（1）如果是一个简单的2*2因素组合，那么这四种组合的案例都应该涉及。而如果是2*2*2的因素组合，除非现实世界确实没有出现某种组合，那么这八个组合的案例也都应该涉及。许多不好的定性研究的一个通病是，只有极端案例（即所有变量都取最大值或者最小值的情形），而其他更加复杂和细微的情形都几乎没有讨论。

（2）许多定性研究最后的历史叙述只是叙述历史。殊不知，定性研究最重要的操作原则之一乃是用理论和假说来规制历史叙述。历史叙述必须展现因素的相互作用和机制的运行，并且导致或者不导致某一个社会结果。这才是定性研究特别强调的"过程追踪"。换句话说，过程追踪不是简单的历史叙述，而是通过展现因素的相互作用和机制的运行，从而展现自己的理论和假说是否得到验证。过程追踪和历史叙述是不同的。

第七，最后才是具体的操作。笔者推荐以下五个小的技巧和要求，这么做能够让自己和读者更加直观地理解案例的比较分析。

（1）一定要用图表的方式将你的理论中强调的因素和机制的相互作用

---

[1] 这方面讨论，见 David Collier, "Understanding Process Tracing", *PS Political Science & Politics*, Vol.44, No.4, 2011。

[2] 详细的讨论，见周亦奇、唐世平：《半负面案例比较法与机制辨别：北约与华约的命运为何不同？》，《世界经济与政治》，2018年第12期。

展现清楚，特别是必须有从起初状态到结果的、带箭头的导向图。

（2）定性分析中最核心的方法是"有控制的比较案例分析"（controlled comparative case analysis）。而比较案例分析就不能是一个案例（比如一个国家的命运）和另外一个案例是相互独立叙述的（比如一个国家一章的写法）。相反，比较案例分析要求我们通过理论和实证假说来规制案例的比较叙述。

（3）最好将几个案例中的时间段，以及重大时间列在一个表中。这样非常便于读者理解你的叙述脉络，同时也利于你自己避免"迷失在"历史叙述中。[①]

（4）和定量研究一样，定性研究同样需要试图排除或者至少削弱竞争性的解释。事实上，因为定性研究本身对因素的相互作用和机制的运行，以及历史叙述的把握，排除或削弱竞争性的解释，具有定量研究几乎不可能具有的优势和能力。因此，建议大家对每一个案例都通过列表的方式来比较理论解释和竞争性解释。

（5）即便是定性案例分析，其中对因素和结果的度量和比较也应该用描述性数据来支持赋值和比较不同案例中不同因素和结果的差异。完全没有度量的定性研究肯定是不够好的。

六、不同方法的结合：以族群冲突研究为例

1945年后，世界上的主要大规模冲突绝大部分不是国家之间的冲突，而是国家内部的冲突，而族群冲突又是造成最大规模伤亡的国内冲突。因此无论如何看待，族群冲突都是当今社会科学中最为重要的研究话题之一。

---

① 这样的做法的例子，见 Shiping Tang, *The Social Evolution of International Politics*, Oxford：Oxford University Press, 2013。

在发展了一个族群冲突的广义理论的同时[1]，我们还发展出了一个特定的子理论。这个子理论认为，石油的"族群—地理位置或者分布"（the ethno-geography of oil, especially its location）才是决定石油是否导致或者加剧族群冲突的关键。具体地说，我们认为，在一个国家内部，如果少数族群的聚集区域有一定数量的石油资源，那么这个少数族群就容易和中央政府发生矛盾。而如果这个少数族群此前就和掌控中央政府的多数族群有过流血冲突而产生怨恨的话，那么这个少数族群和多数族群之间就有可能发生族群冲突。而如果在少数族群聚集区域中的石油是在冲突过程中被发现的话，石油的发现将加剧既有的族群冲突。

因此这个理论有以下推论：在其他条件一致的情形下，少数族群聚集区域有石油（这个时候，多数族群聚集区是否有石油不重要），这个少数族群将更容易和多数族群（及其掌控的国家）发生冲突。而如果少数族群聚集区域没有石油（这个时候，多数族群聚集区是否有石油同样也不重要），或者少数族群和多数族群是混杂居住的，那么石油对一个国家内部的族群冲突都没有影响。整个逻辑可以用表2-2表述：

表2-2 石油的族群地理分布的编码

是否有石油	少数族群	多数族群	族群混居
有	1	0	0
无	0	0	0

依据这个理论，通过将族群的分布和石油的分布在地理信息系统平台上进行叠加，我们构建了一个新的"石油的族群地理分布数据集"。然后我们用这个数据集对我们的理论进行验证，统计结果高度支持我们的实证

---

[1] Shiping Tang, "The Onset of Ethnic War: A General Theory", *Sociological Theory*, Vol.33, No.3, 2015.

假说，因而也就高度支持我们的理论。[①]

接下来，我们还将用定性案例分析进一步支持我们的统计分析结果，并且展现我们提出的几个核心机制的作用。[②]我们的定性分析不是堆砌史料，而是用我们的理论来约束历史材料的使用。在社会科学的研究中，特别是定性研究中使用历史材料不是剪裁或者篡改历史，而是体现了社会科学更加注重理论的贡献。

很显然，我们的这个核心自变量，石油的族群—地理位置，其实是一个基于理论的、交互项上的定类变量。[③]这再一次表明，所有的定量都基于定性思考，特别是在理论化、形成假说、概念化以及测量的层次上。理论化的水平决定变量概念化，以及操作化的设置水平。

我们的讨论还表明，以前把族群和非族群问题混在一起讨论，把不同的自然资源都混在一起讨论[④]，都是不对的。这些早期工作的巨大缺陷背后的一个重要原因就是它们几乎没有任何理论。我们的新理论还可以覆盖宝石、其他高度集中的矿产资源，因此是一个矿产资源和族群冲突的广义理论。

总而言之，我们对族群冲突的研究充分体现了我们对方法论的理解。

---

① Hui Li and Shiping Tang, "Location, Location, and Location: The Ethno-geography of Oil and the Onset of Ethnic War", *Chinese Political Science Review*, Vol.2, No.2, 2017; Shiping Tang, Yihan Xiong and Hui Li , "Does Oil Cause Ethnic War? Comparing Evidences from Quantitative and Process-tracing Exercises", *Security Studies*, Vol.26, No.3, 2017.

② 熊易寒、唐世平：《油田的族群地理区位和族群冲突的升级》，《世界经济与政治》，2015 年第 10 期；Shiping Tang, Yihan Xiong and Hui Li , "Does Oil Cause Ethnic War? Comparing Evidences from Quantitative and Process-tracing Exercises", *Security Studies*, Vol.26, No.3, 2017。

③ 有用的讨论，见 Colin Elman, "Explanatory Typologies", *International Organization*, Vol.59, No.2, 2005。

④ Paul Collier and Anke Hoeffler, "On Economic Causes of Civil War", *Oxford Economic Papers*, Vol.50, No.4, 1998; Paul Collier and Anke Hoeffler, "Greed and Grievance in Civil War", *Oxford Economic Papers*, Vol.56, No.4, 2004; James D Fearon and David D Laitin, "Ethnicity, Insurgency, and Civil War", *American Political Science Review*, Vol.97, No.1, 2003.

首先,我们的实证假说建立在好的理论之上。其次,我们的定量假说包含因素(含时空),特别是因素之间的相互作用。我们的定性研究的假说包含了三个部分:因素(含时空)、因素相互作用、机制。因为只有定性研究可以解决机制问题,我们的定性案例研究特别试图展现我们认定的机制的作用。最后,我们的结果,无论是定量分析还是定性分析,都显得非常明晰。总之,我们的这项研究充分体现了定性、定量,以及其他方法相结合的方法论优势。

七、结语

以上是笔者对社会科学的方法论一些个人理解。笔者希望大家看到,笔者和同事们一方面在不断学习和发展新的方法,另一方面也在具体的实证研究中实践对方法论的理解。

最后,笔者想强调的是,目前社会科学主要使用的数学方法都是比较"单调"(即不外乎博弈、统计、经济模型),甚至是比较"小儿科"的。因此我们要想超越欧美的社会科学,一个可能的努力方向就是在社会科学中引入或者发展一些新的数学方法。比如我们在发展新的多值定性比较分析(fm-QCA)软件的时候,就借鉴了电路设计中电路简化的算法。而为了解决数据集的设计问题,我们把解释结构模型技术引入社会科学。总之,"复旦大学复杂决策分析中心"的一个核心目标就是发展一些新的分析平台和工具(包括软件),而这些成果将会陆续发布。当然,再次强调,笔者不是"唯数学而数学"的人,发展新的方法都是为了解决具体的研究问题。

第二部分　比较与混合方法的实践

第三章

石油是否导致族群战争？ [1]

——过程追踪法与定量研究法的比较

　　本章在实证研究和方法论上都作出了一定贡献。在实证研究上，本章试图解决一个重要问题：石油是否导致了族群战争？ 在方法论上，本章试图比较两种方法在同一个实证研究中的结果，从而更准确地理解定量研究法和过程追踪的案例研究法各自的缺陷与优势。因此本章采用过程追踪法对石油的族群地理分布与族群冲突在统计上的相关关系进行检验。通过案例研究，本章发现石油很少是引起族群冲突的深层次原因。相反，石油的族群地理分布或者将重新点燃根植于族群仇恨的冲突，或者会加剧正在进行的族群冲突，特别是通过促进两种相互关联的机制来发挥作用。本章回应了这样一种观点，即定量研究本身并不能确立特定的因果机制，也无法解释事件中的情境因素如何影响这些因果机制，也正是因为这两点，我们认识到定性研究具有非常关键的优势。因此定量研究和定性研究是相互补充而非相互竞争的。本章还为那些拥有丰富矿产资源的国家提出了预防和管理族群冲突的重要政策建议。

---

　　[1] 作者：唐世平、熊易寒、李辉。熊易寒，复旦大学国际关系与公共事务学院教授；李辉，复旦大学国际关系与公共事务学院教授。曾发表于《世界政治研究》。本文的英文版为 Shiping Tang, Yihan Xiong, and Hui Li, "Does Oil Cause Ethnic War? Comparing evidence from process-tracing with quantitative results", Security Studies, Vol. 26, No. 3, 2017, pp. 359-390。中文版获得了泰勒弗朗西斯(Taylor and Francis)集团的授权。感谢迈克尔·罗斯 (Michael Ross)、本杰明·史密斯 (Benjamin Smith) 和 "五角场学派" 的其他成员为本章初稿提出了建设性的意见和建议。感谢汤文佳、王凯和张卫华协助完成本项研究。感谢张倩雨、曾丹东为本章从英文版翻译到中文版和左希迎为译稿校对付出的辛劳。本研究获复旦大学 "985 工程" 三期专项资金(2011—2013)和"杰出学者"专项资金(2014—2016)资助。

一、引言

研究族群战争（内战）的文献日益增多，而本章试图作一些实证研究和方法论上的贡献。在实证研究上，试图解释一个重要问题：石油是否导致族群战争？[①]在方法论上，试图比较两种方法在同一个实证研究中的结果，从而更准确地理解定量研究法和过程追踪的案例研究法各自的缺陷与优势。

从近期一些定量研究中[②]——包括笔者的研究[③]——发现，在石油的地理分布特征和内战（包括族群战争和非族群战争）爆发之间存在稳健和显著的关联。本章的理论认为，石油的族群地理分布——而非石油的收入、租金、产量、地理集中度——与族群战争的爆发存在相关关系。在其他条件不变的情况下，当石油分布在少数族群聚居的核心领地时，少数族群更有可能反抗中央政府，此时，石油与族群战争的爆发存在强相关关系。相反，当石油分布在多数族群聚居的核心领地，或者国内各族群均匀分布、因而没有哪个族群可以宣称对石油具有专属权时，石油则不会增加族群战争爆发的风险。笔者的定量研究结果也支持这一结论，即石油的族群地理分

[①] 我们将"族群战争"定义为两个族群间有组织的暴力冲突，双方均派出军队或民兵组织参战，战争伤亡总人数超过1000。早期的概念界定，参见 Donald Horowitz, *The Deadly Ethnic Riot*, Berkeley: University of California Press, 2001, pp.17-28；Paul Collier and Nicolas Sambanis, eds., *Understanding Civil War: Evidence and Analysis*, Vol. 2—*Europe, Central Asia, and Other Regions*, Washington, DC: World Bank, 2001, pp.261-262。

[②] Jason Sorens, "Mineral Production, Territory, and Ethnic Rebellion", *Journal of Peace Research*, Vol. 48, No. 5, 2011, pp.571-585；Philipp Hunziker and Lars-Erik Cederman, "No Extraction without Representation: Petroleum Production and Ethnonationalist Conflict", paper prepared for the American Political Science Association Annual Meeting, New Orleans, Louisiana, August 30-September 2, 2012；Massimo Morelli and Dominic Rohner, "Resource Concentration and Civil Wars", *Journal of Development Economics*, Vol. 117, No. 1, 2015, pp.32-47；Victor Asal et al., "Political Exclusion, oil, and Ethnic Armed Conflict", *Journal of Conflict Resolution*, Vol. 60, No.8, 2016, pp.1343-1367。

[③] 虽然这些文章呈现出与我们这篇研究文章相似的实证特征，但它们或多或少存在一些关键性缺陷，如逻辑不一致、测量方法不当、理论化不充足。我们在另一篇定性研究的文章中对这些问题进行了更细致的评判，参见 Li Hui and Shiping Tang, "Location, Location, and Location: The Ethno-geography of Oil and the Onset of Ethnic war", *Chinese Political Science Review*, 2017, DOI: 10.1007/s41111-017-0062-2。

布与族群战争爆发之间存在稳健和显著的关联。

　　然而存在相关性并不意味着存在因果关系。下文通过过程追踪的比较案例研究，对石油的族群地理分布和族群战争爆发之间的关系，以及上文提到的相关理论进行更为严格的检验。通过多个案例研究发现，①石油从来都不是导致族群战争的深层次原因。相反，在少数族群聚居的核心领地发现石油，或者将重新点燃根植于族群仇恨的族群间冲突（源于长期的族群统治和历史上发生的族群冲突），或者会加剧正在进行的族群冲突，特别是通过促进两种相互关联的机制来发挥作用（将在下文中进行讨论）。结果显示，在发现石油前，如果多数族群和少数族群间就已存在族群仇恨，那么即使族群战争在未来并非必然发生，也具有很大的可能性。

　　在加里·金、罗伯特·基欧汉和悉尼·维巴的《社会科学中的研究设计》②一书出版后，定量研究法的支持者和定性研究法的支持者之间展开了激烈争论。③一方面，过程追踪的案例研究法指出了定量研究法的重要缺陷，并坚持案例研究法具有不可替代的重要作用。④另一方面，一些更倾向于使用定量研究法的学者则继续坚持定性研究法应该从属于定量研究法这一观点，而且他们认为，"对因果过程进行观察的方法"（causal process obser-

---

① John Gerring, *Case Study Research: Principles and Practices*, Cambridge: Cambridge University Press, 2007.

② Gary King, Robert O. Keohane and Sidney Verba, *Designing Social Inquiry*, Princeton: Princeton University Press, 1994.

③ 批判性争论参见 Henry E. Brady and David Collier, eds., *Rethinking Social Inquiry*, 2nd ed., Lanham: Rowman and Littlefield, 2010; James Mahoney, "After KKV: The New Methodology of Qualitative Research", *World Politics*, Vol.62, No.1, 2010, pp.120–147。

④ Alexander George and Andrew Bennett, *Case Studies and Theory Development in the Social Sciences*, Cambridge, MA: MIT Press, 2005; Andrew Bennett and Colin E. Elman, "Qualitative Research: Recent Developments in Case Study Methods", *Annual Review of Political Science*, Vol. 9, No. 1, 2006, pp. 455–467; Tulia G. Falleti and Julia F. Lynch, "Context and Causal Mechanisms in Political Analysis", *Comparative Political Studies*, Vol. 42, No. 9, 2009, pp. 1143–1166.

vations）是"矛盾的"（oxymoron）或是"新瓶装旧酒"（fine/old wine）。[1]这些争论非常尖锐，以至于加里·格尔茨和詹姆斯·马奥尼认为这两种研究方法从某些方面看，就像是注定难以共存的"两种文化"。[2]

从这场争论中形成的另一个更为人接受的观点是，将两种研究方法结合起来。[3]一些出色的研究已经做到了这一点，包括一些关于内战的研究。[4]然而想要回应将两种研究法结合起来的观点，我们至少需要了解这两种研究法各自的优势和缺陷，将两者结合起来与对两者进行比较是截然不同的。很少有学者在同一个实证研究中同时使用定量和定性研究法，并对二者的结果进行比较，从而清晰地展示出两者各自的优势和缺陷。

本章则弥补了这一缺陷。因为本章采取定量研究法分析石油和族群

① Nathaniel Beck，"Causal Process 'Observation'：Oxymoron or（Fine）Old Wine"，*Political Analysis*，Vol. 18，No. 4，2010，pp. 499-505，反驳的观点，参见 Henry E. Brady and David Collier，*Rethinking Social Inquiry*，Lanham：Rowman and Littlefield，2004。

② Gary Goertz and James Mahoney，*A Tale of Two Cultures：Qualitative and Quantitative Research in the Social Sciences*，Princeton：Princeton University Press，2012.

③ Henry E. Brady and David Collier，*Rethinking Social Inquiry*，Lanham：Rowman and Littlefield，2004；Nicholas Sambanis，"Using Case Studies to Expand Economic Models of Strategy for Comparative Research"，*Perspectives on Politics*，Vol. 2，No. 2，2004，pp. 259-279；Evan Lieberman，"Nested Analysis as a Mixed-Method Strategy for Comparative Research"，*American Political Science Review*，Vol. 99，No. 3，2005，pp. 435-452；John Gerring，*Case Study Research：Principles and Practices*，Cambridge：Cambridge University of Press，2007；Benjamin Smith，"Exploring the Resource-Civil War Nexus"，in T. David Mason and Sara McLaughlin Mitchell，Lanham ed.，*What We Know about Civil War*，Lanham：Rowman and Littlefield，2016，pp. 215-230；Nicholas Weller and Jeb Barnes，"Pathway Analysis and the Search for Causal Mechanisms"，*Sociological Methods & Research*，Vol.45，No.3，2016；Macartan Humphreys and Alan Jacobs，"Mixing Methods：A Bayesian Approach"，*American Political Science Review*，Vol. 109，No. 4，2015，pp. 653-673. 读者应注意，除了塞班尼斯（参见"Using Case Studies to Expand Economic Models of Civil War"）外，以上文献依然更偏好定量分析方法。我们支持将不同的研究方法结合起来（或"融合"）。

④ Stathis N. Kalyvas，*The Logic of Violence in Civil War*，Cambridge：Cambridge University Press，2006；Jeremy M Weinstein，*Inside Rebellion*，Cambridge：Cambridge University Press，2007；Michael L. Ross，"How Do Natural Resources Influence Civil War？Evidence from 13 Cases"，*International Organizations*，Vol. 58，No. 1，2004，pp. 35-67；Michael L. Ross，*The Oil Curse*，Princeton：Princeton University Press，2012.

战争之间的相关性，而定性研究则证实了本章的理论假设，[1]因此本章并未对定量研究法存在偏爱。而且本章的研究进一步支持了这一观点，即在实证研究中，应该将不同的方法结合起来，从而得到更为可靠的结果。

本章通过比较定量分析和过程追踪的比较案例分析对于同一实证研究的分析结果，更准确地找出两种方法各自的优势和缺陷。最后，本章的研究回应了这样一种观点，即定量研究本身并不能确立特定的因果机制，也无法解释情境因素如何影响这些机制。也正是因为这两点，我们认识到定性研究具有非常关键的优势。[2]但定性研究法通常很难同时研究多个变量，并从中找出具体的相关关系，在这种情况下，定量研究法往往更具优势。通过比较还发现，过程追踪的案例研究能够发现定量分析中难以察觉的测量误差和编码错误。因此定量研究法和定性研究法是相互补充而非相互竞争的，特别是当这两种研究方法都能够用于同一个实证研究时，但是也有一些需要提前说明的事项。

第一，本章研究旨趣在于，通过实证研究比较定量研究法和案例研究法各自的优势和缺陷。由于无法在此全面呈现针对两种研究方法展开的争论，对于在这场定性与定量争论中产生的众多论点和见解，我们应该保持克制的态度。相反，应当让实证研究的结果自己说话，并清晰地提出重要的研究建议。

第二，虽然检视了许多关于内战的文献[3]，但本章主要着眼于族群战争。本章坚信族群战争与非族群的内战截然不同。[4]正因如此，假设族群

---

① Hui Li and Shiping Tang, "Location, Location, and Location: The Ethno-Geography of Oil and the Onset of Ethnic War", *Chinese Politic Science Review*, 2017.

② Nathaniel Beck, "Causal Process 'Observation': Oxymoron or (Fine) Old Wine", *Political Analysis*, Vol. 18, No. 4, 2010, pp. 499-505, 反驳的观点, 参见 Henry E. Brady and David Collier, *Rethinking Social Inquiry*, Lanham: Rowman and Littlefield, 2004。

③ Christopher Blattman and Edward Miguel, "Civil War", *Journal of Economic Literature*, Vol. 48, No. 1, 2010, pp. 3-57.

④ Joseph Rochschild, *Ethnopolitics: A Conceptual Framework*, New York: Columbia University Press, 1981; Donald Horowitz, *Ethnic Groups in Conflict*, Berkeley: University of California Press, 1985.

战争和非族群战争没有差别,而将它们都归入"内战"的范畴是不恰当的。①事实上,本章将提出许多能将二者进行区分的关键因素。

第三,虽然检视了大量研究自然资源在内战(族群和非族群)中作用的文献②,本章只讨论石油与族群战争之间的关系。本章的观点与迈克尔·罗斯(Michael Ross)相同,即"自然资源""初级产品"这样的术语过于宽泛和呆板,对理解族群或非族群冲突并无益处。③本章认同罗斯和玛丽·卡尔多(Mary Kaldor)等人的观点,即石油是一种非常独特的自然资源。④通过混淆解释变量和结果——因而编织了一张过于宽泛的网——早期关于自然资源与内战的研究可能使我们更难、而不是更易理解二者间的关系。

第四,本章没有对族群战争的持续时间这一变量进行分析,因为目前广为接受的观点是,战争的爆发和持续时间受不同因素影响——两者有一定的关联,而且也有一些共同的解释变量。⑤

本章结构如下:首先对研究油气资源和族群战争间关系的文献进行简要评述,并提出本章的理论和基于过程追踪方法的研究假设;接下来对四个案例展开过程追踪研究以证实本章的理论,并将定性研究得出的结果与

---

① Paul Collier and Anke Hoeffler, "On the Economic Causes of Civil War", *Oxford Economic Paper*, Vol. 56, No. 4, 1998, pp. 563–573; Pual Collier and Anke Hoeffler, "Greed and Grievance in Civil War", *Oxford Economic Papers*, Vol.56, No. 4, 2004, pp. 563–595.

② Blattman and Miguel, "Civil War"; Michael L. Ross, "A Closer Look at Oil, Diamonds, and Civil War", *Annual Review of Political Science*, Vol.9, No. 1, 2006, pp. 265–300; Benjamin Smith, "Exploring the Resource–Civil War Nexus"; Frederick Van Der Pleog, "Natural Resources: Curses or Blessing?", *Journal of Economic Literature*, Vol.49, No. 2, 2011, pp. 366–420.

③ Michael L. Ross, "How Do Natural Resources Influence Civil War? Evidence from 13 Cases", *International Organizations*, Vol.58, No.1, 2004; Michael L. Ross, "What Do We Know About Natural Resources and Civil War?", *Journal of Peace Research*, Vol.41, No. 3, 2004, pp. 337–356.

④ Ross, *The Oil Curse*, Priceton: Priceton University Press, 2012; Mary Kaldor, Terry Lynn Karl and Yahia Said, "Introduction", in Mary Kaldor, Terry Lynn Karl and Yahia Said, ed., *Oil Wars*, London: Pluto Press, 2007, pp. 1–40.

⑤ Shiping Tang, "The Oneset of Ethnic War: A General Theory", *Sociological Theory*, Vol.33, No. 3, 2015, pp. 256–279.

本章和其他学者利用定量研究法得出的结果进行比较；随后提出研究和管理族群冲突的建议；最后是本章的结论。

二、石油的族群地理分布和族群战争：一个新的理论

自保罗·科利尔（Paul Collier）和安科·霍夫勒（Anke Hoeffler）的《内战的经济原因》（On the Economics Causes of Civil War）发表以来，研究石油和族群战争间关系的文献大多使用定量研究法。笔者在以前发表的定量研究论文中已对研究石油与族群战争间关系的定量研究文献进行了详细评述，[1]在此不再赘述。早期的研究存在以下重要缺陷，包括缺乏严密逻辑、数据质量较低、不恰当的测量方法或内生于内战的不恰当的石油指标（如石油产量、租金和价值），马克坦·汉弗莱斯（Marcatan Humphreys）、罗斯、克里斯塔·布鲁斯维勒（Christa N. Brunnschweiler）及欧文·布尔特（Ervin H. Bulte）均指出了这些缺陷。[2]最重要的缺陷在于，族群战争通常是国内现象，但早期研究使用的几乎全是国家层面的数据。[3]

自从哈尔瓦德·布海格（Halvard Buhaug）和斯科特·盖茨（Scott Gates）基于地理信息系统进行编码并将其用于族群冲突研究[4]——以及基于地理

---

[1] Hui Li and Shiping Tang, "Location, Location, and Location: The Ethno-Geography of Oil and the Onset of Ethnic War", *Chinese Politic Science Review*, 2017.

[2] Macartan Humphreys, "Natural Resources, Conflict, and Conflict Resolution: Uncovering the Mechanisms", *Journal of Conflict Resolution*, Vol.49, No. 4, 2005, pp. 508–537; Michael L. Ross, "A Closer Look Oil, Diamonds, and Civil War", *Annual Review of Political Science*, Vol.9, No.1, 2006; Christa N. Brunnschweiler and Ervin H. Bulte, "Natural Resources and Violent Conflict: Resource Abundance, Dependence, and the Onset of Civil Wars", *Oxford Economic Papers*, Vol.81, No. 4, 2009, pp. 651–674.

[3] Philippe Le Billon, "The Political Ecology of War: Natural Resources and Armed Conflicts", *Political Geography*, Vol.20, No. 5, 2001, pp. 561–584; Halvard Buhaug and Scott Gates, "The Geography of Civil War", *Journal of Peace Studies*, Vol. 53, No. 4, 2002, pp. 544–569.

[4] Halvard Buhaug and Scott Gates, "Geography of Civil War", *Journal of Peace Studies*, Vol.53, No.4, 2002.

信息系统的石油数据库[1]和族群数据库[2]的推广以来——近期研究石油与族群冲突间关系的文章逐渐转向国内层次[3],纠正了早期文献中的重要缺陷。然而近期的文章依然存在使用错误变量的缺陷,例如石油产量、价值,仅着重研究大规模油田,以及在理论、指标和案例间存在逻辑不一致的问题。

定量研究并不能证明相关性是因果关系,因为其没有对案例进行过程追踪的比较分析,无法解释石油是如何导致族群战争的(除罗斯的研究外)。[4]虽然许多定量研究者宣称要对不同的机制进行检验,但他们在研究中遵循的是数理逻辑而非定性研究者遵循的过程追踪逻辑。[5]很多定量研究者考察的机制是纯粹数理的假设。如果不对案例进行过程追踪分析,很难理解理论中所提出的机制如何发挥作用,以及在现实中如何发挥作用。因此这类研究无法使人真正理解石油导致族群战争的作用机制,以及不同的情境因素如何通过影响这些作用机制,进而导致族群战争。

---

[1] Pälvi Lujala, Jan Ketil Rød and Najda Thieme, "Fighting over Oil: Introduction a New Dataset", *Conflict Management and Peace Science*, Vol. 24, No. 3, 2007, pp. 239-256.

[2] Nils B. Weidmann, Jan Kelti Rød and Lars-Erik Cederman, "Representing Ethnic Groups in Space: A New Dataset", *Journal of Peace Research*, Vol.47, No. 4, 2010, pp. 491-499; Julian Wucherpfenning et al., "Political Relevant Ethnic Groups across Space and Time: Introducing the Geo-EPR Dataset", *Conflict Management and Peace Science*, Vol.28, No. 5, 2011, pp. 423-437.

[3] Jason Sorens, "Mineral Production Territory, and Ethnic Rebellion", *Journal of Peace Research*, Vol.48, No.5, 2011; Philipp Hunziker and Lars-Erik Cederman, "No Extraction without Representation: Petroleum Production and Ethnonationalist Conflict", Paper prepared for the American Political Science Association Annual Meeting, New Orleans, Louisiana, August 30-September 2, 2012; Massimo Morelli and Dominic Rohner, "Resource Concentration and Civil Wars", *Journal of Development Economics*, Vol.117, No.1, 2015.

[4] Ross, *The Oil Curse*, Princeton: Princeton University Press, 2012, 164-178.

[5] Tulia G. Falleti and Julia F. Lynch, "Context and Causal Mechanisms in Political Analysis", *Comparative Political Studies*, Vol.42, No.9, 2009; David Collier, "Understanding Process Tracing", *PS: Political Science and Politics*, Vol.44, No. 4, 2011, pp. 823-830; James Mahoney, "The Logic of Process Tracing Tests in the Social Sciences", *Sociological Methods and Research*, Vol.41, No. 4, 2012, pp. 566-590.

对石油和族群战争间关系进行定量研究的确存在。有三本著作对此进行了精彩分析，发现石油或其他自然资源的确在许多著名的内战中发挥了作用。[①]一些研究分析了本章所关注的冲突（例如亚齐、苏丹、车臣），其中有些甚至已经涉及本章所分析的因素，因此本章的分析来源于、也是批判性地建立在这些研究的基础上。但是其中很多研究并没有形成一个理论（例如有些只是历史性叙述），而且许多研究也未借助过程追踪法对一个完整理论中的变量和机制进行检验。还有一个重要的地方在于，几乎没有任何一项研究使用了比较分析方法。

罗斯和爱德华·阿斯皮纳（Edward Aspinall）的研究不包含在上述情况中。[②]罗斯在其文章中检验了13个案例，由于对每一个案例的分析过于简要，因此没有成功地揭示出不同的机制如何在现实中发挥作用。[③]同时虽然阿斯皮纳将亚齐和廖内、东加里曼丹（都位于印度尼西亚）进行了很好的比较研究，但他所研究的这三个案例都位于同一个国家，因此影响了其结论的效度。[④]

[①] Paul Collier and Nicolas Sambanis eds., *Understanding Civil War: Evidence and Analysis Washing* , DC: World Bank, 2001; Le Billion, "Geopolitical Economy"; Kaldor, "Oil and Conflict", 2007.

[②] Michael L. Ross, "How Do Natural Resources Influence Civil War? Evidence from 13 Cases", *International Organizations*, Vol.58, No.1, 2004; Edward Aspinall, "The Construction of Grievance: Natural Resources and Identity in a Separatist Conflict", *Journal of Conflict Resolution*, Vol.51, No. 6, 2007, pp. 950–972.

[③] 韦勒（Weller）、巴尼斯（Barnes）、汉弗莱斯（Humphreys）和雅各布斯（Jacobs）都对罗斯所选择的案例进行批评。勒比伦（Le Billon）还提到许多可用的案例，但没有一个得到详细考察。参见 Nicholas Weller and Jeb Barnes, "Pathway Analysis and the Search for Causal Mechanisms", *Soliological Methods & Research*, Vol.45, No.3, 2016; Macartan Humphreys and Alan Jacobs, "Mixing Methods: A Bayesian Approach", *American Political Science Review*, Vol.109, No.4, 2015; Philippe Le Billon, "The Political Ecology of War: Natural Resources and Armed Conflicts", *Political Geography*, Vol.20, No.5, 2001。

[④] Edward Aspinall, "The Construction of Grievance: Natural Resources and Identity in a Separatist Conflict, *Journal of Conflic Resolution*, 2007.

既有的文献分析了自然资源与族群冲突间关系[1]、族群间统治与被统治同族群仇恨间关系[2],本章在批判地继承这些研究要素与观点的基础上,发展出了一个更为完整的关于石油与族群战争间关系的理论。该理论认为,石油的族群地理分布特征是石油导致族群战争与否的关键。在其他条件不变的情况下,当石油位于少数族群聚居的核心领地时,少数族群更有可能反抗由其他族群掌控的中央政府。石油的这种族群地理分布特征会增加族群战争爆发的可能性,或加剧正在进行的族群冲突,使其演变为族群战争,因此这样的国家通常会爆发族群战争。相反,当石油分布在多数族群聚居的核心领地,或均匀分布于国内各族群、各族群都无法宣称对该地区石油具有专属权时,石油便不会成为导致族群战争的原因。

　　本章还提出了两个关于石油族群地理分布和族群战争间关系的主要机制。第一个主要机制是,当在少数族群(被统治族群)聚居的核心领地发现了石油,中央政府(由其他族群掌控)通常不可避免地会为了经济和政治原因试图控制,甚至垄断石油。从经济角度看,每个政权都寻求掌控资源和税收;从政治角度看,中央政府要提前掌控被统治族群的石油收入,以防被统治族群寻求更大的自治权或彻底的独立。如果族群间的紧张关系以前就存在——或者历史上发生过族群战争,那么这种忧虑便会非常严重。

　　[1] Philiphe Le Billon, "The Political Ecology of War: Natural Resources and Armed Conflicts", *Political Geography*, Vol.20, No.5, 2001; Michael L. Ross, "How Do Natural Resources Influence Civil War? Evidence from 13 Cases", *International Organizations*, Vol.58, No.1, 2004.

　　[2] Joseph Rochschild, *Ethnopolitics: A Conceptual Framework*, New York: Columbia University Press, 1981; Horowitz, *Ethnic Groups in Conflict*, Berkeley: University of California Press, 1985; Rogers Brubaker, *Nationalism Reframed*, Cambridge: Cambridge University Press, 1996; Petersen, *Understanding Ethnic Violence*, Cambridge: Cambridge University of Press, 2002; Philip Roeder, *Where Nation-States Come From: Institutional Change in the Age of Nationalism*, Princeton: Princeton University Press, 2007; Lars-Erik Cederman, Kristian Skrede Gleditsch and Halvard Buhaug, *Inequality, Grievance, and Civil War*, Cambridge: Cambridge University Press, 2013; Wimmer, *Waves of War*, Cambridge: Cambridge University of Press, 2013.

这两个因素共同作用,导致中央政府加紧对少数族群聚居的核心领地和该地石油的掌控,或是在该地区部署军事力量,或是强制或诱导多数族群移民少数族群聚居的核心领地(通常两种手段并用)。[1]结果便是加剧了多数族群对少数族群聚居的核心领地"内部殖民化"[2](internal colonialization)问题。

第二个主要机制是,在少数族群聚居的核心领地发现大量石油,以及随之而来的中央政府的石油开发,能发挥强有力的凝聚作用,将少数族群动员起来——包括反抗中央政府。这一机制背后还有许多二级机制。

一是即使族群间不存在历史积怨,也未曾发生过冲突,少数族群也会怨恨由其他族群掌控的中央政府拿走了本属于他们的东西。笼统来说,少数族群坚信在他们聚居的核心领地发现的石油属于他们所有,因此少数族群会将中央政府的开采行为视作偷窃和掠夺。

二是由于石油生产属于技术和资本密集型行业,即使中央政府不进行鼓励,炼油工业也不可避免地需要从外地引进技术工人,而这些移民工人(通常来自多数族群甚至其他国家),他们区别于居住在此的族群,拥有技术与语言优势,与外部世界有更为密切的政治、商业联系。[3]这些都加剧了这块区域的内部殖民化,因而引起了族群仇恨。外族群移民工人不仅大量涌入,而且占据大部分高收入工作岗位,使得少数族群与多数族群的收入

---

[1] Michael L. Ross, "Resources and Rebellion in Aceh, Indonesia", in Paul Collier and Nicolas Sambanis, ed., *Understanding Civil War: Evidence and Analysis, Vol. 2—Europe, Central Asia, and Other Regions*, Washington, DC: World Bank, 2005, pp. 35-58; Edward Aspinall, "Construction of Grievance Natural Resource and Identity in a Separatist Conflict", *Journal of Conflict Resolution*, Vol.51, No.6, 2007.

[2] "内部殖民化"一词参见 Michael Hechet, *Internal Colonialism: The Celtic Fringe in British National Development*, Berkeley: University of California Press, 1975。

[3] Michael L. Ross, "Resources and Rebellion in Aceh, Indonesia", in Paul Collier and Nicolas Sambanis, ed., *Understanding Civil War: Evidence and Analysis, Vol.2-Europe, Central Asia, and Other Regions*, Washington, DC: World Bank, 2005; Edward Aspinall, "The Construction of Grievance: Natural Resources and Identity in a separatist Conflict", *Journal of Conflic Resolution*, Vol.51, No.6, 2007.

差距日益拉大(无论是事实上还是主观上的"拉大")。所有这些因素都加剧了谁才是"大地之子"(sons of the soil)的激烈冲突——也就是说,少数族群认为,属于他们的土地被那些外来的多数族群侵占或掠夺了,他们必须起来反抗那些入侵者,必要时还应当使用武力。[1]

三是,在石油开采和提炼过程中通常会带来环境的退化,而无论是跨国石油公司还是国有石油公司,几乎都不会给予当地民众足够补偿,或者采取补救措施来保护环境。对于少数族群来说,从发现石油到后续开发,他们不仅享受不到收益,反而会遭受很多消极影响(通常是毁灭性的)。[2]结果便是少数族群产生了更多仇恨。

综合来看,当石油开采工作开始或即将开始时,这些二级机制将会共同发挥作用,导致当地少数族群对多数族群掌控的中央政府的仇恨。正如案例所示,这种仇恨会发挥强有力的凝聚作用,将少数族群动员起来进行反抗,因为他们本可依靠石油的潜在收益来宣扬他们自治或彻底独立的光明前景。

因此石油分布在少数族群聚居的核心领地,不仅会影响到少数族群的集体行动策略,也会影响到多数族群主导的国家行动策略。正如本章理论所指出的,在这两种因素的作用下产生了许多直接驱动族群战争的强有力的因素。[3]具体而言,分布在少数族群聚居的核心领地的石油会引起多数族群对少数族群寻求独立的恐惧、少数族群对于掠夺的仇恨、双方的利益诉求或贪婪,以及少数族群寻求潜在能力的提升。如果族群间已有历史积怨,在少数族群聚居的核心领地发现石油会影响到族群冲突7个直接驱动

---

[1] Myron Weiner, *Sons of the Soil*, Princeton: Princeton University Press, 1978; James D. Fearon and David D. Latin, "Sons of the Soil, Migrants, and Civil War", *World Development*, Vol.39, No. 2, 2011, pp. 199-211.

[2] Kristina E. Schulze, "The Conflict in Ache: Struggle for Oil?", in Mary Kaldor, Terry Lynn Karl and Yahia Said, ed., *Oil Wars*, London: Pluto Press, 2007, pp. 183-224.

[3] Shiping Tang, "The Onset of Ethnic War: A General Theory", *Sociological Theory*, Vol.33, No.3, 2015.

力中的5个因素,从而将少数族群和中央政府(由多数族群掌控)卷入一个紧张升级和互不信任的旋涡,并最终导致冲突。因此本章指出,在少数族群聚居的核心领地发现石油是族群冲突最为重要的预测指标之一。

族群冲突发生的动因和机制参见图3-1。

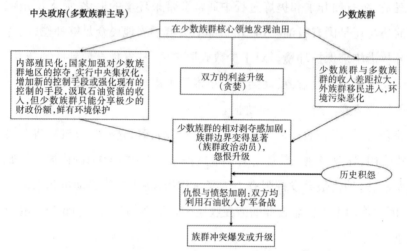

图3-1 石油的族群地理分布与族群战争:动因和机制

根据新理论,通过定量研究应能对两个关键预测进行检验:

(1)在其他条件不变的情况下,当石油分布在被统治的少数族群聚居的核心领地时,这一少数族群将很有可能反抗由其他族群控制的中央政府。

(2)一个国家,若石油分布在被统治的少数族群聚居的核心领地,将很有可能爆发族群战争。

许多文章都发现了证实以上两个预测的系统性证据,图3-2和图3-3则展现了石油分布在被统治的少数族群聚居的核心领地和族群战争爆发之间的强正相关关系。在国家层面上(见图3-2),在50个没有石油、或石油并未分布在被统治的少数族群聚居的核心领地、或均匀分布于国内各族群的国家中,仅有10个国家发生了族群战争,而另外40个国家则没有发生(左栏),比例为0.25。相反,若一国的石油分布在至少一个少数族群聚居的核心领地,发生族群战争的可能性则变高了。75个国家属于此类(右栏),其中39个国家发生了族群战争,另外36个则没有发生,比例为1.08。在族群层面上(见图3-3),271个族群的聚居区没有石油分布,仅有41个国家发生过族群战争,另外230个国家则没有发生,比例为0.18(左栏)。相反,220个族群的聚居区分布有石油,其中61个国家发生了族群战争,159个没有发生,比例为0.38(右栏)。比例之间的差异在统计学上是显著的,p < 0.01。

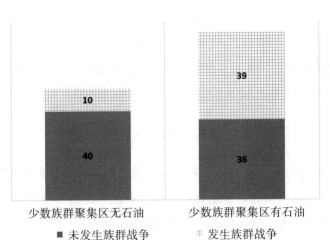

图3-2 石油的族群地理分布与族群战争:国家层面

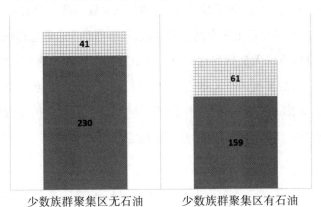

图3-3 石油的族群地理分布与族群战争:族群层面

在进行定性案例研究前，本章提出一个全局性假设，即四种相互联系的机制将导致石油分布在少数族群聚居的核心领地时爆发族群战争。当在少数族群聚居的核心领地发现石油：①由其他族群掌控的中央政府将试图控制石油，外来移民涌入并开采这一地区的石油，财政收入将不会与少数族群分享，因此导致少数族群和多数族群间收入差距扩大；②石油产业的收益将导致大量外来族群涌入，对少数族群聚居区的环境造成破坏，但不会对此进行补偿；③以上这些因素将引起少数族群对由多数族群掌控的中央政府的仇恨；④少数族群中的精英将被动员起来反抗，宣称中央政府掠夺了属于他们的资源，并强调只有拥有真正的自治权和民族独立，少数族群才能保全自己。所有这些机制增加了族群战争爆发的可能性，使族群冲突演化为族群战争，或加剧正在进行中的族群战争。

三、采用过程追踪方法的案例研究

本章通过过程追踪的比较案例研究方法对本章所提出的理论进行检验，证明理论中所阐述的机制确实曾经导致过族群战争，而当这些机制处于休眠状态时，通常会导致族群和平。同时在涉及石油（更广泛地说，还有其他自然资源）与族群战争间关系的大量定量研究中，很少有研究清楚地探究了这一问题，但它同样值得检验，即石油是发生族群战争的根本原因，还仅仅是辅助原因？对于以上两个问题的检验，只能借助于过程追踪的案例研究方法，统计分析方法无法做到这一点。本章对两个正面和两个负面（通常被误认为是正面）的案例进行了重点考察，并简要考察了一个负面案例。尽管约翰·吉尔林（John Gerring）已经作出了卓越努力[1]，但目前仍没有广为学界所接受的选择案例的标准。实际上，我们也认为不可能确定一个广为接受的

---

[1] John Gerring, *Case Study Research: Principles and Practices*, Cambridge: Cambridge University of Press, 2007; 同样可参见 Nicholas Weller and Jeb Barnes, "Pathway Analysis and the Search for Causal Mechanisms", *Sociological Methods & Research*, Vol.45, No.3, 2016。

选择案例的标准。研究者应明确其选择案例的标准,但这一标准应根据不同的理论目的和实证目的加以调整。为了区别不同的理论并将理论中机制的操作过程可视化,本章在案例选择时遵循了七条原则。七条原则中的三条(2,3,7)来自格尔茨(Goertz)、马奥尼(Mahoney)、吉尔林、韦勒(Weller)和巴尼斯(Barnes)[1],其他四条(1,4,5,6)是专门为本章的研究目的而设计的。

这七条原则如下:①关于案例应当有详细记录,因此研究不会受到声称研究者仅偏颇选择(cherry-picking)了那些能支持其研究结论的事实证据的指责。本章的例外是讨论了加蓬作为"没有吠叫的狗"(dog that did not bark)[2]的负面案例。这个案例在此前并没有得到很多学者的关注。②根据自己或他人的竞争理论,研究应该包含正面和负面两类案例,并且产生了本章想要探究的结果(例如族群之间发生了冲突)。③所选定的路径案例(或典型案例)应能例证关键性解释变量的变化,通过考察这些案例可以将本章的理论与试图解释这些变化的其他理论区分开来。④所选定的路径案例所展现的关键性解释变量的变化应当遵循本章提出的核心机制,从而将本章提出的核心机制与其他试图解释这些变化的机制区分开来。⑤为比较定量研究法和定性研究法的优势和缺陷,应该挑选那些即便使用地理信息系统数据集,在定量研究中仍容易出现编码错误和推断错误的案例。⑥案例应来自不同地区,具有不同的文化背景。⑦这些案例合在一起,将有助于理解本章所提出的因素和机制是如何发挥作用的。[3]

---

① Gary Goertz and James Mahoney, *A Tale of Two Cultures: Qualitative and Quantitative Research in the Social Sciences*, Princeton: Princeton University Press, 2012; John Gerring, *Case Study Research: Principles and Practices*, Cambridge: Cambridge University Press, 2007.

② 译者注:"没有吠叫的狗"(dog that did not bark)来自柯南·道尔的《福尔摩斯探案集》,是指犯人潜入案发地时狗没有吠叫,据此推断为熟人作案。此处用"没有吠叫的狗"形容加蓬这一案例没有出现研究者想要观察的现象(即族群冲突/战争),其他研究者因而并未对其进行认真考察,实际上这个案例对研究石油与族群冲突间关系非常重要。

③ 相似的观点参见 Nicholas Weller and Jeb Barnes, "Pathway Analysis and the Search for Causal Mechanisms", *Sociological Methods & Research*, Vol.45, No.3, 2016。

以下五个被检验的案例中,亚齐与印度尼西亚、前统一苏丹与(南)苏丹是正面的路径案例,而加蓬是负面的。它们来自三个不同的大洲或地区——非洲、欧亚大陆和东南亚——并且有着三种不同的宗教背景:伊斯兰教(亚齐与印度尼西亚),伊斯兰教与基督教(南苏丹与北苏丹、亚美尼亚与阿塞拜疆),以及当地宗教的混合体(加蓬)。本章还提到了表3-1中的其他案例(见表3-1)。[①]

表3-1 案例总结

案例 / 事件	中央政府是否试图控制位于少数族裔地区的石油?	少数族裔是否有过反抗中央政府的行为?	少数族裔的精英是否在族群动员过程中使用石油作为集会呼声?	石油是否引发了一场族群战争或者激化了一场正在进行的战争?	总体而言,石油是发生族群战争的深层原因吗?
亚齐与印度尼西亚	是	是	是	是	否
南苏丹与北苏丹	是	是	是	是	否
两场车臣与俄罗斯战争	是,但是仅在战争爆发后	是,但不是为了石油	否	否	否
纳卡冲突	不适用	是,但不是为了石油	不适用	不适用	不适用
加蓬	不适用	不适用	不适用	不适用	不适用
可能涉及不同的资源的其他类似的正面案例	安哥拉的卡宾达(石油)、扎伊尔的加丹加(铜、金)、印度尼西亚的伊里安爪哇(西巴布亚)(铜、金、镍、现在的石油/天然气)、巴布亚新几内亚的布干维尔(铜)、西撒哈拉与摩洛哥(磷酸盐)、尼日利亚三角洲,特别是比夫兰与尼日利亚(石油)、库尔德人与伊拉克(石油),以及新南苏丹的努尔人和丁卡人(石油)				

亚齐与印度尼西亚的案例,以及前统一苏丹与(南)苏丹的案例都是正面的路径案例。加蓬的案例是负面案例。在定量分析中被误认为是正面

---

① 可以对更多案例进行考察,但我们相信本文所挑选的案例已经足够达到说明的目的。

案例的两个负面案例是两次车臣—俄罗斯战争与亚美尼亚和阿塞拜疆之间的纳戈尔诺—卡拉巴赫冲突。亚齐与印度尼西亚的案例和纳戈尔诺—卡拉巴赫的案例也允许我们质疑马西莫·莫雷利(Massimo Morelli)和多米尼克·罗纳(Dominic Rohner)的假说,他们强调石油的相对集中度是导致石油与(族群)内战爆发之间具有相关关系的关键因素。①此外,亚齐与印度尼西亚的案例、前统一苏丹与(南)苏丹的案例强化了对一个理论的质疑,即在族群层面上,石油产量和价值是导致(族群)内战爆发的关键变量。

需要说明的是,本章主要探究石油如何导致族群战争,因此不会对案例中的政治和军事进程进行详细介绍。

(一)亚齐与印度尼西亚

亚齐位于印度尼西亚苏门答腊岛最北端,1965年人口约为200万,2005年为400万人,约有90%的人口是亚齐人。②亚齐并入印度尼西亚的过程从一开始就令人不安。尽管荷兰人未曾完全控制过亚齐,在没有征询亚齐人意见的情况下,于1949年把亚齐让给了印度尼西亚。更糟糕的是,印尼新政府部署武装力量吞并了亚齐这片领土,因此大多数亚齐人将爪哇族主宰的印度尼西亚视为新殖民主义者。③

1953年在达鲁伊斯兰叛乱(Darul Islam Rebellion)旗帜下的第一次亚齐叛乱与石油无关,直到1971年,亚齐境内才发现存有天然气。事实上,这次叛乱不是为了分裂国家,它的目标是将印度尼西亚建成一个伊斯兰国家。尽管叛乱不是分离主义,但它的确带有严重的民族情绪。虽然亚齐的宗教领袖加入这次叛乱,但更有可能是因为厌恶印尼总统苏加诺(Sukarno)领导下的世俗化,而不是抱怨将亚齐纳入北苏门答腊省的决定,而大多

① Massimo Morelli and Dominic Rohner, "Resource Concentration and Civil Wars", *Journal of Development Economics*, Vol.117, No.1, 2015.

② Schulze, "Conflict in Aceh".

③ Edward Aspinall, "The Construction of Grievance: Natural Resources and Identity in a Separatist Conflict", *Journal of Conlif Resolution*, Vol.51, No.6, 2007.

数的亚齐人加入叛乱是由于后者。[①]1957年4月,雅加达承诺将亚齐恢复为一个省,并给予其特殊地位,导致对叛乱的支持迅速瓦解。1959年双方签署了和平协议,承认亚齐"特殊领土"地位,同时对它授予了政治、经济和宗教事务上较大的自主权。

印度尼西亚移动公司(MOI)于1968年开始在亚齐开采石油和天然气,并于1971年发现了巨大的阿伦气田[②]。由印度尼西亚移动公司与印度尼西亚国家石油公司(Pertamina)共同创建的合营企业于1977年开始合作生产。当时,亚齐的阿伦气田是世界上最大的气田之一,其开采量"占印度尼西亚天然气和石油出口总量的30%"。正如本章的理论所预测,印度尼西亚将亚齐及其天然气视为重要资产,并采取了各种严厉措施对它进行控制。[③]印度尼西亚国家采取的一些最臭名昭著的措施包括对气田周围地区的亚齐人民进行残酷的恐吓、攻击,甚至强制清洗("重新分配"),并鼓励爪哇族人移民到亚齐。[④]

在自由亚齐运动(GAM)或亚齐—苏门答腊民族解放阵线(ASNLF)的旗帜下,哈桑·迪罗(Hasan Muhammad di Tiro,1925—2010年)于1976年发起第二次亚齐人叛乱,这次叛乱的确与亚齐的天然气有关。[⑤]实际上,1974

---

① M. C. Ricklefs, *A History of Modern Indonesia since c.1200, 3rd ed.*, New York: Palgrave Macmillan, 2001, pp.300-309.

② 标识亚齐的地理位置、自由亚齐运动的核心领地、阿伦气田和阿伦液化天然气工厂的地图,参见 Schulze, "Conflict in Aceh", p. 199。

③ Matthews N. Davies, *Indonesia's War over Aceh*, London: Routledge, 2006, pp. 13-17.

④ Geoffrey Robinson, "Rawan is as Rawan Does: The Origins of Disorder in New Order Aceh", *Indonesia 66*, 1998, pp.127-156; Michael L. Ross, "Resources and Rebellion in Aceh, Indonesia", in Paul Collier and Nicolas Sambanis, ed., *Understanding Civil War: Evidence and Analysis, Vol.2-Europe, Central Asia, and Other Regions*, Washington, DC: World Bank, 2005, pp. 35-58; Davies, *Indonesia's War*, 2006; Edward Aspinall, "The Construction of Grievance: Natural Resources and Identity' in a Separatist Conflict", *Journal of Conflict Resolution*, Vol.51,No.6,2007; Schulze, "Conflict in Aceh".

⑤ 哈桑·迪罗是亚齐与荷兰人斗争的英雄东古·齐克·蒂·迪罗(Tenugien Chik di Tiro)的孙子。同时哈桑·迪罗也参与了第一次亚齐叛乱。他在印度尼西亚驻联合国代表团辞职后,自称是达鲁伊斯兰教驻联合国的"大使"。

年，迪罗在竞争天然气管道建造权时失败了，他失去了对柏克德公司（Bechtel）的竞标，这可能是其决定叛乱的直接导火索。[1]但是天然气只是其中一个因素，并且可以肯定的是，它不是导致冲突的最重要的因素。

亚齐第二次叛乱的目标是亚齐独立，这次叛乱的分裂主义有两个关键原因。第一，1965年苏哈托总统在一场血腥政变后上台，实施了"新秩序"，但在1968年之前，整个印度尼西亚只有亚齐没有获得特殊地位。第二，迪罗渴望把亚齐复兴为曾经掌控大部分苏门答腊岛土地的那个强大的国家。1976年，迪罗在亚齐—苏门答腊民族解放阵线宣布的独立宣言中明确将爪哇族主导的印度尼西亚认定为新殖民主义者。[2]从根本上说，迪罗把爪哇族占主导地位的印度尼西亚看作骗子，并认为亚齐是被荷兰非法移交给印度尼西亚的。

亚齐天然气的发现和生产，为迪罗及其同伴提供了动员亚齐人的一个关键点。从1976年起，他多次明确地把亚齐的天然气描述为他不满情绪的一个重要来源，尤其是在他的《未完成的日记》一书中。[3]然而迪罗和他的追随者做到了更多地透过亚齐与爪哇族新殖民主义斗争的棱镜来考虑天然气问题，而不是单单将其视为一个（由贪婪驱使的）经济问题。

迪罗首先声称："我们亚齐人，在这个世界上所有法律的见证下，是这片土地的合法所有者（以及它下面的天然气）。"[4]然而自1976年以来的天然气产业的繁荣给亚齐人带来的只是苦难，包括颠沛流离、压迫和相对剥削，以及外来族群涌入、精神腐败（如赌博、酗酒，以及糟糕的卖淫）和环境

---

[1] Geoffrey Robinson, "Rawan is as Rawan Does: The Origins of Disorder in New Order Aceh", *Indonesia 66*, 1998, p.137.

[2] Hasan Muhammed di Tiro, *The Price of Freedom: The Unfinished Diary*, Norsborg, Sweden: Information Department, National Liberation Front Acheh Sumatra, 1984, p. 17; Schulze, "Conflict in Aceh", pp. 195-196.

[3] Hasan Muhammed di Tiro, *The Price of Freedom: The Unfinished Diary*, Norsborg, Sweden: Information Department, National Liberation Front Acheh Sumatra, 1984.

[4] Ibid., p. 104.

恶化。①的确，尽管天然气产业的繁荣，但天然气生产和出口产业只雇用了亚齐全省本土劳动力的一小部分，造成了大量的失业人口，从而引致贫困。②总之，天然气产业的繁荣是爪哇族新殖民主义所带来的一切罪恶的象征。

不出所料，迪罗辩称，自由亚齐运动对美孚石油公司（Mobil）的生产设施所进行的攻击是对印度尼西亚（及美孚石油公司）剥削亚齐，以及剥削所带来的一切罪恶的回应。用迪罗自己的话来说："它们（印度尼西亚）事实上已经让我们付出了爪哇族印尼人压迫和殖民的代价。如果没有它们非法出售我们的石油和天然气所赚的钱，爪哇族将永远无法供给对我们发起殖民战争所需的资金。到目前为止，我们什么都没有做。"③在1977年8月15日的日记里，迪罗自豪地指出："自由亚齐运动已经采取行动阻止它们（印度尼西亚移动公司和印度尼西亚国家石油公司创办的合营企业）偷走我们的石油和天然气。"④然后迪罗在1977年10月16日的日记中宣布："在自由亚齐运动内阁会议上，已经做出决定，'保护亚齐及被爪哇族印度尼西亚人及其外国同伙日益疯狂掠夺的亚齐的自然资源，特别是我们的石油和天然气'。"⑤内阁会议后四天，自由亚齐运动向印度尼西亚移动公司和柏克德公司的所有外国人员发出警告，要求他们离开；随即开始了对与天然气生产和加工有关的设施和人员的实际攻击，并且十分频繁。⑥

因此尽管"天然气对于了解暴力发生的驱动因素至关重要"⑦，但是天然气仅仅是第二次亚齐冲突的导火索或近因之一。正如克里斯汀·舒尔茨

---

① Ricklefs, *Modern Indonesia*; Schulze, "Conflict in Aceh", pp. 188–194.

② Michael L. Ross, "Resources and Rebellion in Aceh, Indonesia", in Paul Collier and Nicolas Sambanis, ed., *Understanding Civil War: Evidence and Analysis, Vol. 2–Europe, Central Asia, and Other Regions*, Washing, DC: Word Bank, 2005; Schulze, "Conflict in Aceh".

③ Hasan Muhammed di Tiro, The *Price of Freedom: The Unfinished Diary*, Sweden: Information Department, national Liberation Front Acheh Sumatra, 1984, p. 105.

④ Ibid., p. 87.

⑤ Ibid., p. 104.

⑥ Ibid., pp. 107–109, pp. 125–126.

⑦ Schulze, "Conflict in Aceh: Struggle for Oil?", p. 184.

（Kristen E. Schulze）所指出："事情的关键在于，液化天然气热潮的好处首先是给中央政府、外国公司和非亚齐的印度尼西亚人带来收益，而本地产生的收入却极少被用于当地的花销。这为叛乱提供了肥沃的土壤。对于自由亚齐运动和许多亚齐人来说，液化天然气行业集中体现了雅加达的一切错误——过度集中、裙带资本主义、腐败和最终为保护这些精英利益而实施的压制……自由亚齐运动把天然气开采与雅加达的新殖民式开发等同起来，因此认为将石油公司定位为新殖民主义的代理人是合法的。"[①]如果没有既存的深刻族群仇恨、亚齐第一次叛乱所遗留的动员和仇恨情绪，以及利比亚的支持，那么第二次叛乱就很难发生。[②]

在亚齐的案例中，本章所提出的核心机制发挥了强有力的作用。甚至在亚齐发现天然气之前，印度尼西亚已经开始在亚齐实行内部殖民化（委婉地称为"集中化"）。在亚齐发现天然气之后，中央集权驱动力加速收紧，使当地的亚齐人酝酿更多的怨恨。到发现天然气之时，所有发生暴力冲突的预备要素都已经到位，天然气只是提供了直接的导火索。

印度尼西亚与伊里安查亚（西巴布亚）之间复杂的历史同印度尼西亚与亚齐的混乱历史具有惊人的相似之处。这两个案例都是被统治的少数族群聚居的核心领地中存有大量自然资源（金、铜、镍，现在是石油）。[③]迄今唯一的差别可能是西巴布亚的悲剧还没有明确的结束，而自2005年自由亚齐运动与印度尼西亚政府达成和平协议以来，亚齐地区暂时进入了脆

---

① Schulze, "Conflict in Aceh: Struggle for Oil?", p. 184. 据估计，1974年至1987年期间，北亚齐人口从49万增加到75.5万，其中约有5万人来自印度尼西亚其他地区，其余的来自外国。参见 Michael L. Ross, "Resources and Rebellion in Aceh, Indonesia", in Paul Collier and Nicolas Sambanis, ed., *Understanding Civil War: Evidence and Analysis, Vol.2–Europe, Central Asis, and Other Regions*, Washington, DC: Word Bank, 2005, p. 42。

② Tim Kell, *The Roots of Acehnese Rebellion 1989–1992*, Ithaca, NY: Cornell Modern Indonesia Project, 1995; Geoffrey Robinson, "Rawan is as Rawan Does: The Origins of Disorder in New Order Aceh", *Indonesia 66*, 1998; Edward Aspinall, "The Construction of Grievance: Natural Resources and Identity in a Separatist Conflict", *Journal of Conflic Resolution*, 2007.

③在西巴布亚发现石油之前发现了金、铜和镍。

弱的和平状态。

亚齐的案例证实了本章的理论,即石油的族群地理分布是导致族群冲突的关键因素,同时也证伪了莫雷利和罗纳的假说,即石油集中度是导致族群战争的关键因素。[1]根据他们自己的测量,亚齐石油的相对集中度评分是0.027,这是一个非常小的值,然而族群战争却一再爆发。

(二)前统一苏丹与(南)苏丹

前统一苏丹于1953年脱离了英埃统治,获得了独立,但自其诞生就受到了紧张种族局势的严重威胁。[2]最关键的是,因为苏丹南部的代表被排除在独立谈判的过程之外,新独立国家从一开始就是由北方主导的。更糟的是,这个由北方主导的苏丹国家在独立后立即通过阿拉伯化和伊斯兰化对南方进行内部殖民化。

1955年初,苏丹中央政府决定将南方军队(赤道军,其人员均来源于苏丹南部的两个赤道省份)从南方调配到北方。驻扎在托里特的赤道军于1955年8月18日发生了叛变,随后又有驻扎在朱巴(Juba)、耶伊(Yei)和马里迪(Maridi)的其他赤道军叛乱。这场叛变伴随着对该地区北方人民从掠夺、殴打到屠杀的广泛暴力行为。[3]为了镇压叛乱,苏丹政府承诺赦免和平投降的叛乱部队。然而最终政府违背了它的承诺,处决了三百个士兵。[4]当冲突最终被压制的时候,一些拒绝投降和成功逃脱的人成为阿尼亚尼亚第一运动(Anya-Nya Ⅰ)和苏丹人民解放军/运动(Sudan People's

---

[1] Massimo Morelli and Dominic Rohner, "Resource Concentration and Civil Wars", *Journal of Development Economics*, Vol.117, No.1, 2015.

[2] Douglas H. Johnson, *The Root Causes of Sudan's Civil Wars*, Bloomington: Indiana University Press, 2003, pp. 21-37; Scopas S. Poggo, *The First Sudanese Civil War*, New York: Palgrave Macmillan, 2009, pp. 9-47.

[3] Edgar O'Ballance, *Sudan, Civil War, and Terrorism 1956-1999*, New York: St. Martin's Press, 2000, pp. 7-9.

[4] Poggo, *Sudanese Civil War*, pp. 34-35.

Liberation Army/Movement）的支柱。①因此托里特兵变标志着苏丹南北冲突的开始。1969—1972年期间，双方都被战争所累，苏丹政府［在1969年通过政变成为总统的加法尔·尼梅里（Gaafar Nimeiry）的领导下］和苏丹人民解放军/运动［在约瑟夫·拉古（Joseph Lagu）的领导下］达成了和平协议，并在1972年3月12日在亚的斯亚贝巴签署协议。

第一次苏丹内战与石油无关，因为直到1979年才在苏丹南部发现石油。这场战争是南苏丹对苏丹的权力结构（寻求南方自治权）和伊斯兰教在国家政治生活中的地位进行的一次反抗。

然而第一次南北冲突为第二次南北战争（1983—2005年）奠定了深厚的基础。南方和北方的许多政治家都反对1972年的和平协定，许多北方政治家认为，北方对南方作出了太多的让步，而南方政治家则寻求独立，认为他们受到北方政治家们的欺骗。②最重要的是，一些历史上属于南方但在苏丹独立后归为北方的地区，本应归还给南方，但这是一个从未实现的承诺。1979年在南部发现石油后，这更成了不可能实现的诉求。加上进行南水北调（也运往埃及）的琼莱运河工程，许多南方人认为："喀土穆证明了自己更关心南方资源的开采，而不关注这给该地区带来的回报是极低的，这种态度更符合古老苏丹国家对内陆地区的剥削，而不是现代国家的建设。"③

随着1979年雪佛龙公司和道达尔公司在上尼罗河和琼莱省发现石油，事情开始加速恶化。就像重演独立进程一样，北方主导的苏丹国家"决

---

① 武装冲突数据集（ACD）将第一次苏丹内战爆发时间记录为1963年，即托里特赤道军叛乱八年之后。只有费伦（Fearon）和莱廷（Laitin）将第一次苏丹内战的开始定义为1956年。参见Nils Petter Gleditsch, et al., "Armed Conflict 1946-2001: A New Dataset", *Journal of Peace Research 39*, No. 5, 2002, pp. 615-637; Fearon and Laitin, "Ethnicity, Insurgency, and Civil War", *American Political Science Review 97*, No. 1, 2003, pp. 75-90。在马赫迪语言中，"anyanya"意思是蛇毒，一种非常可怕的毒药。"Anya-Nya Ⅰ"这个术语是为了与Anya-Nya Ⅱ，也就是第二次南方冲突区分开来。

② Douglas H. Johnson, *The Root Causes of Sudan's Civil Wars*, Bloomington: Indiana University Press, 2003, pp. 55-57.

③ Ibid., 44-49, p. 48（引用）.

定把南方排除在石油事务的任何决定之外"[1]。更糟糕的是，1980年苏丹中央政府的第一个行动是重新划定边界和使原属于南方的油田归入北方领地。[2]1981年，一个关于炼油厂所在地的争端也加剧了事件的恶化。北方希望它位于其管辖范围内，而南方则另有要求。值得注意的是，苏丹中央政府对位于南方的石油采取的行动恰恰反映了其"内部殖民化"的逻辑。[3]

1982年10月12日，苏丹总统尼迈里(Numayri)进一步疏远了南方，签署了苏丹与埃及"一体化宪章"，大多数南方人对此持有强烈不满的态度，因为这意味着(南)苏丹进一步的阿拉伯化，以及被北方的进一步统治。在1983年，尼迈里除了控制南方的石油和在北方建造炼油厂外，还命令苏丹南方的军队转移到北方(1955年托里特军队叛变前期的重新上演)，推动南北对抗走上了不归路。

在第二次苏丹内战期间，对石油资源的控制是苏丹人民解放军/运动与苏丹之间的关键战场。"石油增加了战争的赌注，并使双方对战场做出了更多的献身。"[4]苏丹人民解放军/运动在1983年7月的宣言中声称要"试图重绘南部地区的边界，并建立一个位于本提乌以外的炼油厂，然后直接将本提乌的石油输送到苏丹港(全部位于北方)"，这是支撑苏丹人民解放军/运动与喀土穆进行斗争的十一个诉求中的两个。[5]苏丹人民解放军/运动在成立后不久就破坏了石油开采装置并阻断了琼莱运河，以中断雪佛龙公司和道达尔公司的石油生产。[6]1985年12月，苏丹人民解放军/运动占领了伊罗勒，迫使雪佛龙公司暂停在本提乌的石油开采作业，这实现了他们

---

① Douglas H. Johnson, *The Root Causes of Sudan's Civil Wars*, Bloomington: Indiana University Press, 2003, pp. 45-47, p. 46 (引用).

② Ibid., p. 196, 附录.

③ Michael Hechter, *Internal Colonialism*, Berkeley: University of California Press, 1970.

④ International Crisis Group (ICG), *God, Oil, and Country: Changing the Logic of War in Sudan*, Africa Report No. 39,10, Brussels: International Crisis Group, 2002, p. 100.

⑤ Douglas H. Johnson, *The Root Causes of Sudan's Civil Wars*, Bloomington: Indiana University Press, 2003, p. 64.

⑥ Ibid., pp. 44-49.

阻止北苏丹在南方开采石油的目标。[1]

造成苏丹南北冲突更为关键和更深层次的原因不是石油，而是深切的族群怨恨。虽然苏丹人民解放军/运动的主要收入来源是抢劫石油，以及冲突的两个关键点的确是炼油厂的地理位置和石油收益的分配，但石油并不是南北方族群战争的原因。苏丹人民解放军/运动的领导人约翰·加朗（John Garang）在1985年很好地阐述了苏丹内战的深层原因："苏丹战争的核心问题是单一族群的统治、自主独立以来主宰苏丹政治的宗派和宗教偏执，以及国家发展的不平等……除非族群问题得到合理解决，宗教偏见被破除，苏丹所有地区的均衡发展得到保证，战争是南方唯一的选择。"[2]因此石油仅仅是一个直接的触发因子和加速因子，对酝酿已久的冲突起到火上浇油的作用。

（三）两次车臣战争：与车臣境内石油存在较少联系

苏联解体后的两场最血腥的冲突是两次车臣战争。在第一次车臣战争之前，车臣已经拥有大量的石油储备并拥有一个石油工业园区。因此一些学者很容易将两次冲突归类为"资源战争"。[3]

车臣的石油最早是在中世纪发现的。然而在俄罗斯帝国用两次残酷

---

① Douglas H. Johnson, *The Root Causes of Sudan's Civil Wars*, Bloomington: Indiana University Press, 2003, p. 199.

② Douglas H. Johnson, *The Root Causes of Sudan's Civil Wars*, Bloomington: Indiana University Press, 2003, p. 71; Gadir Ali et al., "Sudan's Civil War: Why Has It Prevailed for So Long?", in Paul Collier and Nicholas Sambanis, eds., *Understanding Civil Wars: Evidence and Analysis, Vol.1, Africa*, Washington, DC: World Bank, pp. 193-220.

③ Philiphe Le Billon, "The Political Ecology of War: Natural Resources and Armed Conflicts", *Political Geography*, Vol.20, No.5, 2001, 批评与引用文献参见 Kaldor, "Oil and Conflict", 与 Said, "Greed and Grievance in Chechnya", in Mary Kaldor, Terry Lynn Karl and Yahia Said, eds., *Oil Wars*, London: Pluto Press, pp. 130-156. 关于两次车臣战争，我们很大程度上参考了 John B. Dunlop, *Russia Confronts Chechnya: Roots of a Separatist Conflict*, Cambridge: Cambridge University Press, 1998; Anatol Lieven, *Chechnya: Tombstone of Russian Power*, New Haven: Yale University Press, 1998; Said, "Greed and Grievance" 和 Christoph Z€urcher, *The Post-Soviet Wars*, New York: New York University Press, 2007。

的、并一共持续了半个多世纪的战争（1785—1794年和1817—1864年）"平息"车臣后，直到1890年，石油的商业生产才正式开始。到20世纪70年代，车臣的石油产量达到了2150万吨（约占苏联石油总产量的7%），但到了20世纪80年代，在第一次车臣战争爆发之前，已经减少到了600万吨。[①]

不出所料，许多定量研究因为没有采用次国家地理信息系统数据，所以将两次车臣冲突视作能证实石油与族群战争（内战）之间存在高度相关性的正面案例。[②]即使我们使用次国家地理信息系统数据进行定量分析时，这两次车臣战争也容易被误认为是正面的案例。车臣人的核心领地（车臣）有大量的石油，而这两场战争毫无疑问也是以种族为基础的。然而车臣的石油并不是造成冲突的深层原因，甚至不是重要的导火索，尽管石油是造成这两次冲突继续下去的一个重要因素。[③]

1990年11月，曾是苏联红军空军少将的贾哈尔·杜达耶夫（Dzhokhar Dudayev）当选为车臣全国人民代表大会主席。也许是感觉到苏联"内爆"（implosion）一触即发，从一开始，杜达耶夫就采取了激进的民族主义立场。1991年8月，企图推翻戈尔巴乔夫的政变爆发，在格罗兹尼的车臣温和派不能或不愿意采取反对立场时，杜达耶夫抓住机会，宣布车臣独立主权的合法性，以及车臣从此脱离苏联的决定。1991年10月，杜达耶夫以压倒性多数当选车臣共和国总统。

---

① Said, "Greed and Grievance".

② Paul Collier and Anke Hoeffler, "Greed and Grievance in Civil War", *Oxford Economic Papers*, Vol.56, No.4, 2004; James D Fearon and David D Laitin, "Ethnicity, Insurgency, and Civil War", *American Political Science Review*, Vol.97, No.1, 2003; James D. Fearon, "Primary Commodity Exports and Civil War", *Journal of Conflict Resolution 49*, No.4, 2005, pp.483–507; Brunnschweiler and Bulte, "Natural Resources"; Ross, *The Oil Curse*, Princeton: Princeton Press, 2012.

③ John B. Dunlop, *Russia Confronts Chechnya : Roots of a Separatist Conflict*, Cambridge: Cambridge University Press, 1998; Said, "Greed and Grievance"; Christoph Z€urcher, *Post-Soviet Wars*, New York: New York University Press, 2007.

苏联解体后，尽管莫斯科和格罗兹尼之间的紧张局势一直在加剧，但车臣和俄罗斯之间的第一次战争直到1994年才爆发。这场战争不是由车臣叛军发起的，大多数学者把责任归咎于已故的俄罗斯总统叶利钦。面对支持率的日益下滑，叶利钦试图通过轻松的小规模战争来增强自己的地位和连任态势，尽管叶利钦的一些高级军事顾问对此表示强烈抗议。[1]这次战争的结果是俄罗斯屈辱性的失败，最终迫使俄罗斯撤出了车臣。1997年5月，双方签署停战协议，无限期推迟了政治和解，这暗示着车臣事实上的独立。

这一岌岌可危的停火状态一直持续到1999年。在1997年至1999年的停火期间，车臣内部政治日益激化，这其中包括加强了同犯罪活动和"圣战运动"的联系。在车臣激进分子入侵邻国达吉斯坦共和国、袭击俄罗斯军队的突击站、轰炸莫斯科的三间公寓之后，当时在普京领导下的俄罗斯作出回应，表示会以压倒性的力量一劳永逸地解决车臣问题。

人们当然可以说，不仅在车臣，而且在大高加索地区，石油一直是俄罗斯的一个重要考虑因素。因此这种考量与本章理论中的第一个主要机制是一致的。但在第一次战争之前，即使对于俄罗斯人来说，车臣的石油储备也最多是一个极小的考虑。俄罗斯最关心的是俄罗斯联邦的解体和整个外高加索地区的伊斯兰化，以及担忧在北约扩张和华盛顿"大博弈"话语的阴影下失去对高加索地区和里海全部油田的控制权。[2]

然而从车臣方面来看，这两次战争的驱动力与上述两个正面案例是截然不同的。与亚齐的自由亚齐运动和南苏丹的苏丹人民解放军/运动不同，在整个冲突中，车臣叛军很少试图以车臣石油的名义来证明他们与俄

---

[1] Dunlop, *Russia Confronts Chechnya: Roots of a Separatist Conflict*, Cambridge: Cambridge University Press, 1998; Anatol Lieven, *Chechnya: Tombstone of Russian Power*, New Haven: Yale University Press, 1998; Said, "Greed and Grievance".

[2] Sarah O'Hara, "Great Game or Grubby Game? The Struggle for Control of the Caspian", in Philippe Le Billon, ed., *The Geopolitics of Resource Wars*, New York: Frank Cass, 2005, pp. 138−160.

罗斯的斗争的正当性,或者以车臣的石油为噱头动员取得车臣人民的民意支持。相反,更深层次的原因是他们对俄罗斯数世纪以来的统治所形成的不满和(古老的)仇恨情绪,以及他们对于独立的渴望。第一次战争的直接原因是叶利钦毫无根据的乐观主义,第二次战争的直接原因是杜达耶夫统治下的车臣日益混乱和激进化,其中也卷入了"圣战运动"的因素。[1]

(四)纳戈尔诺—卡拉巴赫冲突:与石油无关

1923年,苏联没有将主要由亚美尼亚人居住的纳戈尔诺—卡拉巴赫归为亚美尼亚共和国的一部分,而是使它成为阿塞拜疆共和国的一个自治区(州)。从1923年到1988年,亚美尼亚苏维埃共和国和纳戈尔诺—卡拉巴赫的亚美尼亚人没有对这一制度安排提出严厉挑战,虽然他们时常表示出异议和骚动。

然而在苏联存续的最后几天,这一状态开始瓦解了。1988年2月20日,纳戈尔诺—卡拉巴赫苏维埃政权进行投票,决定从阿塞拜疆共和国分裂出去,加入亚美尼亚共和国。意料之中的是,阿塞拜疆共和国(当时还是一个苏维埃共和国)拒绝了纳戈尔诺—卡拉巴赫的要求。1988年2月27日,阿塞拜疆人在苏姆盖特(巴库以北的一个工业城市)对亚美尼亚人进行了袭击和杀害。这种暴力大屠杀马上被来自各方的亚美尼亚民族主义者定义为种族灭绝事件。事实证明,濒临解体的苏联无法使和平与秩序复位,并且随着其迫在眉睫的崩溃,亚美尼亚、阿塞拜疆和纳戈尔诺—卡拉巴赫的民族主义者都寄期望于将这场争端作为新国家建设中民族动员号角的一部分。[2]至1991年,族群间的骚乱和紧张局势升级为族群战争。

---

① John B. Dunlop, *Russia Confronts Chechnya:Roots of a Separatist Conflict*, Cambridge:Cambridge University Press,1998, chap. 4.

② Erik Melander, "The Nagorno‐Karabakh Conflict Revisited:Was the War Inevitable?", *Journal of Cold War Studies 3*, No. 2,2001, pp. 48–75; Stuart J. Kaufman, *Modern Hatred: The Symbolic Politics of Ethnic War*, Ithaca, N Y:Cornell University Press, 2001; Kaldor, "Oil and Conflict", 2007; Christoph Z €urcher, *Post-Soviet Wars*, New York:New York University Press, 2007.

阿塞拜疆有大量的石油,并且是石油生产国。因此在大多数没有使用次国家地理数据的定量分析中,纳戈尔诺—卡拉巴赫冲突也被认为是表明石油和(族群)内战之间相关性的一个正面案例。[1]事实上,在没有严格理论化过程的情况下,即使使用了次国家地理数据,莫雷利和罗纳仍然错误地把它看作表明石油集中度与族群战争爆发具有相关关系的一个正面案例。[2]

因为笔者在另一篇关于石油和族群战争的定量分析论文中对莫雷利和罗纳提出了更为详细的批评,所以本章在此仅进行简要的介绍。[3]莫雷利和罗纳认为,只要一个国家的石油分布是不均匀的(或是"集中的"),无论石油集中在被统治的少数族群聚居的核心领地还是占统治地位的多数族群的核心领地,石油都是族群战争的一个重要决定因素。接下来,莫雷利和罗纳使用"石油基尼"系数("Oil Gini" index)来描述这种不均匀的分布,一个国家的石油分布越集中,石油基尼系数就越高。[4]他们假设一个国家的石油基尼系数越高,那么这个国家就越有可能遭遇分离主义(族群)战争。

根据莫雷利和罗纳的论述,阿塞拜疆的石油基尼系数数值很大(从0.394到0.633)。阿塞拜疆境内的石油全部集中在国家东部的里海沿海区域,是在占统治地位的多数族群(阿塞拜疆人)聚居的核心领地中,而该国西部的纳戈尔诺—卡拉巴赫地区却没有石油。由于在新独立的阿塞拜疆国内爆发了纳戈尔诺—卡拉巴赫冲突,因此这一案件应被视为一个表明石油集中度与族群战争具有相关关系的正面案例。

实际上,纳戈尔诺—卡拉巴赫冲突是负面案例:战争的发生与石油没

---

[1] Paul Collier and Anke Hoeffler, "Greed and Grievance in Civil War", *Oxford Economic Papers*, Vol.56, No.4, 2004; James D Fearon and David D Laitin, "Ethnicity, Insurgency, and Civil War", *American Political Science Review*, Vol.97, No.1, 2003.

[2][4] Massimo Morelli and Dominic Rohner, "Resource Concentration and Civil Wars", *Journal of Development Economics*, Vol.117, No.1, 2015.

[3] Hui Li and Shiping Tang, "Location, Location, and Location: The Ethno-Geography of Oil and the Onset of Ethnic War", *Chinese Politic Science Review*, 2017.

有联系。[1]首先,石油完全位于由多数族群控制的领土之内;其次,亚美尼亚人不是争取石油,而是争取完全独立和亚美尼亚的(重新)统一。事实上,纳戈尔诺—卡拉巴赫冲突最根本的驱动因素,甚至不是亚美尼亚人和阿塞拜疆人之间古老的或现代的仇恨,而是在苏联濒临解体时期自身的民族主义塑造。

亚美尼亚人与阿塞拜疆共和国对抗所产生的纳戈尔诺—卡拉巴赫案例特别具有启发意义,因为它既证明了过程追踪方法在案例研究中的强大作用,也说明了无论是定量还是定性的实证研究,都有需要严格的理论指导的必要性。莫雷利和罗纳认为,只要一个国家内部石油分布不均匀,石油就成为族群战争的重要决定因素。因此他们直接用石油基尼系数作为计量的操作化指标,而没有考虑少数族群与多数族群之间的区分。当他们的定量分析将现实世界的事实折叠成单纯的数据点时,他们可能会获得与现实世界相距甚远的"良好(稳健)的"统计结果。

(五)加蓬:尽管有大量的石油,仍保持族群和平

加蓬人口约为150万到170万(根据2010年人口普查),是一个族群高度分化的社会,其中芳族(Fang)占28.6%、普努族(Punu)占10.2%、内比族(Nzebi)占8.9%、法兰西族(French)占6.7%、朋威族(Mpongwe)占4.1%。[2]加蓬并不是一个非常民主化的国家。自从1960年从法国独立出来,加蓬的政体评分(Polity IV scores)一直在接近3分的水平徘徊。从1967年直到2009年离世,奥马尔·邦戈·恩迪姆哈(Omar Bongo Ondimha)担任加蓬总统,每届任期长达七年之久。他的最后三次选举都没有达到最起码的公平竞争的标准。[3]奥马

---

[1] Erik Melander, "Nagorno-Karabakh Conflict Revisited War the War Inevitable?" *Journal of Cold War Studies 3*, No.2, 2001; Stuart Kaufman, *Modern Hatred:The Symbolic Politics of Ethnic War*, Ithaca, NY:Corneu University Press, 2001 ;Kaldor, "Oil and Conflict", 2007.

[2] David E. Gardiner and Douglas A. Yates, *Historical Dictionary of Gabon, 3rd ed.*, Lanham, MD: Scarecrow Press, 2006, pp. 80-84.

[3] Ibid., pp. 265-282.

尔·邦戈·恩迪姆哈去世后,他的儿子阿里·邦戈·翁丁巴(Ali Bongo Ondimba)于2009年10月成为新总统。已故的和现任的两位邦戈总统及其亲密盟友们都一度相当腐败。①

加蓬的石油是在1929年被发现的,但是直到1957年加蓬独立才开始进行石油生产。②1973年以后,石油才成为加蓬经济的支柱性产业。从2000年到2010年,"平均而言,加蓬国内生产总值的50%、政府收入的60%、出口收入的80%都来自石油产业"③。委婉地说,加蓬对于石油财富的管理并不好。④如果将石油的产量、租金、收入或依赖度视为将石油和族群战争联系起来的因素,加蓬的石油经营问题似乎可以预测加蓬的族群问题。换句话说,根据早先的理论,加蓬应该有很高的族群战争的可能性,但实际上其族群间仍保持着和平。因此如果强调石油产量、租金、收入、出口或依赖度作用的理论不能通过加蓬案例的检验,其解释力就会大大减弱,因为加蓬应该是最贴合该理论的案例。

尽管加蓬族群语言的多样性、财政收入对石油依赖度高,以及其民主化进程疲弱,但加蓬的族群和平从未受到影响,并使其成为非洲撒哈拉沙漠以南地区最繁荣、稳定的国家之一。因此如果把理论的重点放在石油租金/收入与族群战争之间的相关关系上,那么该理论对于加蓬的案例则完全没有解释力。但是根据本章提出的新理论,看似难以理解的加蓬案例就很容易解释了。

---

① David E. Gardiner and Douglas A. Yates, *Historical Dictionary of Gabon*, *Brded*, Lanham, MD:Scarecrow Press,2006,pp. 260–264.

② Cheikh Gueye, "Gabon's Experience of Managing oil Wealth", in Bernardin Akitoby and Sharmini Coorey, ed., *Oil Wealth in Central Africa: Policies for Inclusive Growth*, Washington, DC: International Monetary Fund, 2012, pp. 197–212.

③ Ibid., pp. 197–201.

④ Gardiner, and Yates, *Historical Dictionary of Gabon*, *3rd ed*, Lanham, MD: Scarecrow Press, 2006, pp. 260–264; Gueye, "Gabon's Experience of Managing oil Wealth", in Bernardin Akitoby and Sharmini Coorey, ed., Oil Wealthin Central Africa: Policies For Inclusive Growth, Washington, DC:International Monetary Fund, 2012.

最关键的是，尽管加蓬是一个石油资源丰富的多族群国家，却受到以下三个因素的"庇佑"。首先，加蓬的大多数族群均匀分布在全国各地，且族际婚姻相当普遍。因此没有一个主要族群可以声称一个地区为其核心领地，并拥有这一地区的石油。其次，即使是加蓬最大族群芳族，也只占全国总人口的大约28.6%，这一现状可能会阻止某一族群试图寻求对国家的主导权。最后，加蓬的主要政治领导人都拒绝以族群分界线来进行政治动员，抵制种族分化的动员。事实上，尽管前任总统奥马尔·邦戈·恩迪姆哈和现任总统阿里·邦戈·翁丁巴在执政上都存在缺陷，但他们并没有尝试打出过"族群牌"，而是一直试图保持在种族群断层线之上。

四、案例总结

以上的案例研究强烈地支持了本章的理论，同时显著地削弱了几个竞争理论（见表3-1总结）。首先，两个正面案例（亚齐和南苏丹）可以视为冒烟手枪式检验（smoking-gun tests）的正面路径案例，[1]它们表明在少数族群聚居的核心领地发现石油，即便不会促使中央政府垄断该石油，也会促使它采取行动控制石油。然而由一个族群控制的中央政府所采取的这种行动会导致对少数族群聚居的核心领地内部殖民化的加剧和环境的恶化，反过来又加剧了少数族群对政府的不满和仇恨。在这两个案例中，被统治的少数族群的领导者和群众的思维模式都如同本章理论所预测的那样，他们把核心领地内的石油称为"他们的"石油，将中央政府开采这部分石油资源的行为指责为新殖民主义式的掠夺，并要求获得更多的石油收益或争取完全独立以掌握更大的自主权。

在这两种机制的作用下，石油若存在于少数族群聚居的核心领地，则国内爆发族群战争的风险会加剧。这一规律同样也表现在包括石油（安哥

---

① Stephen Van Evera, *Guide to Methods for Students of Political Science*, Ithaca, NY: Cornell University Press, 1997; David Collier, "Understanding Process Tracing", *PS-Political Science & Politics*, Vol.44, No.4, 2011.

拉的卡宾达、库尔德人与伊拉克）与其他矿产资源（布干维尔的铜与巴布亚新几内亚，印度尼西亚的西巴布亚的铜、金和镍，西撒哈拉的磷酸盐与摩洛哥，见表3-1）在内的、涉及自然资源的其他案例中。[①]

　　这两个正面案例也清楚地表明，石油在极少情况下是族群战争的根本原因，而仅是起到关键性辅助作用的直接导火索。在这两个案例中，少数族群聚居的核心领地内发现（和开采）石油是族群冲突（再一次）爆发的直接刺激因素，但更深层的原因是长时间的族群统治和历史上发生的族群战争所遗留的族群间的不满和仇恨，这与早期族群政治理论和近期一些实证研究相一致。[②]这些不满和怨恨的长期积攒在后来的政治动员中被巧妙地利用。[③]与科利尔和霍夫勒所提出的理论相反，族群不满（和仇恨）是比贪婪更深刻的族群战争的原因。[④]

　　我们如何可以自信地得出种族不满（和仇恨）是族群战争的深层原因，而不是出于对石油和其他资源的贪婪这个结论？也许对于一个反事实问题的事实性解答可以使这个问题得到解决。这个反事实的问题是，即使没有石油这个因素，族群战争会不会爆发？这一问题的答案是肯定的。在亚

[①] Philiphe Le Billon, "Political Ecology of War: Natural Resources and Armed Coflicts", *Political Geography*, Vol.20, No.5, 2001; Michael L. Ross, "How Do Natural Resources Influence Civil War? Evidence from 13 Cases", *International Organizations*, Vol.58, No.1, 2004; Ross, *The Oil Curse*, Princeton: Princeton University Press, 2012.

[②] Joseph Rochschild, *Ethnopolitics: A Conceptual Framework*, New York: Columbia University Press, 1981; Donald Horowitz, *Ethnic Groups in Conflict*, Berkeley: University of California Press, 1985; Rogers Brubaker, *Nationalism Reframed*, Cambridge: Cambridge University Press, 1996; Phililp Roeder, *Where Nation-States Come From: Institutional Change in the Age of Nationalism*, Princeton: Princeton University Press, 2007; Lars-Erik Cederman, Kri Stian Skrede Gleditsch and Halvard Buhaug, *Inequality, Grievance, and Civil War*, Cambridge: Cambridge University Press, 2013; Wimmer, *Waves of War*, Cambridge; Cambridge University Press, 2013.

[③] Stuart J. Kaufman, *Modern Hatred: The Symbolic Politic of Ethnic War*, Ithaca, NY: Cornell University Press, 2001; Petersen, *Understanding Ethnic Violence*, Cambridge: Gambridge University Press, 2002.

[④] Paul Collier and Anke Hoeffle, "Greed and Grievance in livil War", *Oxford Economic Papers*, Vol.56, No.4, 2004.

齐和南苏丹分别发现天然气和石油之前,第一次亚齐叛乱和第一次苏丹内战(1955—1972年)就已经爆发了。同样,在对车臣境内的石油进行生产(1785—1794年和1817—1864年)之前,车臣人早已做出反抗俄国统治的行为,而纳戈尔诺—卡拉巴赫冲突也与石油无关。

其次,本章讨论了两个在定量分析中经常被误认为是正面案例的负面案例,两次车臣战争和亚美尼亚与阿塞拜疆之间的纳戈尔诺—卡拉巴赫冲突。其中两次车臣战争尤其具有启发意义,它提醒我们应该谨慎对待定量分析得出的表明变量相关关系的结果。因为即便应用了地理信息系统的数据,这两场战争也容易被认定为表明石油与族群战争相关联的正面案例。[1]然而至少从车臣人的角度来看,石油与这些冲突的发生几乎没有什么联系。

同时亚齐和纳戈尔诺—卡拉巴赫冲突,以及本章所做的其他定量分析[2]都强烈反驳了莫雷利和罗纳的论点,即石油的相对分散或集中程度是石油与(族群与非族群)内战之间的关键联系因素。[3]因此本章指出,错误的理论指导几乎不可避免地会导致定量研究得出错误结论,而这种结论与现实世界的事实是极不相符的。相反,这两个案例和本章的定量分析强烈地支持了本章的观点,即石油的族群地理分布是将石油和族群战争联系起来的关键因素。

加蓬作为负面案例(或负面路径案例)表明,即使一个国家民族语言多样且石油资源丰富,并且可以被视为石油生产国,但是当没有一个群体可以轻易地将石油霸占成为其财产时,族群和平就可以实现。因此加蓬的案

---

① Massimo Morelli and Dominic Rohner, "Resource Concentration and Civil wars", *Journal of Development Economics*, Vol.117, No.1, 2015; Hui Li and Shiping Tang, "Location, Location, and Location: The Ethno-Geography of Oil and the Onset of Ethnic War", *Chinese Politic Science Review*, 2017.

② Hui Li and Shiping Tang, "Location, Location, and Location: The Ethno-Geography of Oil and the Onset of Ethnic War", *Chinese Politic Science Review*, 2017.

③ 同时可参见 Philiphe Le Billon, "Political Ecology of War: Natural Resources and Armed Conflicts", *Political Geography*, Vol.20, No.5, 2001。

例强有力地印证了本章的理论，即在少数族群聚居的核心领地发现石油是导致族群战争的关键因素，而一个国家内石油的简单存在和民族语言的分化本身都不是导致族群战争的因素。加蓬的案例连同本章进行的其他定量分析[①]严重削弱了只关注国家层面上石油收入、租金与出口，而不考虑石油的族群地理分布的理论。[②]事实上，本章的定量分析显示，一旦将石油的族群地理分布作为控制变量，作为自变量的国家层面的石油生产对于作为因变量的族群战争的回归结果也变得不再显著。

最后，亚齐和南苏丹的案例也强烈地质疑了一些理论，它们强调少数族群聚居地区的石油和其他矿产资源产量（和价值）的作用。[③]在这两个案例中，少数族群从始至终都试图破坏由跨国石油公司控制且得到中央政府背后支持的石油生产活动，使得石油生产本身成为正在进行的族群战争的内生性原因。但是1976年亚齐叛乱的爆发，虽然是在石油被发现（1971年）之后，但却是在对气田的实际生产（1977年）之前。因此这一事实支持了两个较早的定量研究的结论，它们对石油产量或价值作为石油与国家层面（族群和非族群）内战的关键指标的有效性提出了质疑。[④]

① Hui Li and Shiping Tang, "Location, Location, and Location: The Ethno-Geography of Oil and the Onset of Ethnic War", *Chinese Politic Science Review*, 2017.

② Collier and Hoeffler, "Economic Causes"; Paul Collier and Anke Hoeffler, "Greed and Grievance in Civil War", *Oxford Economic Papers*, Vol.56, No.4, 2004; James D Fearon, and David D Laitin, "Ethnicity, Insurgency, and Civil War", *American Political science Review*, Vol.97, No.1, 2003; Macartan Humphreys, "Natural Resources, Conflict, and Conflict Resolution: Uncovering the Mecha", *Journal of Conflict Resolution*, Vol.49, No.4, 2005; Ross, *The Oil Curse*, Princeton: Princeton University Press, 2012.

③ Jason Sorens, "Mineral Production, Territory, and Ethnic Rebellion", *Journal of Peace Research*, Vol.48, No.5, 2011; Philipp Hunziker and Lars-Erik Cederman, "No Extraction without Representation: Petroleum Production and Ethnonationalist Conflict", Paper Prepared for the American Political Science Association Annual Meeting, New Orleans, Louisiana, August 30-September 2, 2012.

④ Brunnschweiler and Bulte, "Natural Resources"; Sarah McLaughlin Mitchell and Cameron G. Thies, "Resource Curse in Reverse: How Civil Wars Influence Natural Resource Production", *International Interactions 38*, No.2, 2012, pp.218-242.

五、定性和定量：不仅是两种文化？

受金、基欧汉和维巴的影响，定性和定量研究的论战中涌现了许多论点。[1]然而这场争论中一个重要的缺失是，几乎没有任何学者在同一个实证研究中清晰地展现两种方法各自的优势和缺陷。

第一，本章在对族群战争的研究中，将定量研究法和定性研究法结合起来，因为两者均适用于分析这一实证问题。这样做不仅得出了更为可靠的结论，而且也能将运用两种方法所得出的结果进行比较。本章在研究中同时运用了两种研究方法，因此定性与定量分析论战中的任何一方都无法指责我们偏向于其中一种方法。这些实证研究将两种方法结合起来，并将它们进行了比较，从而既为定性与定量研究的争论提供了新思路，也为在研究中将两种方法结合起来提供了途径。

最重要的是，选择哪一种研究方法要依据实证研究的具体问题来决定，而不是倒置过来，并不是所有问题都适合同时使用两种方法。一些实证研究问题——如选举和投票问题——更适合采取定量研究法，因为探究某一特定投票人或立法者的行为无足轻重，如果想了解的是投票结果如何形成，那么某一特定的行为体的投票行为则不是探究的重点。其他一些问题则因为案例本身的稀缺或者定量分析所需数据的不足或难以获得，更适合采用定性研究法，即使采用该方法也不是排他性的。这类问题包括现代社会的大型革命[2]、公元前3500—2000年人类战争历史的起源[3]，以及二战

---

① Robert O. Keohane, Gary King and Sidney Verba, *Designing Social Inquiry: Scientific Inference in Qualitative Research*, Princeton: Princeton University Press, 1994.

② Barrington Moore, *Social Origins of Dictatorship and Democracy: Lord and Peasant in the Making of the Modern World*, Boston: Beacon Press, 1993; Theda Skocpol, *States and Social Revolution: A Comparative Analysis of France, Russia and China*, Cambridge: Cambridge University Press, 1979.

③ Shiping Tang, *The Social Evolution of International Politics*, Oxford: Oxford University Press, 2013.

后不同国家如何在和平或战争中进行选择。①然而一些问题适合同时采取两种方法进行研究,例如二战后族群战争。根据使用最为广泛的数据库资料显示,1945年后共爆发了110次族群战争,而这些案例同样适用于定性研究法。对于这类问题,采用两种研究方法将可能得出更为可靠的结论。

第二,本章的研究强调了一个观点,即定量研究法和定性研究法是相互补充而非相互竞争的。每种方法都有各自的优势和缺陷,没有哪种方法是完美无缺的。定量研究法通常无法确立特定的因果机制,以及情境因素如何影响这些机制的运作。相关性通常不是因果关系,更不是深层原因。即使利用最先进的数据库数据,使用定量研究法依旧只能发现相关性,而这与事实存在很大差距(例如两次车臣战争)。

采用过程追踪的比较案例研究并将其严格理论化,能够确立特定的因果机制,并发现情境因素如何影响这些机制运作。因此过程追踪的案例研究可以更细致地研究,并发现真正的因果机制。②同时定量研究法的优势在于,通过对大量观察值进行研究,揭示经验性模式并找出因素和结果间的关系,尤其是在有严谨理论指导的情况下效果更好。在这方面,定性研究法不如定量研究法。因此只要有可能(即实证研究问题适合同时采取两种方法),应该将不同方法结合起来,从而得出更为可靠的结论。

---

① Benjamin Miller, *States, Nations, and the Great Powers*, Cambridge: Cambridge University Press, 2007; Etel Solingen, "The Genesis, Design and Effects of Regional Institutions: Lessons from East Asia and the Middle East", *International Studies Quarterly*, Vol.52, No.2, 2008, pp.261-294.

② Alexander George and Andrew Bennett, *Case Study and Theory Development*, Cambridge: MIT Press, 2005; Andrew Bennett and Colin E.Elman, "Qualitative Research: Recent Developments in Case Study Methods", *Annual Review of Political Science*, Vol.9, No.1, 2006; Tulia G. Falleti and Julia F. Lynch, "Context and Casual Mechanisms in Political Analysis", *Comparartive Political Studies*, Vol.42, No.9, 2009; David Collier, "Understanding Process Tracing", *PS-Political Science & Politics*, Vol.44, No.4, 2011; Andrew Bennett, "Process Tracing and Casual Inference", in Henry Brady and David Collier, eds., *Rethinking Social Inquiry*, Rowman and Littlefield, 2010; James Mahoney, "The Logic of Process Tracing Tests in the Social Sciences", *Sociological Methods and Research*, Vol.41, No.4, 2012.

第三，纳戈尔诺—卡拉巴赫冲突这一案例显示出，案例研究可以发现定量分析中的测量误差和编码错误，除此之外，这类问题很难被发现。虽然这些错误可能并不会改变整体数据结果，但它们的存在至少要求我们暂停研究，更严谨地考虑测量和编码方式。至少在莫雷利和罗纳的研究中，测量和编码存在逻辑上的错误，导致他们得到的是经不起推敲的统计结果。[1]

第四，本章强调，不论是在定性研究还是定量研究中，都需要有更严谨和细致的理论做指导。如果没有严谨的理论，不论采用的是定性研究法还是定量研究法，所得出的结果都是经不起推敲，并且难以解释的。

理论和实证假设完全不同。实证假设即使被证实，也仅仅只是抓住了经验规则或模式（例如以前发生过冲突，未来也很有可能发生冲突）；相反，理论是解释这些经验规则或模式的。[2]最理想的情况是，理论是经验假设的基础，而假设来源于理论的核心部分。

然而许多先前分析自然资源与内战间关系的定量研究将经验假设与理论混为一谈，这些研究通常只是一个接一个地提出假设，但这些假设并非来源于理论的核心部分。因此这些研究即使不是完全非理论的，也仅是部分理论化的[3]，虽然这些研究找出了导致内战（族群间或非族群间）爆发的许多因素，但他们所得出的大部分结论仅是这些因素与战争之间站不住脚的相关关系，无法一贯和有意义地为人所理解。[4]为了更好地理解社会

---

① Hui Li and Shiping Tang, "Location, Location, and Location: The Ethno-Geography of Oil and the Onset of Ethnic War", *Chinese Politic Science Review*, 2017.

② Mario Bunge, "Explanation and Mechanism", *Philosophy of the Social Science*, Vol.27, No.4, 1997, pp. 410-465.

③ Paul Collier and Anke Hoeffler, "Greed and Grievance in Civil War", *Oxford Economic Paper*, Vol.97, No.1, 2004; James D Fearon and David D Latin, "Ethnicity, Insurgency, and Civil War", *American Political Science Review*, Vol.97, No.1, 2003.

④ 早期学界对此展开的批评，参见 Macartan Humphreys, "Natural Resources, Conflict, and Conflict Resolution: Uncovering the Mechanisms", *Journal of Conflict Resolution*, Vol.49, No.4, 2005; Hegre and Sambanis, "Sensitivity Analysis"。

现实,理论即使不是必不可少的,也是非常重要的。

六、研究和管理族群冲突

本章就石油和族群战争间关系,提出了一个更为完整的理论,并提供了定性和定量的证据来支持这一理论。本章对研究和管理族群冲突具有参考价值。

第一,本章关于石油族群地理分布与族群战争间关系的理论和证据,为探究矿产资源和族群战争间关系的广义理论提供了依据。在其他条件不变的情况下,当少数族群聚居的核心领地存在大量矿产资源(如石油、天然气、钻石,或其他矿产资源)时,这个族群更有可能发生反叛,尤其是当这个族群相对于中央政府而言处于边缘化的位置,或为中央政府所控制时。因此在其他条件不变的情况下,若矿产资源分布在少数族群聚居的核心领地,这个国家很有可能发生族群冲突。初步的、基于案例研究的证据证实了这一广义理论,笔者目前正在引入系统性证据以拓展这一理论。[①]

第二,本章对案例进行过程追踪式研究后发现,石油和其他矿产资源几乎不是导致族群战争爆发的深层次原因。相反,少数族群长时间处于被统治地位而形成的不满和仇恨,以及历史上族群冲突的发生,构成了族群战争爆发更为深层次的原因,这一观点和许多民族主义学者的观点是一致的。这提醒那些研究矿产资源(或经济原因)和族群战争间关系的学者,不能忽视民族主义学者提出的有力论点,以及从这些论点发展而来的经验研究。[②]

第三,本章的定性和定量证据都驳斥了这一观点,即族群战争和非族

---

① Michael L. Ross, "Oil, Drugs and Diamonds: The Varying Role of Nature Resources in Civil War", in Karen Ballentine and Jake Sherman, ed., *The Political Economy of Armed Conflict*, Boulder, CO: Lynne Rienner, 2003, pp. 47–70.

② Stuart J. Kaufman, *Modern Hatred: The Symbolic Politic of Ethnic War*, Ithaca, NY: Cornell University Press, 2001; Smith, "Separatist Conflict in the Former Soviet Union and Beyond: How Different Was Communism?".

群战争本质上相似；相反，本章强调，这两种类型的冲突有着本质区别。[①]
族群划分非常重要，在研究内战时忽略族群划分是不明智的，更富有成效
的研究方法是对这两种类型的内战分别进行研究。

第四，本章的案例显示，以前爆发过族群战争或存在低烈度的族群政
治，会对未来包括族群战争在内的族群政治产生影响。历史上爆发过族群
战争或已存在低烈度的族群政治将会在族群间留下仇恨，为以后的冲突埋
下隐患。它们还会在一定程度上动员少数族群，为后续更为广泛的族群动
员奠定基础。然而绝大多数现有的研究族群战争（内战）的数据库没有考
虑到这种机制，因而将所有冲突视为独立的。为了更好地理解族群战争，
需要更合理地设计数据库，将族群冲突爆发前刻画族群政治变化程度的数
据也包含进来。[②]

第五，本章的案例研究显示，族群之间紧张、不满与仇恨的情绪可能具
有更深层次的原因。例如在苏丹的案例中，导致族群战争的一个更深层次
的原因是英国的殖民政策及其遗产。这与近期一些研究所得出的结论相
一致，即英国在英属印度、塞拉利昂等地区实行的殖民政策对这些地区的
发展存在消极影响。[③]

[①] Cederman, Gleditsch and Buhaug, *Inequality, Grievance, and Civil War*; Wimmer, *Waves of War*, Cambridge: Camgbridge University Press, 2013; Elaine K. Denny and Barbara F. Walter, "Ethnicity and Civil War", *Journal of Peace Research*, Vol.51, No. 2, 2014, pp. 199–212.

[②] Shiping Tang, "The Onset of Ethnic War: A General Theory", *Sociological Theory*, Vol.33, No.3, 2015.

[③] Shivaji Mukherjee, "Colonial Origins of Maoist Insurgency in India: Long Term Effects of Indirect Rule", paper prepared for the American Political Science Association Annual Meeting, August 25, 2013, https://papers.ssm.com/iso13/1papers.cfm? abstract_id= 2299348; Adnan Naseemullah, "Shades of Sovereignty: Explaining Political Order and Disorder in Pakistan's Northwest", *Studies in Comparative International Development*, Vol.49, No. 4, 2014, pp. 501–522; Daron Acemoglu, Tristan Reed and James A. Robinson, "Chiefs: Economic Development and Elite Control of Civil Society in Sierra Leone", *Journal of Political Economy*, Vol.122, No. 2, 2014, pp. 319–368. 感谢一位匿名评审建议笔者对这一观点进行强调，并建议笔者参考以上文献。

　　第六，本章建议在对矿产资源和族群战争间关系进行研究时开展更多的比较案例研究。虽然存在许多非常出色的针对特定族群战争的研究[1]，但几乎没有学者在分析矿产资源和族群战争间关系时进行比较案例研究。之前的研究或是纯粹的定量分析，或是独立的案例研究。本章的研究显示，在探究矿产资源和族群战争间关系时，比较案例研究能得出更有力的结论。因此研究这一问题的学者不应该忽视对这一研究方法的运用。

　　第七，本章对科利尔和霍夫勒的观点提出了挑战，即抢夺和勒索石油（或其他自然资源）将会为反叛分子提供启动资金，这可能是内战爆发的主要原因。本章的案例研究显示，抢夺和勒索并不是内战爆发的主要原因，虽然这可能是延长正在进行冲突的重要因素。[2]在亚齐、苏丹和车臣的案例中，抢夺和勒索只有在反抗正在进行时，才会成为导致进一步反抗的因素。同样的逻辑可见于哥伦比亚和其他相似案例。[3]

　　关于拥有丰富矿产资源的国家如何预防族群战争，本章同样提出了一些重要的政策建议。正如罗斯所指出的，针对影响石油和族群战争间关系的不同机制应该有不同的政策。[4]本章通过定量和定性研究显示，当石油（或其他矿产资源）分布在少数族群聚居的核心领地时，国家更有可能爆发族群冲突，尤其是当族群间早已存在仇恨和敌意，且少数族群已被动员起来的时候。预防和管理族群冲突的政策建议如下：

---

　　[1] Peterson, *Understanding Ethnic Violence*, Cambridge：Cambridge University Press, 2002；Christoph Zürcher, *Post-Soviet Wars*, New York：New York University Press, 2007.

　　[2] Päivi Lujala, "The Spoils of Nature：Armed Civil Conflict and Rebel Access to Natural Resources", *Journal of Peace Research*, Vol.47, No. 1, 2010, pp. 15-28.

　　[3] Thad Dunning and Leslie Wirspa, "Oil and the Political Economy of Conflict in Colombia and Beyond：A Linkages Approach", in Philippe Le Billon, ed., *The Geopolitics of Resources Wars*, New York：Frank Cass, 2005, pp. 81-108；Ali et al., "Sudan's Civil War"；Michael L. Ross, "Resources and Rebellion in Aceh, Indonesia", in Paul Collier and Nicolas Sambanis, ed., *Understanding Civil War：Evidence and Analysis*, Vol. 2-Europe, *Central Asia, and Other Regions*, Washington, DC：World Bank, 2005；Said, "Greed and Grievance".

　　[4] Michael L.Ross, "How Do Natural Resources Influence Civil War？Evidence from 13 Cases", *International Organizations*, Vol. 58, No.1, 2004.

第一，当在少数族群聚居的核心领地发现石油或其他矿产资源时，中央政府的关键任务不应该仅仅是收紧对少数族群的掌控，而是与少数族群分享资源收入。如果中央政府没有这么做，族群间仇恨和敌意很可能加剧，从而导致族群冲突。与科利尔和霍夫勒的观点相反[1]，本章认为，为了防止族群战争，对中央政府的贪婪进行管理比对少数族群的贪婪进行管理更重要。

因此当在少数族群聚居的核心领地发现石油或其他矿产资源时，中央政府和矿业企业（不论是跨国企业还是本土企业）都应该让当地族群以利益相关者的身份参与石油开发，以避免将来可能发生的矛盾，甚至是灾难。关键目标应该包括：①确定收入如何在中央政府和当地族群间进行分配；②从石油收入中固定或按比例划出一部分作为环境保护和清洁费用；③尽可能多地雇佣当地少数族群成员，如有必要，训练他们获得必要的技术和语言技能，以适应新工作的需要。[2]

第二，虽然本章没有将少数族群和中央政府间的讨价还价直接包含在解决冲突的方案之中，但回应了这一建议，即如果矿产资源分布在少数族群聚居的核心领地，则必须在少数族群和中央政府间确定某种形式的收入共享，以保证双方之间的持久和平。[3]

第三，本章和其他学者的研究一致的是，族群仇恨和敌意是族群战争的深层次原因——在冲突发生后进行调解，解决导致族群战争发生的深层

---

① David Keen, "Greed and Grievance in Civil War", *International Affairs*, Vol.88, No.4, 2012, pp. 757-777; Paul Collier and Anke Hoeffler, "Greed and Grievance in Civil War", *Oxford Economic Paper*, Vol.56, No.4, 2004.

② 汉弗莱斯（Humphreys）早先在不同的文章中分别提出了第一个和第二个建议，参见 Macartan Humphreys, "Natural Resources, Conflict, and Conflict Resolution: Uncovering the Mechanisms", *Journal of Conflict Resolution*, Vol.49, No.4, 2005。

③ Jake Sherman, "Burma: Lessons from the Cease Fire", in Karen Ballentine and Jake Sherman ed., *The Political Economy of Armed Conflict*, Boulder, CO: Lynne Rienner, 2003, pp. 225-255.

次原因,通常是实现持久和平的关键①,即使调解进程取决于特定环境因素。相反,如果和平协定没有解决历史冲突所埋下的不满与仇恨,那么即使矿产资源的收入在中央政府和少数族群间进行分享,这种和平仍是脆弱的。因此亚齐很可能经历新的冲突,因为印度尼西亚政府几乎没有采取措施来消除早期战争埋下的仇恨,也未对由战争造成的破坏进行补偿。②同样地,南苏丹从前统一苏丹中独立后,努尔人(Nuers)和丁卡人(Dinkas)爆发了冲突,因为这两个族群间没有达成和解,而丁卡人想要控制这个新的国家。

第四,虽然本章没有考察外部行为体所起的作用,例如贪婪的邻国/独裁者[例如查理斯·泰勒(Charles Taylor)对塞拉利昂钻石的觊觎]、由其母国政府支持的跨国公司(例如法国的道达尔石油及天然气公司试图控制安哥拉石油收入)、流氓商人(包括那些与查理斯·泰勒共同出资支持革命联合阵线征服塞拉利昂的商人)③,但本章指出至少要对部分外部行为体进行约束。④无论是受贪婪、沉没成本还是愤怒驱使的外部行为体,通常都会引起新的冲突,或加剧正在进行的冲突。因此关键问题在于如何对这些行为体进行限制。在这方面,联合国安理会五大常任理事国(法国、英国、美国、俄罗斯和中国——所谓的"P5"国家)、地区性大国、区域性组织可以发挥重要作用。虽然国际社会很难对P5国家进行控制,因为它们可以否决任何谴责其行为、重塑世界观念以对抗试图对其行为施加影响的特定国家。但如果P5国家、地区性大国、区域性组织能够合作,跨国公司、流氓商人和腐

---

① Shiping Tang, "Review: Reconciliation and the Remaking of Anarchy", *World Politics*, Vol.63, No.4, 2011, pp.713-751.

② Amnesty International, *Time to Face the Past: Justice for the Past Abuses in Indonesia's Aceh Province*, London: Amnesty International, 2013.

③ Michael L. Ross, "How Do Natural Resources Influence Civil War? Evidence from 13 Cases", *International Organizations*, Vol.58, No.1, 2004.

④ Thad Dunning and Leslie Wirspa, "Oil and the Political Economy of Confict in Colombia and Beyond: A Linkages Approach", in Philippe Le Billon, ed., *The Geopolitics of Resources Wars*, New York: Frank Cass, 2005.

败元首则会受到限制,从而防止族群战争爆发,限制冲突升级。

第五,虽然本章强调了族群冲突和非族群冲突间存在本质差异,并主要聚焦于研究族群战争,但提出的一些因素和机制在特定情况下,同样会造成非族群冲突的爆发或加剧,[①]尤其是在非族群的叛乱发生地发现了大量资源,冲突更有可能出现。在这种情况下,叛乱群体会宣称中央政府从当地人民("大地之子")手中掠夺了太多资源,由此能动员起更广泛的支持,因而当地人民会群起而反抗政府。同样的机制在哥伦比亚革命武装力量与哥伦比亚政府、印度极端组织与印度政府的长期战争中[②]起到了重要作用,虽然前一个案例包含了一些族群冲突的特点。关键在于,面对这种情况的政府应该严肃考虑冲突升级的可能性,并采取本章提出的措施以避免冲突演化为灾难。

---

① 感谢一位匿名评审建议我们对该观点进行强调。

② Thad Dunning and Leslie Wirspa, "Oil and the Political Economy of Conflict in Colombia and Beyond: A Linkages Approach", in Philippe Le Billon, ed., *The Geopolitics of Resources wars*, New York: Fank Cass, 2005; Shivaji Mukherjee, "Colonial Origins of Maoist Insurgency in India: Long Term Effects of Indirect Rule", paper Prepared for the American Political Science Association Annual Meeting, August 25, 2013, http://papers. ssm.com/iso13/1papers.cfm? abstract_id=2299348.

第四章

历史遗产与原苏东国家的民主转型①
——基于26个国家的模糊集与多值定性比较分析的双重检测

历史遗产是解释原苏东国家民主转型的一个重要维度。笔者以格里戈雷·波普－伊莱切斯(Grigore Pop-Eleches)运用历史遗产来解释原苏东国家民主转型不同结果的研究为基础,比较回归分析和定性比较分析两种技术。伊莱切斯用回归分析甄别出对转型影响最为显著的7个历史遗产因素,但回归分析方法在变量间的自相关和共线性的影响下,对变量的作用存在错估的可能。定性比较分析的分析结果则表明,"非伊斯兰教"是民主巩固的必要条件,"非二战前苏联加盟共和国"接近于必要条件。除伊斯兰国家之外的其余20个国家则有5条通往民主巩固的路径,独立国家经历和非苏联加盟共和国是其中覆盖率最高的条件组合形式。基督教、东正教等宗教变量对是否巩固民主几乎没有影响,这一结果挑战了伊莱切斯以回归分析所得出的基督教有显著正向作用的结论。伊斯兰国家同时具备二战前苏联加盟共和国、缺乏独立国家经历、经济水平较低等不利于民主巩固的历史遗产,因而伊斯兰教的作用也可能被高估。通过两种方法的比较可以得出,在变量主要由二分、定类和定序等形式组成、且是中小规模样本的研究中,定性比较分析相比于回归分析具有一定的优势。

① 作者:唐睿、唐世平。唐睿,山东大学政治学与公共管理学院教授。曾发表于《世界经济与政治》。本项研究获得复旦大学985—3期项目"对全球现代化经验和教训的考察"的支持(项目号:2011SHKXZD011)。感谢《世界经济与政治》杂志的匿名评审专家、何俊志,以及黄振乾的批评和建议。不当之处概由笔者负责。

一、引言

"定性比较分析"作为一种新兴的研究技术正得到越来越多的应用和重视，而目前中国社会科学界对定性比较分析的介绍和应用都是不够的。我们以格里戈雷·波普-伊莱切斯运用历史遗产解释原苏东国家民主转型不同结果的研究为基础，比较回归分析和定性比较分析这两种技术。本章是关于方法论比较的研究，文中的讨论不涉及任何意识形态的问题。我们选取原苏东国家作为分析样本是因为这个样本绝大部分变量的赋值基本上没有太多争议，且有不少定量研究可以作为我们分析的基础和参照。

本章接下来的讨论分为四个部分：首先，回顾历史遗产研究的发展，包括从关注单个历史遗产的影响到对多种历史遗产的比较分析和定量方法的大量运用，讨论在历史遗产研究中回归分析方法的缺陷和定性比较分析的相对优势。其次，介绍本章的数据处理、变量测量、分析策略和数据来源。再次，是模糊集（fuzzy-setsQCA，fsQCA）和多值集（multiple-valueQCA，mvQCA）的数据分析结果和主要发现。最后，是讨论和结论。

二、历史遗产研究：回归分析及其问题

在1989年至1991年期间，苏东发生剧变。苏联分裂为15个国家，南斯拉夫分裂为6个国家，捷克斯洛伐克分裂为2个国家，民主德国与联邦德国合并为1个国家，这些国家与波兰、匈牙利、保加利亚和罗马尼亚等东欧国家纷纷开始了从共产主义制度向西方民主制度的转型。在过去的二十多年中，这些国家的转型路径各不相同，转型的结果也千差万别。

（一）苏东政治转型中的历史遗产视角

西方学者对原苏东国家的民主化进行了大量的研究。这些研究主要有三个视角：其一是把研究的重心放在政治精英的行为和权力格局上。如塞缪尔·亨廷顿（Samuel P. Huntington）与亚当·普沃斯基（Adam Przeworski）

等人通过精英行为与策略选择来讨论由共产主义到西方民主的过渡；[1]史蒂文·菲什(M. Steven Fish)、迈克尔·麦克福尔(Michael Mcfaul)、菲利普·罗德尔(Philip G. Roeder)等学者则关注转型国家在后共产主义时期所形成的权力格局，认为政治团体的权力平衡与非极化有利于民主化。[2]其二是强调制度选择对转型的影响。如约翰·石山(John Ishiyama)和马修·维尔滕(Mathew Velten)认为，总统制与议会制对转型会产生不同的作用。[3]其三则强调第三波民主化浪潮的扩散对原苏东国家的影响，杰弗里·克普斯坦(Jeffrey Kopstein)和戴维·赖利(David Reilly)认为，各国因地理分布上的差异会受到不同的国际影响，在地理分布上越靠近西欧国家，则越会促进该国的西方民主化进程；马库斯·库尔茨(Marcus J. Kurtz)和安德鲁·巴恩斯(Andrew Barnes)则认为，原苏东国家加入欧盟的动机会促使该国接受欧盟的要求而推进民主转型。[4]

除以上三种主流研究视角外，还有一些学者更强调历史遗产对原苏东国家民主转型的影响。历史遗产指的是这些国家在转型之前所具有的政治、经济和社会条件，包括政治的、经济的、社会的、文化的和地理上的遗

---

① Samuel P. Huntington, *The Third Wave: Democratization in the Late Twentieth Century*, Norman: University of Oklahoma Press, 1991, pp.109–163; Adam Przeworski, *Democracy and the Market*, Cambridge: Cambridge University Press, 1991, pp.51–94.

② M. Steven Fish, "Democratization's Requisites: The Post-communist Experience", *Post-Soviet Affairs*, Vol.13, No.3, 1998, pp.212–247; M. Steven Fish, "The Determinants of Economic Reforming the Post-Communist World", *East European Politics and Societies*, Vol.12, No.1, 1998, pp.31–78; Michael McFaul, "The Fourth Wave of Democracy and Dictatorship: Noncooperative Transitions in the Postcommunist World", *World Politics*, Vol.54, No.2, 2001, pp.212–244; Philip G. Roeder, "Varieties of Post-Soviet Authoritarian Regimes", *Post-Soviet Affairs*, Vol.10, No.1, 1994, pp.61–101.

③ John Ishiyama and Mathew Velten, "Presidential Power and Democratic Development in Post-Communist Politics", *Communist and Post-Communist Studies*, Vol. 31, No.3, 1998, pp.217–233.

④ Jeffrey Kopstein and David Reilly, "Geographic Diffusion and the Transformation of the Post-communist World", *World Politics*, Vol. 53, No.1, 2000, pp.1–37; Marcus J. Kurtz and Andrew Barnes, "The Political Foundations of Post-Communist Regimes: Marketization, Agrarian Legacies, or International Influences", *Comparative Political Studies*, Vol.35, No.5, 2002, pp.524–553.

产。在上面提及的三个主要研究视角中，即使承认某种遗产会对转型造成影响，也只是将其视为控制变量，并不作为主要的理论假设。而在强调历史遗产的研究中，历史遗产构成了理解原苏东国家转型过程和结果的起点，其基本假定是：起始点的不同会影响转型的路径与结果。

肯·乔伊特（Ken Jowitt）是较早研究历史遗产对民主转型作用的学者，他认为，列宁主义的遗产将型塑民主转型的路径，在共产主义时期所形成的政治形态和社会经济状况会对转型道路产生重大影响。[①]除了共产主义时期的遗产外，也有学者关注其他的历史遗产，比如安德鲁·雅诺什（Andrew C. Janos）认为，前共产主义时期的历史遗产（比如文化和民族遗产）也具有持续并显著的作用。[②]在初期的历史遗产研究中，学者们大都只是关注特定政治遗产的影响，比如政党政治的发展情况、首次大选的结果等遗产对转型的作用。[③]这些研究还未对各种历史遗产和民主转型的关系进行整体性的考察。

（二）历史遗产研究中的回归分析及其问题

经过多年的发展，学者们已经从强调特定历史遗产的影响扩展到分析与比较多个历史遗产因素的作用，并开始运用定量研究的方法和技术，对各种历史遗产变量进行回归分析。在定量分析中，可以进行多个遗产变量的回归，并控制其他因素的影响，更准确地检测某一遗产对转型的作用和比较不同遗产作用的差异。

---

① Ken Jowitt, *New World Disorder: The Leninist Extinction*, Berkeley: University of California Press, 1992, pp.50-87.

② Andrew C. Janos, "Continuity and Change in Eastern-Europe: Strategies of Post-communist Politics", *East European Politics and Societies*, Vol.8, No.1, 1994, pp.1-31.

③ John Ishiyama, "The Sickle or the Rose? Previous Regime Types and the Evolution of the Ex-Communist Parties in Post-Communist Politics", *Comparative Political Studies*, Vol.30, No.3, 1997, pp.299-330; Keith Darden and Anna Grzymala-Busse, "The Great Divide: Pre-communist Schooling and Post-communist Trajectories", Presented at the 2005 Annual Meeting of the American Political Science Association, Washington, DC, 2005.

谢尔·霍罗威茨(Shale Horowitz)区分了四类历史遗产:经济结构、文化、战争、总统的权力和政党制度,通过回归分析得出文化和从事农业人口比例等遗产对转型有显著的影响。[1]玛莎·德梅洛(Martha De Melo)则更为重视经济的初始条件对于原苏东国家政治改革和经济改革的影响,他将初始条件细分为转型时的工业化程度、人均国内生产总值、城市化等多个指标,检测其对转型的作用。[2]伊万·柯察诺夫斯基(Ivan Katchanovski)探讨了市民社会的类型、经济伦理、社会资本、宗教、历史等因素对转型后经济绩效的影响,并具体区分了不同历史遗产所起到的正面或负面作用。[3]吉兹格尔兹·埃克特(Grzegorz Ekiert)比较共产主义制度与不同历史遗产相互作用下对民主转型的影响,区分了共产主义制度遗产在中欧和东欧国家转型中的不同作用。[4]通过这些回归分析,学者们基本确立了原苏东国家的转型受不同历史遗产显著影响的理论命题。其主要结论是,虽然历史遗产可能并不是民主转型的决定性因素,也没有哪个遗产或遗产组合是民主转型的充要条件,但历史遗产中所包含的政治制度、文化、社会经济等状况会促进或阻碍一国的民主转型。

伊莱切斯2007年的研究是对各种历史遗产的总结性考察,他将现有文献中所出现的历史遗产统一纳入多元回归模型,以检测各个遗产对民主转型的不同作用。[5]这些历史遗产分为5个类别,分别是地理、文化与宗

① Shale Horowitz, "Sources of Post-Communist Democratization: Economic Structure, Political Culture, War, and Political Institutions", *Nationalities Papers*, Vol. 31, No.2, 2003, pp.119–137.

② Martha De Melo, Cevdet Denizer, Alan Gelb and Tenev Stoyan, "Circumstance and Choice. The Role of Initial Conditions and Policies in Transition Economies", *World Bank Economic Review*, Vol.15, No.1, 2001, pp.1–31.

③ Ivan Katchanovski, "Divergence in Growth in Post-Communist Countries", *Journal of Public Policy*, Vol.20, No.1, 2000, pp.55–81.

④ Grzegorz Ekiert, "Patterns of Post-Communist Transformation", in Grzegorz Ekiert and Stephen Hanson, eds., *Capitalism and Democracy in Central and Eastern Europe*, New York: Cambridge University Press, 2003, pp.89–119.

⑤ Grigore Pop-Eleches, "Historical Legacies and Post-Communist Regime Change", *The Journal of Politics*, Vol.69, No.4, 2007, pp.908–926.

教、经济、社会条件与现代化程度、政治制度,并将历史遗产操作化为17个变量:与欧盟接壤、到西欧的距离是地理类别变量,基督教(信仰者是否为多数)、伊斯兰教(信仰者是否为多数)和帝国经历是文化与宗教变量,每一单位国内生产总值的能源耗费、自然资源状况、对非经济互助委员会成员国的出口量和1989年经济改革指数是经济类别变量,1989年人均国内生产总值、1989年城市化程度和1989年教育程度是社会条件与现代化程度变量,独立国家经历、二战前成为苏联加盟共和国、民主制度建立、共产主义时期的官僚制度和少数民族的比例是政治制度变量。伊莱切斯将上述17个变量放入回归模型,得出了影响最为显著的7个历史遗产变量:基督教、伊斯兰教(文化与宗教变量),1989年城市化程度(社会条件与现代化程度变量),独立国家经历、二战前成为苏联加盟共和国和少数民族的比例(政治制度变量),每一单位国内生产总值的能源耗费(经济变量)。各历史遗产变量的具体作用是,基督教(信仰者是否是多数)与民主转型正相关,伊斯兰教(信仰者是否是多数)负相关,少数民族的比例负相关,独立国家经历正相关,1989年城市化程度正相关,每一单位国内生产总值的能源耗费负相关,二战前成为苏联加盟共和国负相关。

伊莱切斯还将历史遗产与解释原苏东国家民主转型的4类主要观点纳入面板数据模型以比较其解释力差异。这4种观点分别是:总统制不利于民主转型,[1]民主派的力量大于威权派会促进民主转型,[2]原苏东国家加

---

[1] Timothy Frye, "A Politics of Institutional Choice—Post-Communist Presidencies", *Comparative Political Studies*, Vol.30, No.5, 1997, pp.523-552; Pauline Jones Luong, "After the Break -Up: Institutional Design in Transitional States", *Comparative Political Studies*, Vol.33, No.5, 2000, pp.563-592.

[2] Michael McFaul, "The Fourth Wave of Democracy and Dictatorship: Noncoopera-tive Transitions in the Postcommunist World", *World Politics*, Vol. 54, No. 2, 2001, pp.212-244.

入欧盟的动机会促进民主转型,[①]原苏东国家越靠近西欧越促进民主转型。[②]模型结果表明,这4种解释中只有总统制和加入欧盟的动机对民主转型具有显著作用,其他2种解释的作用不显著。历史遗产变量的作用总是显著的,并且它对方程残差的解释力要远大于这4种解释,即相比于这4类观点,历史遗产对原苏东国家的民主转型具有更强的解释力。[③]虽然伊莱切斯的分析得出了有趣的结论,但他所采用的回归分析方法可能使其结论存在一些缺陷。

第一,某些历史遗产变量之间可能存在强烈的共线性,这会造成对自变量作用的错误估计,例如某个历史遗产可能对转型的作用很小,但它包含于民主转型效果较好的国家中,当其他国家不具备该遗产变量时,回归分析就可能会得出该遗产对民主转型具有显著的正向作用。

第二,回归分析测量的是各个变量对于某一累积性结果的平均作用和线性作用,它并不能说明是产生某一特定结果的特定原因。[④]也就是说,回归分析只能得出各个历史遗产因素对民主转型的平均作用,但却无法指出是什么原因造成了民主转型中的不同结果。换言之,在原苏东国家的转型中,有些国家形成了稳固的民主制度,而另一些国家却建立了威权或半威权的制度,回归分析却无法说明产生这些结果的充分的"因素组合"(configuration of variables)和必要的"因素组合"。[⑤]

---

① Marcus J. Kurtz and Andrew Barnes, "The Political Foundations of Post-Communist Regimes: Marketization, Agrarian Legacies, or International Influences", *Comparative Political Studies*, Vol.35, No.5, 2002, pp.524-553.

② Jeffrey Kopstein and David Reilly, "Geographic Diffusion and the Transformation of the Post-communist World", *World Politics*, Vol.53, No.1, 2000, pp.1-37.

③ 本章在这里不讨论这些转型初期的制度设计对民主巩固的影响。

④ Barbara Vis, "The Comparative Advantages of fsQCA and Regression Analysis for Moderately Large-N Analysis", *Sociological Methods & Research*, Vol.41, No.1, 2012, pp.168-198.

⑤ configuration 在英文中的含义是配置,但定性比较分析中的 configuration of variables 是指不同的变量、因素或条件所构成的组合,本章对 configuration 一词采用意译,翻译为组合。

第三，回归分析通常是估计单个变量对结果的影响。影响结果的历史遗产往往是不同的组合，而非单个历史遗产变量，回归分析难以捕捉多个变量的相互作用对结果的影响。原苏东国家的历史各不相同，不同的历史遗产组合可能对各国的转型作用不同。这是因为任一历史遗产因素总是与其他历史遗产因素共同构成一国转型的起点，而如果忽略不同历史遗产组合，则可能会形成对单个历史遗产因素的片面理解。

与以自变量及其影响为导向的回归分析不同，定性比较分析是以案例和导致结果的原因为导向，它主要寻找产生某一结果的原因，[1]即某一结果的必要条件、充分条件和多种条件组合。定性比较分析是由查尔斯·拉金（Charles C. Ragin）在1987年提出，他将布尔代数和集合理论结合起来，发展出二分变量的定性比较分析技术。[2]之后，拉金又在2000年提出了模糊集定性比较分析技术。[3]此后，定性比较分析被广泛运用于社会科学研究中。

回归分析在大样本（large-N samples）和对变量平均作用的研究中具有其他分析方法无可比拟的优势，但在中小规模样本（moderately large-N samples）的分析中，定性比较分析可能具有一些优势。首先，定性比较分析关注于产生某一结果的充分和必要条件，不易受到自相关与多重共线性的负面影响。其次，在中小规模样本的分析中，定性比较分析能够对产生结果的原因进行更深入的分析，它强调导致的结果可以有多个因素组合，进而可以理清导致这一结果的多种方式和渠道，并且定性比较分析还可用于

---

[1] Claudius Wagemann and Carsten Q. Schneider, "Qualitative Comarative and Fuzzy-sets: Agenda for a Research Approach and a Data Analysis Technique", *Comparative Sociology*, Vol.9, No.3, 2010, pp.376-396.

[2] Charles C. Ragin, *The Comparative Method: Moving beyond Qualitative and Quantitative Strategies*, Berkeley: University of California Press, 1987.

[3] Charles C. Ragin, *Fuzzy-set Social Science*, Chicago: The University of Chicago Press, 2000; Charles C. Ragin, *Redesigning Social Inquiry: Fuzzy Sets and Beyond*, Chicago: University of Chicago Press, 2008, pp.44-68.

多重原因的不同组合分析，[1]当某一结果是由多种原因的不同组合所导致，定性比较分析可以测量不同原因组合对结果的净影响。

在原苏东国家的转型中，包含的样本数为26个，[2]并非是大样本。同时历史遗产间可能存在共线性，而且历史遗产变量在各个国家中也体现为不同的组合形式。例如在匈牙利，其历史遗产组合为西方基督教和独立国家经历，在塔吉克斯坦、哈萨克斯坦、土库曼斯坦、吉尔吉斯斯坦、乌兹别克斯坦和阿塞拜疆等国，遗产的组合是伊斯兰教和二战前苏联加盟共和国。因此在历史遗产对原苏东国家民主转型作用的问题上，相较于回归分析，定性比较分析或许是更适合的分析方法。本章将定性比较分析引入到对历史遗产与转型的因果关系研究中，并采用模糊集与多值集技术通过分析更细致地讨论这些历史遗产因素和不同历史遗产组合对原苏东国家民主转型的作用。

三、变量设定与数据处理

对26个原苏东国家的民主转型案例的测量分为条件和结果。转型结果可界定为是否建立了稳固的民主制度，我们采用"政体指数"（Polity Ⅳ index）来度量每个案例的转型结果。这一指数通过政治参与的竞争性和规律性、政府职位的公开性和竞争性，以及对政府首脑的限制等5个维度逐年给各个国家赋予一个分值来表示其政治制度的状况，分值为-10分到

---

① Aaron Matthias Katz, Hau Vom and James Mahoney, "Explaining the Great Reversal in Spanish America: Fuzzy-Set Analysis versus Regression Analysis", *Sociological Methods & Research*, Vol.33, No.4, 2005, pp.539-573; Barbara Vis, "The Comparative Advantages of fsQCA and Regression Analysis for Moderately Large-N Analysis", *Sociological Methods & Research*, Vol.41, No.1, 2012, pp.168-198.

② 这26个国家分别是白俄罗斯、亚美尼亚、格鲁吉亚、摩尔多瓦、俄罗斯、乌克兰、阿尔巴尼亚、马其顿、克罗地亚、捷克、斯洛伐克、爱沙尼亚、匈牙利、拉脱维亚、立陶宛、波兰、斯洛文尼亚、保加利亚、蒙古国、罗马尼亚、塔吉克斯坦、哈萨克斯坦、土库曼斯坦、吉尔吉斯斯坦、乌兹别克斯坦和阿塞拜疆。因民主德国和联邦德国合并，南斯拉夫分为6个国家，塞尔维亚和黑山于2006年才宣告独立，在Polity Ⅳ数据库中，对其政治制度的测量是从独立的时间开始，不符合我们选定的2001—2010年的时段；波黑虽于1992年独立，但此后陷入长期的内战中，故这些国家未纳入到样本中。

10分,越靠近10分表明民主程度越高,越靠近-10分则表明民主程度越低。[①]在其共产主义制度崩溃后的转型初期,多个国家由于均经过了一段时间才完成制度选择,在这一时期,政体指数的波动较大,并不适合用来度量转型结果,例如白俄罗斯在1991—1994年得分均为7分,而在1996年得分降至-7分,从1997—2010年都维持在-7分。又如克罗地亚从1991—1998年得分在-3分至-5分间徘徊,而从2000—2010年得分为8分或9分。鉴于转型初期政体得分通常有一定的起伏波动,本章用2001—2010年的分数作为对转型结果的度量,其数值为这10年间政体得分的平均值。而学界通常以6分作为民主制度的标准,[②]我们也采用这一标准对结果变量进行赋值,等于或高于6分赋值为1,即建立了稳固的民主制度;小于6分则赋值为0,即未建立起稳固的民主制度。

伊莱切斯对以历史遗产的研究为条件变量的确定提供了基础,根据其对历史遗产的分类和回归分析中影响显著的变量,以及第一次世界大战以来原苏东国家的历史经历,本章将历史遗产的条件变量界定为:主要信奉的宗教、独立国家经历、民主经历、成为苏联加盟共和国的时间、转型前的经济状况和1990年是否与欧盟国家接壤,总共考察1个结果变量和10个条件变量。这些变量均是赋值为0或1的二分变量,且10个条件变量中的8个是可以确定给出赋值的类别变量,这些变量的赋值标准参见表4-1。特别要指出的是,转型前的经济状况用转型开始那一年的人均国内生产总值和每升石油的国内生产总值产出来表示,这两个变量的数据均来源于世界银行发展指数(WDI)。前者可以说明转型前的经济发展水平和富裕程度(或者说是现代化程度),后者则用来表明资源配置的扭曲程度,每升石油的产出越高表明扭曲程度越低,反之,扭曲程度越高。这两个变量都是

---

① Monty G. Marshall and Keith Jaggers, *Polity IV Project: Political Regime Characteristics and Transitions, 1800-2010*, The Polity IV Dataset, 2010.

② Steven E. Finkel, Aníbal S Pérez Liñan and Mitchell A. Seligson, "The Effects of U. S. Foreign Assistance on Democracy Building, 1990-2003", *World Politics*, Vol.59, No.3, 2007, pp.404-440.

连续变量。在这里,我们用比较简洁的办法把它们变成二分(或者多值)变量。26个国家的人均国内生产总值的均值为2180美元(当前值,current U. S. dollar),笔者以此为分界点,高于该值的赋值为1,表示转型前经济发展水平较高;低于该值则赋值为0,表示转型前经济发展水平较低。类似地,26个国家的每升石油产出的均值为2国际元(当前值,current international dollar),高于2的赋值为1,表示转型前资源配置扭曲程度较低;低于2的则赋值为0,表示转型前资源配置扭曲程度较高。①

表4-1 结果变量和条件变量的设定

	变量名称	变量赋值	数据来源
结果变量	民主转型的结果	2000—2010年Polity Ⅳ指数的平均得分,大于和等于6分,为1;低于6分,为0	Polity Ⅳ数据库
条件变量	主要信奉的宗教	基督教,为1,否为0	笔者整理
		伊斯兰教,是为1,否为0	笔者整理
		东正教,是为1,否为0	笔者整理
	独立国家经历	是为1,否为0	笔者整理
	民主经历	是为1,否为0	笔者整理
	是否为苏联加盟共和国	是为1,否为0	笔者整理
	是否在二战前为苏联加盟共和国	是为1,否为0	笔者整理
	经济发展水平(人均国内生产总值,1990年价格)	高于均值2 180美元,为1;低于2 180美元,为0	世界银行的世界发展指数
	资源配置扭曲程度(每升石油产出,1990年价格)	高于均值2国际元,为1;低于2国际元,为0	世界银行的世界发展指数
	1990年是否与欧盟国家接壤	是为1,否为0	笔者整理

---

① 在处理连续变量时,定性比较分析还有一种方法是校准(calibration)。它是通过人为设定标准,将变量的指标值分为不同的集合,并按此进行赋值。该方法在标准设定上有较强的主观性,并加大稳健性检测的工作量,故文中未采用这一方法,而以连续变量指标值的客观分布来作为赋值的依据。

四、模糊集的分析结果与多值集的检测

(一)必要条件分析

模糊集的分析遵循一定的步骤。首先,是对各个条件变量是否是形成结果的必要条件进行检测。其次,测量多个条件所构成的条件组合对结果的覆盖率,以此表示条件组合对结果的解释力大小。这两项检测均采用拉金等人所研发的fsqca软件来进行运算。[①]表4-2列出了必要条件的分析结果。

表4-2 条件变量的必要条件检测(结果变量取值为1)

变量名	吻合度(consistency)
非伊斯兰国家(取值为0)	1.00
基督教国家(取值为1)	0.53
非东正教国家(取值为0)	0.71
非苏联加盟共和国(取值为0)	0.65
非二战前苏联加盟共和国(取值为0)	0.82
民主经历(取值为1)	0.29
独立国家经历(取值为1)	0.53
经济发展水平较高(取值为1)	0.59
资源配置扭曲程度较低(取值为1)	0.53
与欧盟国家接壤(取值为1)	0.35

在表4-2中,所采用的条件变量均被整理为二分变量,并将"是"赋值为1,"否"赋值为0,变量名前加上了"非"表示该条件变量取值为0,未加上"非"则表示取值为1。吻合度指标类似于回归分析中系数的显著程度,即p值,是指该条件变量与结果之间的一致性程度,[②]即某一个结果在多大程

---

① 该软件可以从拉金的个人网页免费下载,下载地址是http://www.u.arizona.edu/~cragin/。在文中,fsqca表示运算软件。

② Charles C. Ragin, *Redesigning Social Inquiry: Fuzzy Sets and Beyond*, Chicago: University of Chicago Press, 2008, pp.44-68.

度上需要某一个变量存在。吻合度达到0.9是条件变量形成结果的必要条件的标准。[1]在10个条件变量中，达到必要条件的是非伊斯兰国家，其吻合度为1，即在结果变量中，政体指数平均得分在6分及以上的国家中没有一个国家是伊斯兰国家，而所有的6个伊斯兰国家——塔吉克斯坦、哈萨克斯坦、土库曼斯坦、吉尔吉斯斯坦、乌兹别克斯坦和阿塞拜疆均未建立起稳固的民主制度。这表明伊斯兰教对民主转型具有负面作用，同时该结果也印证了伊莱切斯的结论，在回归分析中，伊斯兰教与民主转型显著负相关。其他学者的研究也指出了伊斯兰教对民主化的负面影响，埃伦·拉斯特(Ellen Lust)认为，当权者可以利用支持民主化的反对派对伊斯兰教运动的恐惧来实现对民主化的阻止，因为对支持民主化的反对派而言，保持当前的政治体制会好过由伊斯兰教统治。[2]

非二战前苏联加盟共和国的吻合度为0.82，接近了必要条件的标准，在26个案例中，所有二战前未成为苏联加盟共和国的国家——阿尔巴尼亚、马其顿、克罗地亚、捷克、斯洛伐克、爱沙尼亚、匈牙利、拉脱维亚、立陶宛、波兰、斯洛文尼亚、蒙古国、保加利亚和罗马尼亚都建立了民主制度。相比之下，在12个二战前成为苏联加盟共和国的案例中，仅有格鲁吉亚、乌克兰和摩尔多瓦三个案例是政体指数在6分或以上的国家，这一条件变量能够覆盖82%的案例。

为检测上述结果的稳健性，本章对结果变量的取值进行了修改，提高民主制度的标准，将8分及以上设为形成了稳固的民主制度，赋值为1，8分以下则为0。表4-3是稳健性检测的结果，非伊斯兰国家的吻合度仍为1，

---

[1] Svend-Erik Skaaning, "Assessing the Robustness of Crisp-set and Fuzzy-set QCA Results", *Sociological Methods & Research*, Vol.40, No.2, 2011, pp.391-408; Charles C. Ragin, *Redesigning Social Inquiry: Fuzzy Sets and Beyond*, Chicago: University of Chicage Press, 2008, pp.44-68.

[2] Ellen Lust, "Missing the Third Wave: Islam, Institutions, and Democracy in the Middle East", *Studies in Comparative International Development*, Vol.46, No.2, 2011, pp.163-190.

而非二战前加盟共和国的吻合度上升到0.93，达到了必要条件的标准，在26个国家中，只有摩尔多瓦一个案例是二战前的苏联加盟共和国却实现了民主巩固的国家。相比之下，在二战期间才成为苏联加盟共和国的三个国家——爱沙尼亚、拉脱维亚和立陶宛——的政体得分均为8分或以上。可见，加盟苏联的时间越长越不利于民主转型。上述两个检测表明，伊斯兰教和二战前成为苏联加盟共和国这两个条件变量对于民主转型具有稳定且重要的影响。非伊斯兰国家不受结果变量标准提高的影响，而非二战前苏联加盟共和国的吻合度会随标准提高而增加，即要达到更高的民主水平，这一条件变量会越发重要。换言之，原苏东国家要想建立西方民主制度并实现民主巩固，就一定不能是伊斯兰国家，并且最好不要在二战前就成为苏联加盟共和国，因为在26个案例中，仅有三个二战前苏联加盟共和国成为西方民主国家，且只有一个国家达到了更高的民主水平。

除伊斯兰教和二战前苏联加盟共和国这两个条件变量外，其他8个在回归分析中有显著影响的变量均不接近必要条件的标准，因而需要分析它们的组合对民主转型的影响。

表4-3　必要条件的稳健性检测（结果变量取值为1）

变量名	吻合度（consistency）
非伊斯兰国家（取值为0）	1.00
基督教国家（取值为1）	0.60
非东正教国家（取值为0）	0.73
非苏联加盟共和国（取值为0）	0.73
非二战前苏联加盟共和国（取值为0）	0.93
民主经历（取值为1）	0.33
独立国家经历（取值为1）	0.60
经济发展水平较高（取值为1）	0.67
资源配置扭曲程度较低（取值为1）	0.60
与欧盟国家接壤（取值为1）	0.40

(二)条件组合分析

条件组合分析是指在单个条件变量不构成必要条件的情况下,测量条件变量的不同组合方式对结果的影响。在必要条件检测中,非伊斯兰国家是必要条件,非二战前苏联加盟共和国接近于必要条件,并且在以更高标准来设定结果变量的稳健性检测中达到了必要条件的标准,因而这两个变量不再纳入条件组合分析。又因所有的6个伊斯兰国家均未建立稳固的民主制度,对它们来讲,伊斯兰教就形成了无法成为民主国家的充分必要条件,所以这6个国家也不需要进行条件组合分析。条件组合分析的样本是除此之外的20个国家。表4-4给出了条件组合的分析结果。

表4-4　条件组合分析结果(结果变量取值为1)

条件组合	覆盖率 (raw coverage)	净覆盖率 (unique coverage)	吻合度 (consistency)
独立国家经历*非苏联加盟共和国	0.35	0.29	1.00
较低资源扭曲*较高经济水平*非苏联加盟共和国	0.29	0.18	1.00
较高经济水平*民主经历*非苏联加盟共和国	0.12	0.06	1.00
较低资源扭曲*较高经济水平*独立国家经历	0.18	0.06	1.00
较高经济水平*独立国家经历*民主经历	0.12	0.06	1.00
所有组合的覆盖率(solution coverage)	0.82		
所有组合的吻合度(solution consistency)	1.00		

表4-4中,"*"是条件变量的连接符号,表示所连接的条件变量一起形成一个条件组合,净覆盖率是指某一组合剔掉与其他组合相重合的部分,得到的就是该组合的净覆盖率,这一指标用来度量组合对形成结果的重要程度和解释能力。所有组合的覆盖率是所列出的条件组合对结果总的覆盖率。fsqca软件给出了5个条件变量所构成的最优条件组合形式,这些组

合形式具有对结果最强的解释能力，总的覆盖率达到0.82。[①]条件组合共有5组，也就是说，对于除伊斯兰国家之外的20个原苏东国家，通往民主共有5种途径：①独立国家经历和非苏联加盟共和国；②较低的资源配置扭曲程度、较高的经济发展水平和非苏联加盟共和国；③较高的经济发展水平、民主经历和非苏联加盟共和国；④较低的资源配置扭曲程度、较高的经济发展水平和独立国家经历；⑤较高的经济发展水平、独立国家经历和民主经历。其中，第一个组合的净覆盖率是0.29，为5个组合中对结果影响最大的条件组合。

事实上，剩下的4个组合都是一个国家如果不能有"独立国家经历*非苏联加盟共和国"这样一个充分因素组合的变种。即一个国家若不是苏联加盟共和国，但却没有独立国家的经历，那么这个国家还可以有两个弥补的办法：较低资源扭曲*较高经济水平或较高经济水平*民主经历。相反，如果一个国家有独立国家经历却又是苏联加盟共和国，那么同样有两个弥补的办法：较低资源扭曲*较高经济水平或较高经济水平*民主经历。

将上述的必要条件分析结果和表4-4的条件组合进行分析，前面的结果可以简化成为如下的逻辑等式：

民主巩固=(非伊斯兰国家)*(二战前不是苏联加盟共和国)*(独立国家经历*非苏联加盟共和国)+(非伊斯兰国家)*(二战前不是苏联加盟共和国)*非苏联加盟共和国(较低资源扭曲*较高经济水平+较高经济水平*民主经历)+(非伊斯兰国家)*(二战前不是苏联加盟共和国)*独立国家经历(较低资源扭曲*较高经济水平+较高经济水平*民主经历)。

在这里，"+"代表"或者"，而"*"代表"并且"。

[①] 需要指出的是，在20个左右的样本内，模糊集分析方法通常只能处理5—6个变量。因此，我们分两次来处理10个变量，而且尝试不同的组合。这里给出的结果是我们得到的最好的变量组合：覆盖广而且稳定。特别要提到的是，模糊集分析方法内置的布尔代数简化计算会将"是否是基督教国家""是否是东正教国家"，以及"是否在1990年和欧盟接壤"这些变量自动简约掉，表明这些变量对结果几乎没有影响。这正是定性比较分析的优势之一。

这一结果表明,除了"非伊斯兰国家"以及"二战前不是苏联加盟共和国"之外,独立国家经历、非苏联加盟共和国、经济发展水平是对民主巩固的结果贡献最大的3个变量。这样的结果很容易理解。独立国家经历和非苏联加盟共和国会使这些国家更快速、有效地完成国家建设,形成稳定的政治秩序和提高政府机构的效率,并且在民主转型过程中保持较高的国家能力。在新兴的独立国家中,如果遭遇到国家建设和民主转型的双重任务,则可能对民主转型造成负面影响,[1]因为国家建设要求行政权力的集中,而民主转型则强调权力的分享,并且民主转型也需要国家有能力维持基本的政治秩序,激烈的社会冲突会导致民主化的夭折和威权政体的复归。经济发展水平更高,则有助于民主巩固,这一结果与西摩·利普塞特(Seymour Martin Lipset)的观点相符。[2]此外,较低的经济扭曲度和民主经历也对民主巩固的结果有积极的贡献。

表4-5 条件组合分析的稳健性检测(结果变量取值为1)

条件组合	覆盖率 (raw coverage)	净覆盖率 (unique coverage)	吻合度 (consistency)
独立国家经历*非苏联加盟共和国	0.40	0.33	1.00
较低资源扭曲*较高经济水平*非苏联加盟共和国	0.33	0.20	1.00
较高经济水平*民主经历*非苏联加盟共和国	0.13	0.07	1.00
较低资源扭曲*较高经济水平*独立国家经历	0.20	0.07	1.00
较高经济水平*独立国家经历*民主经历	0.13	0.07	1.00
所有组合的覆盖率(solution coverage)	0.93		
所有组合的吻合度(solution consistency)	1.00		

① Michael McFaul, "The Fourth Wave of Democracy and Dictatorship: Noncooperative Transitions in the Postcommunist World", *World Politics*, Vol. 54, No. 2, 2001, pp.212-244.

② Seymour Martin Lipset, "Some Social Requisites of Democracy: Economic Development and Political Legitimacy", *The American Political Science Review*, Vol.53, No.1, 1959, pp.69-105.

　　表4-5是对表4-4的条件组合分析的稳健性检测。处理方式同样是提高民主制度的标准，只有政体指数的平均分达到了8分或以上才被认为是民主国家。在稳健性检测中，最高覆盖率的条件组合与此前的结果一致，而且总的覆盖率上升到了0.93，独立国家经历和非苏联加盟共和国这一条件组合仍旧是覆盖率最高的组合，其净覆盖率达到了0.33。检测结果表明，这5个条件组合对于民主转型的影响是稳健的。

　　在结果中可以发现，1990年是否与欧盟国家接壤、宗教变量（基督教和东正教）并未出现在这些组合中。这说明，相比于独立国家经历、苏联加盟共和国和经济水平等遗产变量，欧盟的吸引力以及宗教的影响并没有那么重要，虽然基督教在回归分析中与民主转型显著正相关。这恰好表明，这一宗教变量可能受到了自变量的共线性影响。在基督教国家中，仅有亚美尼亚的政体得分低于8分，但它在二战前就成为苏联的加盟共和国，也不具备独立国家经历，而其余的国家（包括克罗地亚、捷克、爱沙尼亚、匈牙利、拉脱维亚、立陶宛、波兰、斯洛伐克和斯洛文尼亚）政体得分都在8分或以上，它们都不是二战前的苏联加盟共和国，要么具有独立国家的经历（比如爱沙尼亚、匈牙利、拉脱维亚、立陶宛和波兰），要么经济发展水平较高（如捷克、克罗地亚和斯洛伐克），因此基督教的显著正相关影响可能是由这些能够促进民主转型的变量与基督教的共线性所造成的。

　　另外，非伊斯兰教成为西方民主国家的必要条件，但所有6个伊斯兰国家都是在二战前就成为苏联加盟共和国，也均不具有独立国家经历，同时经济发展水平较低，因而伊斯兰教对民主转型的影响可能是二战前苏联加盟共和国、缺乏独立国家经历和经济水平较低等变量共同作用的结果，它的作用在回归分析中存在被高估的可能。

　　在此，笔者要提及杰茜卡·福廷（Jessica Fortin）的研究。福廷在讨论国家能力与原苏东国家民主转型的关系时，定性比较分析的结果表明了较高的国家能力是民主巩固的必要条件，在回归分析中，国家能力与民主巩固显著正相关。①但福廷并未进一步讨论国家能力差异的原因。而实际上，历史遗产可能是影响国家能力的重要因素，在她所区分出的12个能力较高并建立了西方民主制度的国家中，有9个国家，包括保加利亚、捷克、克罗地亚、匈牙利、蒙古国、波兰、罗马尼亚、斯洛文尼亚和斯洛伐克，未成为苏联加盟共和国，受苏联的影响相对较少，其政府机构能保持相对的独立性；而曾是苏联加盟共和国的爱沙尼亚、拉脱维亚和立陶宛，它们也都具有独立国家的经历。如果以政体得分在8分及以上作为西方民主制度的标准（因福廷用自由之家指数和政体指数的加总来度量民主制度，本章则采用政体指数标准），在福廷所界定的国家能力较低的国家中，未实现民主巩固的是亚美尼亚、阿塞拜疆、白俄罗斯、格鲁吉亚、哈萨克斯坦、吉尔吉斯斯坦、俄罗斯、塔吉克斯坦、土库曼斯坦、乌克兰和乌兹别克斯坦。这些国家全部都曾是苏联加盟共和国，并且除俄罗斯外，其他国家都没有独立国家经历。本章的讨论表明，福廷看似复杂的"国家能力"数据集对于解释原苏东国家的民主巩固与否，事实上没有太多意义。其结果捕捉到的是浅层次原因，而不是更深层次的原因。而我们的讨论表明，她的研究结果几乎完全是由历史遗产因素决定的，苏联加盟共和国的历史遗产会对国家能力带来负面影响，独立国家经历则会有助于国家能力的提高。

　　总体来看，政治和经济方面的历史遗产是影响民主转型的重要因素。非二战前苏联加盟共和国在更高标准的稳健性检测中是必要条件，独立国家经历、非苏联加盟共和国和较高经济发展水平是条件组合分析中最重要的条件变量，而宗教、地理等方面的遗产则不那么重要。虽然非伊斯兰教是必要条件，但这一结果可能是在二战前苏联加盟共和国和缺乏独立国家经历等因素共同作用下所形成的，基督教、东正教和是否与欧盟国家接壤

---

① Jessica Fortin, "Is There a Necessary Condition for Democracy? The Role of State Capacity in Postcommunist Countries", *Comparative Political Studies*, Vol. 45, No. 7, 2012, pp.903-930.

这些条件变量并未出现在5个最高覆盖率的条件组合中。

(三)多值集分析的检测

模糊集分析方法是通过选取吻合度和覆盖率中数值最大的变量和组合来得出条件组合，但某一条件组合有可能会产生相互矛盾的结果，模糊集分析方法难以找出解释上存在矛盾的案例。多值集分析方法是定性比较分析方法的一个变种。[①]多值集分析方法对条件变量以多重赋值的方式进行分析，它的分析结果比模糊集更为繁杂，并且无法自动给出条件组合的结果。不过多值集分析方法会列出条件变量、结果变量和案例的比对情况，指出条件变量与结果变量相互矛盾的案例，而且可以直观地展示结果，所以我们可以用它来检测模糊集分析的结果。

表4-6是多值集分析方法的分析结果，$V_1—V_5$ 是上面的模糊集分析方法结果中的5个条件变量，V_1 是苏联加盟共和国、V_2 是民主经历、V_3 是独立国家经历、V_4 是经济发展水平、V_5 是资源配置扭曲程度。因多值集可以对条件变量进行更细致的划分，本章将经济发展水平和资源配置扭曲程度这两个连续变量分为3个数值，在经济发展水平上，$0-2\,000$，赋值为0；$2\,000-4\,000$，赋值为1；$4\,000$ 以上，赋值为2。在资源配置扭曲程度上，$0-2$，赋值为0；$2-4$，赋值为1；4以上，赋值为2。结果变量则采用更严格的8分及以上的标准，赋值为1，8分以下为0。表4-6列出了每一个案例相对应的条件变量和结果，而结果中的"C"值表示该组案例在条件变量和结果变量的取值上存在矛盾。这组案例中的4个国家的条件变量分别是二战前苏联加盟共和国、没有民主经历、没有独立国家经历、经济发展水平较低和资源配置扭曲程度较高。在结果变量上，亚美尼亚、白俄罗斯和乌克兰没有实现民主巩固，这与模糊集分析的结果一致，因为这3个国家并不符合5种通向民主的条件组合，但是具备相同条件变量的摩尔多瓦却建立了

---

① 多值集分析方法由莱塞·克朗克齐斯特(Lasse Cronqvist)发展出来。多值集分析方法的分析软件和手册也可以免费下载:http://www.tosmana.net/。

稳固的民主制度。

　　将多值集分析方法和模糊集分析方法的分析结果相比较,我们可以发现:首先,多值集分析方法和模糊集分析方法都无法解释全部的案例,条件组合最多只能解释20个国家中82%~93%的结果。其次,摩尔多瓦与其他三个国家在解释上存在矛盾,这说明,历史遗产因素难以对摩尔多瓦的民主巩固进行有效解释,因为具备大致相同历史遗产的其他三个国家未能实现民主巩固,但摩尔多瓦却做到了。这说明,在历史遗产之外,可能有别的因素影响其民主制度的建立,这需要进一步对该案例进行深入考察,以发现新的解释变量。矛盾案例的存在表明了历史遗产对民主转型的解释限制,但也蕴含着发现解释民主巩固的新因素的可能(比如制度设计因素)。同时也表明,摩尔多瓦的经验可能特别值得研究。

表4-6　多值集分析方法检测结果

V_1	V_2	V_3	V_4	V_5	O	案例
0	0	1	0	1	1	阿尔巴尼亚
1	0	0	0	0	C	亚美尼亚、白俄罗斯、摩尔多瓦、乌克兰
0	0	1	1	0	1	保加利亚
0	0	0	2	2	1	克罗地亚、斯洛文尼亚
0	1	0	1	1	1	捷克
1	1	1	1	1	1	爱沙尼亚、拉脱维亚
1	0	0	0	1	1	格鲁吉亚
0	0	1	1	1	1	匈牙利
1	0	1	1	1	1	立陶宛
0	0	0	1	2	1	马其顿
0	0	1	0	0	1	蒙古国、罗马尼亚
0	1	1	0	1	1	波兰
1	0	1	1	0	0	俄罗斯
0	1	0	1	0	1	斯洛伐克

五、结论

伊莱切斯的研究表明,在对原苏东国家民主转型的解释中,历史遗产相对于转型后不同力量的权力平衡、制度设计、地理因素、欧盟的影响等理论命题更具有解释力。伊莱切斯不仅梳理和检测了此前曾采用过的历史遗产因素,并通过回归分析甄别出影响最为显著的遗产变量。但由于回归分析无法解决自变量的共线性问题,且难以说明历史遗产的因素组合对民主转型的作用,其分析结果只能得出单个历史遗产因素的平均作用,并存在着错估的危险。

本章在伊莱切斯研究的基础上,引入定性比较分析的方法来进一步探讨历史遗产对原苏东国家民主转型结果的影响。在模糊集分析的结果中,非伊斯兰教是西方民主制度建立的必要条件,非二战前的苏联加盟共和国接近必要条件的标准。条件组合分析得出了除伊斯兰国家之外的20个国家通往民主的5种路径。而且独立国家经历和非苏联加盟共和国这一路径是覆盖率最高的条件组合,独立国家经历、非苏联加盟共和国和较高经济发展水平是条件组合中最重要的3个条件变量。这一结论挑战了伊莱切斯的回归分析结果,基督教这一具有显著正向作用的变量并未出现在5个条件组合中,相比于政治和经济上的历史遗产,它并不那么重要,其显著性有可能是由变量间的自相关所引起。此外,本章的分析也支持了伊莱切斯的另一个结论,1990年是否与欧盟国家接壤对民主巩固也没有贡献。最后,非伊斯兰教在回归分析中显著负相关,也是民主巩固的必要条件,但所有的伊斯兰国家不仅是二战前的苏联加盟共和国,它们的经济发展水平也都较低,且资源配置扭曲程度较高,伊斯兰教的作用可能被高估。

通过定性比较分析对历史遗产的分析,我们可以发现这一方法的一些优点:首先,定性比较分析对于样本规模的要求不高,在15—80个样本规模上都可以运用,特别是对包含较多二分、定类、定序变量的样本集,它具有更大的优势。其次,定性比较分析的必要条件和条件组合的分析轮次可以让研究者对总样本进行多次细分,形成不同的子样本集,从而得出更为精细和有趣的结论。比如在确定伊斯兰国家均不能建立西方民主制度后,本章在后续的分析中去掉了这些国家,得出了回归分析无法做到的通向民主的5个条件组合形式。而将两个子样本集进行对比,我们发现政治和经济方面的遗产相比于宗教遗产可能更为重要。

从根本上说,定性比较分析能够给出因素组合(configuration)对结果的影响作用,而回归分析是基于自变量间的相互独立(independence of variable)的理念,无法做到这一点。条件组合分析不仅能够分析因素组合的影响作用,并且有助于研究者发现变量与结果间的机制,为下一步更为深入的研究提供方向。例如本章采用条件组合分析得出了导致民主巩固的多种路径,这就使得我们在寻找民主巩固背后的机制时更加有的放矢。通过多值集分析,我们还发现了摩尔多瓦这一条件组合无法解释的例外,使得这一案例的详细考察变得更加"有趣",并有发现新理论的可能。

当然,定性比较分析也有一些缺点。比如定性比较分析无法处理时间序列数据和进行面板数据分析。因校准(calibration)所带来的问题,定性比较分析在面对连续变量时也谈不上有什么优势。定性比较分析通常是用校准将连续变量转化为二分或定类变量,这种做法包含太多的主观和武断的因素。[①]笔者认为,在研究中应该尽量避免校准,而如果不得不通过校准来处理大量的连续变量,就必须进行多轮次的改变校准尺度的稳健性检测。总体说来,定性比较分析对于处理一些能够相对确定地被类别、定序来进行编码的数据和事件可能更加有效。综合来看,定性

----

① Rihoux Benoit and Charles C. Ragin, eds., *Configurational Comparative Methods: Qualitative Comparative Analysis and Related Techniques*, Thousand Oaks: Sage, 2009. 在该书中,有大量校准的例子。也可参见 Barbara Vis, "The Coparative Advantages of fs QCA and Regression Analysis for Moderately Large-N Analysis", pp.168-198。

比较分析和回归分析各有其优劣，具体选择何种分析工具，取决于研究者所面对的样本规模、变量类型以及研究目的。

最后，笔者想再次强调，定性比较分析以及回归分析都只能给出条件变量和结果之间的对应关系，这并不是完整的因果解释。这是因为因果解释既需要包含条件变量，又需要有机制。[1]因此定性比较分析和回归通常都不应该是分析的最后一步。理想的状态是在定性比较分析和回归分析的基础上，结合因素和机制，以构建更加完善的因果解释。

---

[1] 本章采用经唐世平修正过的马里奥·邦奇对机制的定义，即"机制是存在于实际系统中的一个过程，它可以引发或者阻止整个系统或者其子系统的某些变化"。因此机制具有如下三个特点：第一，机制是一个过程。第二，机制能够引发或者阻止变化。第三，机制能够将某些因素串联起来，从而驱动变化或阻止变化（反过来说，因素只能通过机制才能驱动变化或阻止变化）。马里奥·邦奇更强调前两点，而唐世平强调了第三点，并且指出这一点对于寻找机制具有重要意义。参见 Mario Bunge, "Mechanism and Explanation", *Philosophy of the Social Sciences*, Vol.27, No.4, 1997, p.414；苏若林、唐世平：《相互制约：联盟管理的核心机制》，《当代亚太》，2012年第3期，第6~38页。

第三部分　寻找时空中的机制

第五章

社会科学中的时间:时序和时机[①]

在定量方法兴起之后,时间在社会科学中似乎已经被淡忘。当今许多社会科学的研究从某种程度上来说都是"没有时间的"。批判性地建立在保罗·皮尔森(Paul Pierson)"时间中的政治"论述的基础上,本章试图提供更精细的理解,关于时间(主要是"时序"和"时机")在型塑特定社会结果方面的关键作用。以"现代早期西方国家的崛起"这一问题为例,我们将提出一些基于时间维度的新理论假设,并且以西方几个典型国家的发展经验来佐证这些假设。

---

① 作者:郝诗楠、唐世平。郝诗楠,上海外国语大学国际关系与公共事务学院比较政治系副教授。曾发表于《经济社会体制比较》。感谢黄振乾的有益讨论。本章为复旦大学"985工程"三期整体推进社会科学研究项目:"转型的初始状态、政治过程与转型制度绩效:对全球转型国家经验和教训的考察"的阶段性成果,项目编号:2011SHKXZD011。

　　长久以来,社会科学的研究好像忘记了时间。比如在"行为主义革命"之后,一些政治科学的文献所寻求的是"普适理论"抑或是"涵括性法则"(covering laws)。而从某种程度上来说,这种类似物理定律的研究结论是"超越时间背景"的——它既能用于解释古代的现象,又能解释现代的现象。而在定量研究兴起之后,社会科学的研究则似乎更是变成了一种在大规模的个案(large N)中找寻普适因果解释的过程。这种过程意在通过统计技术(主要是控制变量)挖掘与某种特定"结果"所相对应的单个或多个"原因"。这种研究虽然可以在纷繁复杂的资料中厘清并解释特定的社会现象,但是这种研究的最大问题依然在于缺乏"时间"维度。换言之,这种研究假定每一个因素在时间维度上是无差异的。举例来说,一般的回归模型可以表达为:$Y=a_1X_1+a_2X_2+\cdots\cdots a_nX_n+e$,其中在解释回归模型的时候,$X_1$、$X_2$……$X_n$常被视作Y的"原因"[1];在这种模型中,每一个"原因"都同时对Y的变异起作用的。它们出现的先后顺序或出现的特定时间点是无足轻重的。

　　相反,早期的一些定性研究,尤其是传统的比较历史研究作品则非常注重时间的重要性,它们往往能够梳理出时间维度上(主要是时序)的差异所导致的结果上的差异。[2]然而定量研究的逻辑在社会科学研究中确立了统治地位之后,这种原本对于时间的关注度也不断地下降。因此当今很多所谓的"历史"分析其实都是在非常"肤浅"地来理解"历史"(Pierson,2004),有时甚至是在忽视"历史"。正如赵鼎新(2011)指出的那样,忽视时间是一些运用了比较历史分析方法的作品所共同存在的缺憾。

　　我们认为,不论是考察政治还是经济都需要了解它们特定的时间情境。而本章的主要目的也正是要在方法论的意义上重新唤醒"时间意

---

　　① 一般来说,回归模型中自变量与因变量之间的关系只是一种概率性的相关关系。但我们在解释回归模型的时候往往会自觉或不自觉地倾向于将其视为某种形式的因果关系。

　　② 比如摩尔在其《民主与专制的社会起源》中便展示了不同国家农业商品化的不同时机所造成的不同后果。

识"，即在社会科学研究中引入时间的维度。在此基础上，本章还将指出，社会科学的研究不仅应该关注导致特定结果的原因(cause of the effect)，而且还要关注原因在时间维度上的组合与特定结果之间的关系。

本章的结构如下：第二部分首先根据保罗·皮尔森有关"时间"的阐述，分析"皮尔森命题"的内容与意义；在第三部分中我们将以经典的"现代早期西方国家的崛起"为例提出一个基于时间维度的理论假设。然后，我们选取了西方几个典型国家的发展之路来对我们前述的假设进行佐证。最后一部分则是结论。

一、"皮尔森命题"的含义与意义

早在1998年，政治学家保罗·皮尔森就在美国政治科学会年会上提交的一篇论文中提出我们不能仅关注"是什么"(what)，而且也需关注"什么时候"(when)。而在2004年出版的《时间中的政治》(*Politics in Time*)一书中，皮尔森进一步将"时间"进行了具体化(Pierson,2004)。在皮尔森的眼中，许多社会科学的研究仅仅是"快照"(snapshot)而不是"影像"(moving pictures)；而很多所谓的"历史研究"也不过是虚假的。真正的历史研究应该从"理论上"来关注时间，因为"真实的社会过程都有其特殊的时间维度"(Pierson,2004)。《时间中的政治》所给出的有关时间的概念有许多，比如路径依赖(path dependence)、关键节点(critical junctures)、顺序(sequencing)、事件(events)、持续时长(duration)、时机(timing)，以及非意图后果(unintended outcomes)等(Pierson,2004)。但其中最重要的，也是后文所要着重考察的便是时序(temporal sequence)与时机(timing)。

那么时间究竟有多重要？皮尔森正确地指出，如果两个事件或特定过程在某个历史时期同时发生与错时发生，其造成的结果一定有所不同(Pierson,2004)。简言之，这里的"错时"就是所谓的时序问题。它所涉及的是厘清几件事情以"何种次序"(in what order)发生。加拉格尔(Gallagher,2002)比较中国与其他后共产主义国家经济改革的经验研究可被视作有关时序的出色探索。该文章指出，正是引进外国直接投资与经济改革（包括国有企业改革及民营企业的建立）时序不同，使得中国没有像苏联和东欧国家那样在政治失控及自由化压力下进行经济改革。

而"同时"则可能更多与时机相关。时机则主要讲的是"何时发生"或者是时间点的问题。最简单的时机问题就是看某件事情发生在什么时间点上。比如拥有某种技术的时间是在中世纪或是现代时期？更为复杂一点的时机问题是：某件事情发生是否适时？是发生在某个"节骨眼"（conjuncture）上还是发生在无足轻重的关头？可以想象的是，在16世纪拥有枪炮肯定比在19世纪拥有要更有意义，而假如说西方征服者在发现美洲土地之时已经拥有了良好的抗病毒技术，那么之后的世界历史很可能会大不一样。而关于时序和时机，后文还将对其做更详细的展开，下面先让我们来探讨一下"皮尔森命题"的意义。

皮尔森上述论点的意义可以从理论与实际两个方面来评估。首先从理论上来说，它不仅超越了"基于变量（或因素）的解释"途径，而且在方法论方面它能够成为定性研究复兴的一个抓手。在行为主义革命之前，许多经典研究还是注意到了事件或社会过程的时序背景（Verba, 1971），比如前面提到的摩尔，但是"科学化"与计量分析的引入却把时间变得十分表面化和边缘化。尽管一些基于量化的分析时常引入"时间序列"（time series）和"滞后变量"（lagged variables）来增加其"动态性"，但究其本源，定量化的多元因果分析一般基于的是"偏回归"或"偏相关"[1]。这种分析并不细究自变量之间的时间顺序组合，而时间背景（时机）则索性被完全地抽离。换言之，正如导论中所提到的那样，多元回归模型几乎都属于"共时性分析"或"静态分析"。此外，基于变量（或因素）的解释还是一种"黑箱"（Blackbox）式的解释，它能够告诉我们变量之间存在什么样的关系，但它并没有

---

①也就是说在控制了其他可能影响到因变量的自变量之后，若余下的自变量与因变量之间的回归系数为显著，那么就确证它们之间为因果关系。

将变量之间的"联系机制"(linking mechanism)揭露出来。换言之,"黑箱"解释可以提供诸如"A导致了B"这样的知识,但无法告诉我们"A如何导致了B"。因此有许多学者提倡要不满足于现有的解释限度,要善于"打开黑箱"找寻"机制"(Hedstrom,2005),而寻求"基于时间的解释"也是"寻找机制"努力的一部分。从本体论上来说,时间与机制是密不可分的,因为因果链条一般都是在时间维度上展开的。

其次,从实际上来说,注重"时间"维度可以让实践者们重新思考那个经典的问题:我们能否采用"总体方案"来同时完成多重任务? 一般来说,这种"总体方案"是忽略时序的。多数发展中国家由于"时间紧迫",因此都希望能在相对短的时间内做相对多的事。比如在当今的一些发展中国家,如何建设民主仍然是一个棘手的问题,能不能够同时实现国家的统一和民主的转型? 国家建设、法治与民主之间的实现顺序究竟应该如何排列?(Collier,2010)。此外,注重"时间"意味着我们需要重新思考"先发"与"后发"之间的关系。先发者在无规则的"丛林"中横行,取得了收益之后,会设定一系列的"标准"与"地盘",对后发者进行限制。而对于后发者来说,这些"标准"或"规则"缩小了它们可能的行动范围。当然,也有越来越多的学者开始讨论"后发者优势"。但是我们仍不十分清楚"后发者在何种意义上可以且应该参照过去"或"在何种意义上学习别人的'经验'"。实际上,先发者与后发者的最大差别在于发展的"时机"不同,因此在某一特定时间针对某一个国家的解决之道不一定适用于另一个时间点上的其他国家(杜甘,2010)。从这个意义上来看,许多后发国家的领导人热衷于抨击或照搬过去先发国家的经验也算是一种"时间上的错置"。

二、时间的重要性:以对现代早期西方诸国经济发展差异的解释为例

从上文的讨论中我们可以得出如下推论:一旦引入了时间维度,我们就可以看到以"变量—变量"为核心的静态研究可能会发生变化。相同的

自变量在不同时间维度(如时序或时机)的组合可能导致不同的后果(见图 5-1)。

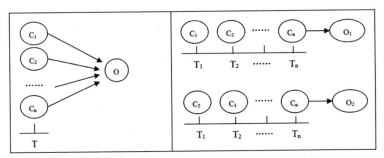

图5-1　基于变量—变量的静态解释与引入时间的动态解释

图 5-1 的左半部分所展示的是一种静态的"变量—变量"解释路径。在这种路径中,时间因素并未被考虑进去。所有对于"结果"(O)的"原因"(C_1,C_2……C_n)都被置于同一时间点上。而图 5-1 的右半部分所展示的则是一种引入时间因素的动态解释。在这种解释路径中,诸"原因"被分别置于特定的时间点上。其中我们不难发现,在导致两种不同结果(O_1、O_2)出现的情形中,C_1 与 C_2 两个因素在时间上的组合顺序是不同的。在第一种情形中,C_1 先于 C_2 出现;在第二种情形中,两者的出现时序则正好相反。正是解释因素在时序上的这一差异,导致了最终结果的差异。

接下来,我们将结合具体的例证进一步展示时间在历史事件发展中的"力量"。我们选取的佐证(illustration)是"现代早期西方诸国的经济发展"。这是一个政治经济学研究中的经典议题,有许多学者对其提出了有力的解释。当然,我们的目的并不在于对此做深入的案例分析,而是在于借此来说明时间的重要性。所以我们在此使用的是"佐证"而不是"案例分析"或"案例研究"这些词。

许多过往的研究都告诉了我们西方国家为什么能发展,但是却没有很好地回答"为什么有的国家不如另一些国家兴盛或发展得好",而下文将指出,这个"差异性"(variation)的问题可以通过赋予"制度"与"技术"以时间维度得到解释。首先，我们将会设定一个基轴(baseline)。其目的在于辨识出导致某一特定结果的原因，也就是先建立一个没有时间维度的静态解释。这一解释的核心论点是：在时间与时序恒定的情况下，制度与技术的差异决定经济发展水平的差异。随后，我们会将时间维度引入上述的基轴进行解释。而设定此"时间轴"的目的在于比较若干原因或因素在时间维度上的不同组合所导致的不同后果。而在引入了时间维度之后，我们将看到，制度与技术之间在时序上的不同组合，以及获得制度或技术的时机，导致了现代早期西方诸国在经济发展程度，以及国家兴衰方面的差异。

(一)基轴：制度与技术是决定经济发展的关键

1.制度

许多经济学者尤其是"新制度主义者"把制度(尤其是政治制度)引入经济分析之中。但是他们倾向于强调"产权保护"，以及"自由制度"的功用。在他们的理论框架中，西方世界兴起的原因被归结为"自由的制度"或"多元化的思想"(Goldstone，2009)。换言之，这种"制度主义"的解释途径选择性地忽视了商人与商业活动对于国家——或者更确切地说是中央集权国家——的依赖。诺斯与托马斯曾谈到中央集权对于英国兴起起到的推动作用(诺斯等，2009)，但从整体来看，他们的著作所着重强调的仍是"商人的力量"或是"自由的制度"。

本章认为，忽略中央集权国家对于经济增长的作用，过分地强调"自由""产权"与"商人的力量"无疑是本末倒置。从实际的政治发展过程来看，一切权利的实施都需要费用，而这个费用一般是支付给能够界定与执行这些权利的公共权力的。例如很多人认为产权是对于主权的限制，但是这只是前者实施之后的结果；而产权之所以存在的原因(cause)只是因为统一且有效的公共权力(图5-2)。

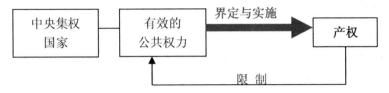

图5-2 中央集权国家、公共权力与产权的关系

来源：笔者制图。

"现代国家"（modern state）或曰"民族国家"是相对于城邦（主权分裂的政体）与帝国的概念（Tilly，1992）。它的核心是中央集权制政体，而它最大的特点则在于存在一个凌驾于地方之上的统一权威。中央集权是一个制度集——其中至少包括了统一的财政（税收）与司法这两个子制度（斯特雷耶，2011）。

相对于城邦和帝国，中央集权制政体拥有"比较优势"。首先，相比于帝国，中央集权制政体在政治上强调"实力之治"。它所关注的是"有效统治"，也就是对于每一寸领土的真实"治理"，而不是帝国式的"礼治"。因此中央集权国家的公共权力在其治下的领土上实现了"全覆盖"。

其次，从军事方面来看，只有中央集权制政体才能够维持一支全国性的常备军①。常备军的出现扩展了国家提供有效保护的范围——这是市场发展不可或缺的公共产品——而这也使得更大规模的商业与贸易发展成为可能。欧弗尔（Offer，1993）的研究指出，英帝国在海军上每支出3英镑，就可以相应地通过海外殖民或贸易获得100英镑的收入。

最后，在经济上，中央集权国家统一了税制并由国家官僚直接征税。一方面降低了征税成本（Kiser et al.，1994），有效地扩大了财源并最终增加了收入与财富的积累，这为国家有效地执行其意志奠定了基础。另一方面通过财政与司法权力向社会各个角落延伸，中央集权国家因而拥有了与

---

①通过引入征兵制（conscription），中央集权国家扩大了兵源，并通过专业化提升了常备军的质量。关于西方常备军的发展详细情况可参见Lachman（2011）。

帝国和城邦国家相比更为有效的执行力、协调能力与低廉的交易成本。这些保证了契约的履行及大型市场活动(规模经济)的效率。

因此从某种程度上来说,恰恰是中央集权国家才是市场交易、贸易,甚至是创新的激励因素。试想在某一领土上对于发明与专利的保护如果没有被有效地执行将该如何改进。爱泼斯坦(Epstein,2000)正确地指出,中世纪晚期危机的本质在于"多重协调失败的司法管辖权的支离破碎,而不是统治者的独裁专制"。

2.技术(知识)

长久以来,地理因素(包括资源占有状况)被视作可以决定经济发展程度的初始禀赋而被纳入对于增长的分析中。但是地理条件本身(per se)并不能创造出优势,必然是通过某种中介物来创生。而学者们也广泛意识到,不论对于前现代或是现代国家、后发或者先发国家,即便存在着资源、区位优势,也不足以保证这种优势得到发挥。(张宇燕等,2004;Acemoglu et al.,2002;North et al.,2000)。换言之,地理因素只是一种"潜力"(potential),它需要其他因素来将其"显化",而显化的关键则在于"技术"水平。

对于现代早期的欧洲人来说,最为重要的就是要解决"如何走得更远"这一问题。因为一方面,欧洲有许多商人需要进行远距离贸易;另一方面,欧洲的人口在16世纪的重新增长①使得民众与统治者急需舒缓其带来的压力——最佳的方法就是发现新的土地进行拓殖。因此有关交通与军事方面的知识或技术就显得日益重要。在现代早期,"交通技术"主要指的是船舶,以及导航技术,而"军事技术"则主要指的是武器的制造与装备。这两种技术可以互相转化,比如军事技术在某些情况下是各种民用技术(包括交通技术)创新的源泉(诺斯等,2009;White,2005)。从历史上看,西欧各国在技术进步的庇荫下,一方面通过探险活动开疆辟土,缓解了"马尔萨

---

① 根据贝内特的估计,西欧的人口自1300年开始急剧下降一直到1400年(下降了约两千万人);然而从1450年开始增长,到了1550年,人口已经超过了1300年的水平。——转引自诺斯等,2009年。

斯困境"并获得了许多额外的收益与资源;另一方面则保证了远距离贸易(Braudel,1992;Acemoglu et al.,2005)的顺利进行。其中航海技术尤其是导航技术的进步使得商人们可以走得更远,而军事技术的进步则降低了护航的成本,并通过有效打击海盗保证了商船在海上的安全。

(二)引入时间:制度与技术在何时得到以及以何种时序得到

然而需要指出的是,"制度与技术促进经济发展"这样的论调仍旧属于一种静态的解释。我们虽然明白中央集权制、航海与军事技术对于早期西方国家兴起具有强大的推动作用,但是这并不足够。仅仅知道有"原因"并不能很好地解释西方国家在经济发展程度上的差异。例如意大利在很早的时候便拥有了先进的军事和航海技术,也最终实现了统一和中央集权,可是为什么却在其他国家崛起的时候被甩到了后面? 因此对于这类问题的解释,我们不仅要关注"因",而且还需要将两者"置于时间之中",换言之,我们还需给出有关制度与技术这两个因素在时间维度上位置的理论假设(见图5-3)。

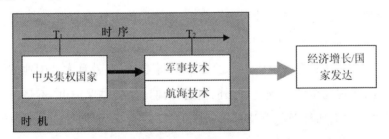

图5-3　关于现代早期西方经济发展的动态解释

来源:笔者制图。
注:①T_1、T_2表示时间上的先后顺序;②灰色的置底方块表示特定的时机。

1.时序

正如前文引述的有关中国与苏东国家改革顺序的比较研究那样,我们也认为获得中央集权制与两种技术的时序组合会带来不同的结果。具体来说,某国在发展两种技术之时,若已经实现了中央集权制,那么该国就会获致经济的发展或国力的增强。相反,若没有在中央集权制的情况下发展上述两种技术，就很有可能造成失败甚至是国家的衰弱。换言之，若要获得国家的崛起，那就必须在发展技术之前先实现中央集权。因为在许多情况下技术是通过效仿（emulation）而获得的，因为这是一条成本最低的进路（Resende-Santos, 2007）。而国家学习技术的能力很大程度上取决于制度的效能。左希迎（2010）对于普鲁士与奥斯曼帝国"军事（技术）效仿"的比较研究指出，普鲁士之所以能够通过效仿别国的军事技术获得国力的增强是由于其国家能力相较于奥斯曼帝国要更强大。尽管左希迎的文章没有明确地提到"中央集权"，但是他也通过"精英凝聚力"，以及"制度规范与汲取能力"这样的概念暗示了中央集权制是技术发展的"关键前因"（critical antecedents）。

正如皮尔森（2004）所言，时序之所以重要是因为先发生的事件或过程会触发"正反馈"（positive feedback）或"自我强化"（self-enforcing）机制而决定之后的历史进程。所以"谁在先、谁在后"是一个很重要的问题。相似地，我们之所以强调中央集权在先，技术发展在后也是因为其中暗含了某种机制性的关系。首先，进入现代之后，战争的特点转变为大规模、长距离且长时间。而这样的战争不仅仅需要人力，而且更需要一定的技术——尤其是航海技术（实现远距离兵员投送）和军事技术（有效且大范围地摧毁敌方设施，实现完全的占领）。此外，对远距离贸易提供保护也"不是任何一个地方领主力所能及的"（诺斯等，2009），换言之，即便拥有良好的航海技术，但只要没有中央集权国家，那么军事技术就会十分羸弱，所以若此时实施护航，要么成本非常高，要么效率非常低。

其次，从本体论上来说，技术是一种知识。它需要去被创造、发现或者是效仿（学习）。我们究竟需要何种知识？我们该如何取得这种知识？这些都需要人为地（通过制度）来进行决定。中央集权制与没有实现中央集权制的国家对知识的偏好也有所不同，因为两者为了技术进步所能够支付"费用"的能力是不同的。正如保罗·肯尼迪所言（1989），财富"永远是军事力量的基础"，某些技术发展的代价只有中央集权国家才能担负得起。

总而言之,某些技术对于非中央集权国家来说要么用不着(如城邦国家不需要大规模杀伤性武器技术),要么就是无力发展(如封建性帝国各自为政使得技术创新难以进行)。还有一种情况则是在发展或应用某种技术的时候遭遇到了合作或协调的困境——尤其是对于大型船舶和武器的研发与制造来说,都需要大规模地动用劳动力并对其进行有效的协调。因此在实现中央集权之前就发展技术,很有可能会受到贵族与地方势力的掣肘,最终会使得该技术的研发与应用受到限制,导致"技术流失"。

2.时机

尽管皮尔森(2004)在其著作中提到了"时机",但是他并没有对其作进一步的阐释;相反,他把关注焦点一直放在"时序"上。然而"时机"亦是一个非常重要的概念——尤其对于历史(或历史社会学)研究来说。前文有提到,所谓对"时机"进行研究就是找出某个"节骨眼"的过程。而对于埃特曼(Ertman,1997)来说,"时机"则与知识积累的程度有关,也就是说"时机"所反映的是某种"时代特点",在考察某种事件或因素的时候,对当时的"背景"(context)进行考察非常重要。

如果说"时序"是系统内(within-system)的"时机",那么"时机"则是系统层面(systemic)的"时序",因此我们有时也会用"先"与"后"这样的词汇来描述时机。我们若将某一时序中的因素进行拆解,那么我们便可以辨认出其中每一个因素、事件或过程在该时序中的"时机",因此从这个意义上来说,时序和时机是无法截然分开的。

在本章中,"时机"所指的就是一个国家在何时拥有何种东西。在某个紧要关头或"节骨眼"上是否拥有某种技术或制度会造成截然不同的结果。举例来说,在人口/土地矛盾凸显的时候是否有航海技术就显得非常重要。因为如果某国此时拥有了航海与军事技术,便可以将人口疏导到海外以使该国不至于陷入"马尔萨斯陷阱",甚至能够以此为契机扩大市场与贸易规模,获得额外的收益;相反,此时若无法实现人口疏导,最有可能的结果便是瘟疫、饥荒或战争,进而便是国力的下降。此外,若在各国均广泛地拥有了航海技术时再去学习或发展该技术，其作用就会受到削弱。因为技术与制度的重要性是随着时间而发生改变的，在大家都拥有了某种东西的时候就没有了比较优势。

我们必须承认的是，某种因素甚至是某个时序组合的有效性也是会随着时间的推移而发生变化。比如本章所提出的有关时序的假设很有可能只适用于现代早期的西方国家，如果把它盲目照搬到数百年后的西方，甚至是东方，它也许就会失去解释力；换言之，某个有关时间的命题若要成立，那么它必须同时满足时序与时机方面的要求。

（三）佐证时间假设

接下来，我们将用若干事例材料来验证上面提出的理论假设。为了最大限度地控制变量，我们对研究单位的选择遵循原则是"最相似系统设计"（Most similar system design）（Przeworski et al., 1970）。换言之，我们仅在西方世界来寻找可用的例证。下文主要是用意大利与西班牙做对比，间或论及法国、英国与奥斯曼帝国等。

1. 时序的重要性

在中世纪时，意大利的城邦国家是欧洲商业与贸易的核心。威尼斯等城市还被视为欧洲与东方之间的桥梁（Maddison, 2007）。意大利的商人不仅创造了许多新的商业技术，而且还四处放贷，甚至一度成为欧洲某些君主的"债主"。但是意大利自1500年之后就开始逐渐衰退。从1500—1800年之间，意大利的人均国内生产总值增长是停滞的（Maddison, 2007）。对这一"明星"陨落的通常解释是：大西洋贸易的兴起取代了以意大利为中心的地中海贸易（Acemoglu et al., 2005）。然而这样的"零和"解释忽视了意大利自身的问题，意大利并没有遵循中央集权—技术发展这一时间顺序，而是走了一条相反的道路。意大利在中世纪时就是航海技术的领先者，威尼斯不仅拥有当时最大的阿森纳（Arsenal）造船厂，而且还发展出了出色的导航技术（主要是指南针和航海图的应用）。但是意大利直至19世纪才实现了国家的统一。在此之前，意大利一直都是由"城邦"所组成的，甚至有人认为在19世纪之前，意大利"都不过是个地理词汇"（帕特南，2006）。许多学者倾向于将意大利的"城邦"视为"自由"的典范。但我们认为，与其说它是一种"自由"的状态，不如说是一种主权分裂的状况。正是因为在亚平宁半岛上没有一个统一的权威来协调商业活动、贸易与技术创新，才使得意大利没有赶上西方发展的"列车"。

而意大利的航海技术自然"流失"到了先实现了中央集权的西班牙。西班牙通过支持意大利航海家哥伦布的探险从而"获得"了航海技术，并且在强大军事力量①的"加持"下，获得了国力的增强。

西班牙早在1479年就实现了国王相对于地方政治势力的中央集权。在许多学者看来，西班牙是一个"专制国家"。但正是这样的国家才有能力和意愿"接收"从意大利"流失"过来的技术。西班牙由于实现了主权的统一，不仅有财力"购买"（悬赏）航海技术，而且也有能力发展出强大的军事力量。而正是这种时序上的组合使得西班牙（相对于意大利）成为西方率先将触角伸到美洲的国家。结果，美洲的白银大量"西进"，其不仅恩泽了西班牙本身，而且还惠及了整个欧洲（张宇燕等，2004）。

我们再来看一下这一时期的统计数据。在1500—1820年间，意大利的人均国内生产总值增长率为0.21%，为西欧最低，同期西班牙的增长率为0.31%；而到了19世纪，原本人均国内生产总值约为意大利一半的西班牙已经与前者达到了相似的水平（见图5-4）。虽然之后西班牙在英国与荷兰兴起的背景下衰落，但是它的衰落很大程度上是因为外部因素——如"英西战争"的失败以及美洲白银供给量的下降——的影响。

---

① 意大利的各个城邦国家根本无法保有常备军和武器技术，尤其是船载火炮。

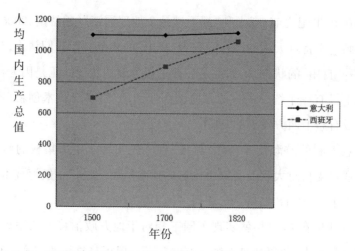

图5-4 西班牙与意大利的人均国内生产总值:1500—1820年

来源:麦迪森(Maddison,2007,附录中的 A 和 B)。
注:人均国内生产总值的单位为"1990年国际元"。

除了意大利和西班牙之外,我们还可以给出一些类似的例证。法国也是先实现中央集权再进行技术发展(主要是军事方面的火炮技术)的国家,因此也经历了人均国内生产总值的增长;而与之相反,奥斯曼帝国在效仿技术的同时却维持了帝国而不是发展为现代中央集权国家,所以这一发展进程由于受到国内势力的抵制,最终半途而废。

2.时机的重要性

除了时序之外,我们还可以用"时机"来解释前述的西方内部的差异。中央集权国家的兴起与扩散外加有效的海上探险与拓殖创造了这样的一个"时代",使得像意大利城邦这样的地区性市场迅速被伦敦这样背后有着强大国家力量支持的大都市取代。这里就有一个"何时拥有何种制度和技术"的问题。在这个"节骨眼"上,意大利与奥斯曼帝国都没有抓住时机发展应有的制度,而是妄图用既有的技术(意大利)或直接引入国外技术(奥斯曼帝国)来参与竞争,结果必然是一败涂地。

此外,没有抓住时机的危险在于,早发者一般战略选择的"自由度"较大,而迟来者相应地就有了一个"被压制"的问题。我们可以构建这样的一个反事实分析（counterfactuals），如果意大利在18世纪（或17世纪）——而不是19世纪——便实现了中央集权，那么或许如今意大利也能够赶上西方的其他"发达"国家，甚至有可能趁西班牙衰落之际取代它的位置。

三、结论与讨论

以上的论述提出了一个有关时间的初步理论假设，不同因素、过程或事件在什么时间，以及以何种时序发生，都会对最终的结果造成影响。因此当我们在解释某种结果为何出现时，不能仅将可能的原因罗列出来，因为这种"黑箱"或静态的解释无法为我们提供关于历史过程的完整知识。

而本章对于上述理论假设的佐证则是基于对"现代早期西方诸国经济发展的差异"这一案例的检视，这一佐证为我们展示了时间的重要性。首先，我们承认中央集权制（制度）和（航海与军事）技术决定着西方诸国早期发展的程度。但是这一命题并不足以完全解释西方诸国发展程度的差异，我们因此需要借助时间维度来形成更加动态的命题。其一，有关时序的命题是：若中央集权先于军事与航海技术而实现，那么国家便会富强，而若将上述时序弄反，则无法给国家带来发展；其二，有关时机的命题是，即便符合前述的时序要求，还需要符合"时代背景"。

当然，本章只是在理论上强调了时间在社会科学方法论意义上的重要性。尽管上文也有一定的佐证部分，但是该部分的目的仅仅在于展示不同因素在时序和时机方面组合的差异所导致的结果差异。换言之，本章并不在于进行完整的经验或案例研究。此外，本章所关注的仅仅是时间维度的两个主要方面。而正如皮尔森的著作中所提到的那样，"时间"不仅仅意味着时序和时机，还包括了其他各种因素。比如"初始时间点"的不同也可以导致不同的结果。因此我们认为，未来值得进一步推进的工作主要有二：一是将时间维度引入经验或比较历史研究中，或用更为丰富的经验材料对时间因素的重要性做进一步的验证；二是对时序和时机以外的"时间"因素做出更多的探索。

参考文献

1. Bates R. H., A. Greif, M. Levi, Jean-Laurent Rosenthal, and B. R. Weingast, *Analytic Narratives*, Princeton: Princeton University Press, 1998.

2. Braudel, F., *Civilization and Capitalism*, *15th-18th Century*(*Vol. 2*): *The wheels of commerce*, Berkeley and LA: University of California Press, 1992.

3. Braudel, F., *Civilization and Capitalism*, *15th-18th Century*(*Vol. 3*): *The perspective of the world*, Berkeley and LA: University of California Press, 1992.

4. Collier, P., *Wars, Guns and Votes*: *Democracy in Dangerous Places*, London: Harper Perennial, 2010.

5. Epstein, S.R., *Freedom and growth*: *the rise of states and markets in Europe*, *1300-1750*, London: Routledge, 2000.

6. Ertman, T., *Birth of The Leviathan*: *Building States And Regimes in Medieval and Early Modern Europe*, Cambridge: Cambridge University Press, 1997.

7. Geertz, C., *The Interpretation of Cultures*: *Selected Essays*, NY: Basic Books, 1973.

8. Goldstone, J., *Why Europe? The Rise of the West in World History*, *1500-1850*, NY: McGraw-Hill, 2009.

9. Hedstrom, P., *Dissecting the Social*: *On the Principles of Analytical Sociology*, Cambridge: Cambridge University Press, 2005.

10. Huntington, S.P. and J.M. Nelson, *No Easy Choice*: *Political Participation in Developing Countries*, Mass: Harvard University Press, 1976.

11. Krasner, S., "Globalization, Power and Authority", in E.D. Mansfield, D. Edward. and R. Sisson, *The Evolution of Political Knowledge*: *Democ-*

racy, *Autonomy and Conflict in Comparative and International Politics*, Columbus: Ohio State University Press, 2004.

12. Kuenne, R. E., *The Theory of General Economic Equilibrium*, NJ: Princeton University Press, 1963.

13. Maddison, A., *The World Economy(Volume2）: Historical Statistics*, Paris: OECD, 2007.

14. Mahoney, J. and D. Rueschemeyer, *Comparative Historical Analysis in the Social Sciences*, Cambridge: Cambridge University Press, 2003.

15. Mann, M., *The Sources of Social Power (Vol. 1): A History of Power from The Beginning To Ad 1760*, Cambridge: Cambridge University Press, 1986.

16. North, D. C., W. Summerhill, and B. R. Weingast, "Order, Disorder and Economic Change: Latin America vs. North America", in Bruce Bueno de Mesquita and Hilton Root, eds., *Governing for Prosperity*, New Heaven: Yale University Press, 2000.

17. Pierson, P., *Politics in Time: History, Institutions and Social Analysis*, NJ: Princeton University Press, 2004.

18. Pierson, P., "Not Just What, but When: Issues of Timing and Sequence in Comparative Politics", Paper presented at *Annual Meeting of the American Political Science Association*, 1998.

19. Przeworski, A. and H. Teune, *The Logic of Comparative Social Inquiry*, NY: Wiley-Interscience, 1970.

20. Resende-Santos, J., *Neorealism, States and the Modern Mass Army*, Cambridge: Cambridge University Press, 2007.

21. Tilly, C., *Coercion, capital, and European states, AD 990-1992*, Oxford: Blackwell, 1992.

22. Verba, S., "Sequences and Development", in L.Binder et al., (eds.),

Crises and Sequences in Political Development, NJ: Princeton University Press, 1971.

23.White, M., *The Fruits of War: How Military Conflict Accelerates Technology*, NY: Simon & Schuster, 2005.

24.Acemoglu D., S. Johnson and J. A. Robinson, "Reversal of Fortune: Geography and Institutions in the Making of the Modern World Income Distribution", *Quarterly Journal of Economics*, Vol.117, No. 4, 2002.

25.Acemoglu D., S. Johnson and J. A. Robinson, "The Rise of Europe: Atlantic Trade, Institutional Change, and Economic Growth", *American Economic Review*, Vol.95, No. 3, 2005.

26.Gallagher, M.E., "Reform and Openness: Why China's Economic Reforms Have Delayed Democracy", *World Politics*, Vol.54, No. 3, 2002.

27.Kiser, E. and J. Schneider, "Bureaucracy and Efficiency: An Analysis of Taxation in Early Modern Prussia", *American Sociological Review*, Vol.59, No. 2, 1994.

28.Lijphart, A., Comparative Politics and the Comparative Method, *The American Political Science Review*, Vol.65, No. 3, 1971.

29.North, D.C. and B.R. Weingast, "Constitutions and Commitment: The Evolution of Institutions Governing Public Choice in Seventeenth-Century England", *The Journal of Economic History*, Vol.49, No.4, 1989.

30.Offer, A., "The British Empire, 1870–1914: A Waste of Money?", *The Economic History Review*, Vol.46, No. 2, 1993.

31.[美]彼得·穆迪：《东亚：自上而下的民主》，[美]霍华德·威亚尔达主编，榕远译：《民主与民主化比较研究》，北京大学出版社，2004年。

32.[美]道格拉斯·诺斯、罗伯斯·托马斯，厉以平、蔡磊译：《西方世界的兴起》，华夏出版社，2009年。

33.[美]贾雷德·戴蒙德，谢延光译：《枪炮、病菌与钢铁：人类社会的命运》,上海译文出版社,2006年。

34.[德]卡尔·马克思:《资本论》(第一卷),人民出版社,1975年。

35.[美]罗伯特·帕特南,王列、赖海榕译:《使民主运转起来》,江西人民出版社,2006年。

36.[法]马太·杜甘,文强译:《国家的比较》,社会科学文献出版社,2010年。

37.[英]马亚尔,胡雨谭译:《世界政治》,江苏人民出版社,2004年。

38.[美]尼考劳斯·扎哈里亚迪斯主编,宁强、欧阳景根等译:《比较政治学:理论、案例与方法》,北京大学出版社,2008年。

39.[英]沃尔特·白芝浩,金自宁译:《物理与政治:或"自然选择"与"遗传"原理应用与政治社会之思考》,上海三联书店,2008年。

40.[美]约瑟夫·R.斯特雷耶,华佳等译:《现代国家的起源》,格致出版社、上海人民出版社,2011年。

41.赵鼎新:《东周战争与儒法国家的形成》,华东师范大学出版社,2011年。

42.左希迎:《新精英集团、制度能力与国家的军事效仿行为》,《世界经济与政治》,2010年,第9期。

43.张宇燕、高程:《美洲金银和西方世界的兴起》,《社会科学战线》,2004年,第1期。

第六章

社会科学中的时空与案例选择[①]

　　关于案例选择的方法论文献中,时空常常被忽略。本章认为基于时空的案例选择使社会科学中的案例研究更具同质性与可比性,同时也避免了概念和机制在不同情境中的歧义。案例选择的时空规制为研究设计带来诸多优势。它为样本选择本身带来了便利,在案例选取的层面实现了动态比较,并以增加案例的内部有效性为基础提高了理论的外部有效性。本章通过两本比较政治学著作来展现时空规制的优势,并提出了将时空规制加入研究设计的具体操作方法。

---

　　① 作者:叶成城、黄振乾、唐世平。叶成城,上海社会科学院国际问题研究所副研究员;黄振乾,中国农业大学人文与发展学院副教授。曾发表于《经济社会体制比较》。感谢王凯、曹航、郝诗楠对本章提出了宝贵的修改意见。

因果解释是社会科学不同于人文和历史学科最重要的标志。社会科学研究试图通过比较分析给出从原因到结果、从自变量到因变量之间的因果解释。在定性研究中,案例选择是因果解释的基础,错误的案例选择会削弱乃至摧毁整个因果解释的可信度。

然而既有的案例选择方法讨论却几乎忽略了时空这两个最重要的背景约束因素。过去的方法论文献中,已有许多关于时间与空间的方法论意义的讨论,同时也产生了大量关于案例选择的方法论思考,但是尚未有文献深入思考时空条件与案例选择之间的关系。这样的结果之一是许多的案例选择研究都存在相当多的问题。这背后的根本原因之一是案例研究的因果关系的成立需要依托于具体的时空情境。

因此时空是案例选择中最为根本性的约束。也就是说,在恰当的时空范围和情境下进行案例选择对于社会科学的研究者来说是进行任何一项科学研究的前提,它可以帮助我们修正既有的对案例选择不全面的理解,整合既有的对案例选择的多种理解,而且得出的学术建议更加简洁、有效和全面。这是本章所要讨论的核心内容。

一、时空与案例选择:过去文献的不足

在前社会科学时代,因果分析少有案例选择的意识,往往是通过零星的举例说明来佐证观点。因此早期的作品往往以个案分析为导向,基本遵循历史学家的观察方法,着眼于特别引人注目的案例,包括有影响力案例、极端案例、异常案例等(Seawright and Gerring, 2008)。这在历史社会学的研究路径中体现得尤为突出(例如 Anderson, 1974; Hintze, 1975; 戈德斯通, 2013; 摩尔, 2013)。另外,早期的学者有一个误区是只研究发生过的重大事件而忽略了没有发生的事件或者说负面案例,例如只关心法国大革命而不关心为什么西班牙不会发生类似的革命(叶成城、唐世平, 2016)。

在自然科学方法被逐渐引入社会科学领域之后,自然科学方法开始逐渐推广应用到社会科学的各个领域中。早期的比较方法以密尔(Mill,

1882[1843])关于求同法与求异法的经典论述为基础。早期的方法论研究提出了案例选取的两种思路。其一，部分学者提出以最大差异原则选取案例(Lijphart，1975；Meckstroth，1974)，选取只有一个条件相同而其他条件完全不同的案例，从而认为导致结果相同的相似性即为原因。其二，亚当·普沃斯基等人提出了关于"最相似系统设计"的原则，在其他条件一致时，导致结果不同的差异即为原因，他所谓的"系统"大体上指的是国家(Przeworski，1970)。在社会科学领域中两种方法往往被同时使用，例如最为常见的2*2交叉列表。在比较政治研究中，许多研究者也开始有意识地使用结果正负案例对比来加强理论说服力(如Ertman，1997；Tilly，1990；斯考切波，2013；唐宁，2015)，但这些案例选择方法仍然无法避免这两种方法内在的缺陷。求异法的缺陷往往是质疑案例选择多大程度上接近于一种"最大相似性"(Mann，1986)，以及对概念过于宽泛和模糊的定义(Møller，2015)。而对于求同法的质疑则来自两个方面：一个是查尔斯·拉金(Ragin，2000；2008)对于多重因果性的质疑，即结果的相似性可能出于其他不同的组合而非自变量的相似性；另一个则是对因变量的选择性偏差的质疑，即只选择结果出现的案例可能会导致因果推断的偏误(Collier and Mahoney，1996；Geddes，1990)。

定量研究者提倡尽可能多地增加样本数量，以此来增加结果的可信度。利普哈特(Lijphart，1971；1975)认为，案例选择的关键在于尽可能多地增加样本数量。芭芭拉·格迪斯(Geddes，1990)提到不能够基于少量数据而下定论，她认为需要尽可能全面地选择样本，避免根据因变量选择案例。加里·金、罗伯特·基欧汉和悉尼·维巴同样认为处理有限样本的策略是"次优"的，研究者应该增加样本数量来增加因果解释力(King et al.，1994)。这类案例选择的方法是基于大数定律，即通过随机抽样借助样本来推测总体的案例选择方法。定量研究者提出的这种建议同样遭到批评，这类问题事实上是由于忽视时空规制而产生的，因为时空的规制限制了样本数量的随意增加，许多研究的样本数量是不可能增加的。同时马奥尼和格尔茨(Mahoney and Goertz，2004)认为，不基于因变量的案例选择方法可能会导致无法区分负面案例和无关案例，如果将许多不可能发生的案例纳入分析，最终干扰因果推断的准确性。

案例选择的方法在经历了定量和定性"两种文化"之间的辩论之后，开始出现新的基于混合方法的案例选择(Goertz and Mahoney，2012)。一方面，许多学者发展了传统的定性研究，提出了更为精致的案例比较分析，来完善和弥补过去对于案例研究中样本过少而变量过多的批评，这些方法包括用过程追踪的方法来增加可信度(Collier，2011；George and Bennett，2004；Mahoney，2012)，用匹配分析(matching)在大样本中选择案例进行比较(Abbot and Tsay，2000；Nielsen，2016)，通过对照比较(controlled comparison)来兼顾内部和外部有效性(George and Bennett，2004；Slater and Ziblatt，2013)，采用配对比较(paired comparison)共同使用求同法和求异法(Tarrow，2010；Gisselquist，2014)。另一方面，杰森·西赖特和约翰·耶林(Seawright and Gerring，2008)试图融合定量和定性的案例选择方法，总结出了七种案例选择技巧：选择典型案例、多样化案例、极端案例、异常案例、有影响力的案例、最大相似案例和最大差异案例。

无论是定性研究还是定量分析，它的基本逻辑都是通过有控制的比较来进行因果推断或因果解释，控制比较需要的是案例之间的相似性，但许多研究者在这一过程中忽视了时空对案例选择的根本性限制。例如一些研究者考察了五千年历史中帝国的相似性，并声称它们之间存在"巨大时空差异下的惊人相似之处"，但这种研究遭到批评者的广泛质疑(Mann，1986)。尽管已经有研究者意识到了范围条件(scope conditions)的重要性(Mahoney and Goertz，2004)，并且许多优秀的比较研究已经开始使用时空的概念来规制案例选取(例如Mahoney，2010；Slater，2010)，但是尚未有学者明确提出时空规制在案例选择中的作用，以及用时空来规制案例选择的理论依据和具体操作方法。

基于上述的这些问题，本章试图从时空视角给出一种案例选择的方法论思考，从而可以减少乃至规避过去案例选择中的误区和错误。下面将分五部分来论述。第一部分从逻辑和概念两个层面讨论用时空规制案例选择的必要性，第二部分介绍了用时空规制案例选择在方法论上的优势和意义，第三部分用两本著作作为一正一反两个案例来展示基于时空进行案例选择所带来的优势，第四部分进一步介绍用基于时空进行案例选择的基本操作流程，最后部分是简单的结论。

二、案例选择的时空背景

正如迈克尔·曼所言，每一个事例都在时间中发展，这一动态本身必定是我们解释其有关结构的组成部分（Mann，1986）。时间和空间是社会科学中最为重要的概念。从时间上来看，时序、时机、节奏、情境等都会影响到研究者对于案例因果机制的理解（Grzymala-Busse，2011；Pierson，2004；郝诗楠、唐世平，2012）；从空间上来看，距离、经纬度和地貌同样会影响到国家兴衰的因果路径（Diamond，1997；叶成城，2015）。时空因素在整个社会科学的研究设计和因果推断中是如此重要，我们将从逻辑和概念两个层面阐述时空对案例选择的重要性。

一方面，从逻辑层面而言，基于时空的案例选择更加符合密尔方法的逻辑和案例研究的同质性假设。在密尔自己的体系中，所有方法都归于求异法，而求异法所面临的最大挑战在于如何控制变量并分离出原因，密尔甚至认为他的方法不能被应用于社会科学（卡拉曼尼，2012）。在社会科学中，研究者往往通过大样本的随机因果效应或在小样本中用案例研究或过程追踪来加强理论的可信度，但无论是讨论原因的结果（effects of causes），还是结果的原因（causes of effects），都要基于案例的同质性假设。在因果推断中，案例之间的同质性意味着因果效应相同，即在不同案例中，同等的自变量变化所导致的结果变化是相同的（King et al.，1994）。在标准的统计中，不可能估计个体的因果效应，而只能针对一个总体来估计平均因果效应（Goertz and Mahoney，2012）。在因果解释中，时空差异显然会对从原因到结果之间的机制产生干涉作用,从而使得同质性假设荡然无存。

时空差异往往隐含着大量的情境差异,例如距离所带来的影响在不同时空中是完全不同的。几千千米的距离在古代就可能造成彻底的隔绝,而在现代则仅是飞机几个小时的航程;再比如同在大航海时代,由于航海技术的差异,同样距离对于欧洲和其他地区的意义也是不同的。时空限制可以保证案例比较的同质性和可比性,从而将相关问题的文化和历史因素考虑在内(Ragin, et al., 1996)。故而存在较大时空跨度的研究往往会遭到质疑,因为宗教、科技水平、生产力方式、地理环境、语言文化和历史记忆等诸多因素都没有被控制,这些差异会削弱求异法的逻辑基础,从而降低理论的可信度,例如如果将近代欧洲和春秋战国进行比较就会面临类似的困境(许田波,2009)。

另一方面,从概念层面而言,社会科学中的概念/变量和机制都带有时空的烙印。时空存在着特定的情境含义,这种含义会对概念的定义产生影响,也可以视为一种隐含的控制变量。情境由多层非同步的政策、制度和各种背景条件所组成,它并非是自变量或者因变量的原因,但可以影响从原因到结果的过程(Falleti and Lynch, 2009)。时空的情境含义意味着外部环境会随着时空的不同而变化,为了观察和发现这些案例中的因果机制,就需要对时期进行分段(periodization),从而保持背景因素的持续性。因为在不同的时空中,不同地区和不同时期的人,对于特定概念及其理解是存在差异的,一旦所选择的案例时空差异过大,就会影响同质性假设,即便研究者使用了同一概念也是如此。例如18世纪西欧的封建地主制度尽管存在差异,仍然可以视为类似的封建制度,但它同中国战国初期的封建制度相比,就不能视作同一概念(Møller, 2015)。

机制的时空性同样意味着案例选择需要接受时空因素的规制。在时间层面,案例研究中因果机制的研究都需要涉及机制的环境、初始条件,以及结果变化等重要的时间节点,这是进行因果叙述的基本前提。事件的发展往往会随着时间的推移而产生积累效应，在过长的时间段中我们往往很难区分因果机制。而忽略时间会对探究那些与时间共变的机制造成障碍，例如各类社会演化和学习机制。因此我们需要截取特定的时间段进行案例分析来避免无限回溯的问题，例如选取出现明显的路径偏离、前后因果关系不明确的关键节点（Pierson，2004；Slater；2010）。当研究者选择相似时间段进行分析时，往往也意味着空间上的相近或类似，否则就很难恰巧在相近时间发生类似的变化。在案例研究中，休厄尔（Sewell，1996）所说的在独立性和对等性之间加以权衡的问题并没有过去学者所想象得严重。因为作为研究案例的行为体的集合构成了一个体系，个体不可避免地受到体系的影响，而时空的规制可以最大限度地控制这种影响。例如当17—18世纪的西欧国家意识到英国所获得的优势时，就会通过变革来模仿和学习，而同时期的"东方世界"由于距离遥远则缺乏这种意识和动力，因此选择18世纪的西欧作为研究的时空时，就一定程度地控制了个案在空间上的互相影响（例如叶成城、唐世平，2015；2016）。

三、基于时空进行案例选择的优势

前文所述用时空对案例选择进行规制的理由可以反过来视为无视时空差异进行案例选择会带来的缺陷。笔者将在这部分重点讨论对案例进行时空规制所带来的优势，主要从案例选择、案例比较和案例的内外部有效性三个方面进行阐述。需要说明的是，基于时空的案例比较与求异法的逻辑（最大相似性原则）更为接近，但基于时空的案例比较并不仅仅限于对求异法逻辑的优化，因为将特定时空中通过求异法所发现的机制拓展到不同时空中时，则是基于一种求同法的逻辑，这样的求同法说服力更强。

首先，时空规制给样本选择本身带来了便利。一旦在理论和样本的选择中限定了时空范围之后，可供选择的案例数量就会急剧减少，尤其是在国家层面上，特定区域内的国家数量是有限的，故而时常可以实现"全样本分析"，研究者就在很大程度上避免了所谓的样本选择偏差问题，即无须再面临如何从数量庞大的总体(population)中选取样本(sample)的困境。与此同时,研究者在跨越时空的案例选择中,往往需要考虑样本的"代表性",即只选择特定时间或者空间的案例是否存在风险,例如对于现代化研究就需要考虑是否要在欧洲、美洲和亚洲,在东欧和西欧,在法国大革命之前和之后各选一定的案例进行研究,但这又会降低案例的同质性,并且由于实际研究中资料和精力的限制,研究者通常无法满足同时具有代表性和多样性的要求。在斯考切波(2013)关于国家与社会革命的研究中,往往会面临无穷无尽的案例选取问题,因为其隐含的时空范围是在18至20世纪各大洲内,无论是正面或负面案例的选取总可以找到各种"反例",她被指责缺少了关于殖民地国家的研究,而加入这些样本之后其结论就无法成立(Geddes,1990)。但是如果限定了其时空范围在18世纪的西欧,那么案例的样本量就会减少至4个,即18世纪的法国、普鲁士、奥地利和西班牙,也不存在样本选择偏差的问题,因为已经构成了在这个条件范围之内的全样本(叶成城,2017),同时也可以发现西班牙的案例被研究者忽视了(叶成城、唐世平,2016)。

表6-1　案例内比较的四种方法

	有时间维度变化	无时间维度变化
有空间维度变化	动态比较	空间比较
无空间维度变化	时序比较	反事实比较

其次,时空的规制在案例选取的层面可实现动态比较,类似于实现了从单一的时间或空间的"截面数据"到"面板数据"的飞跃。案例比较研究按照是否具备空间和时间维度的变化可以分为四种类型:反事实比较、空间比较、时序比较和动态比较(Gerring,2007)。①反事实比较同时缺乏时空维度的变化,如地理、制度、社会等结构性因素,只能通过反事实假设来产生"变化"。②空间比较因为缺乏样本在不同时间的变化,只能对案例内部的数据进行截面比较。由于没有案例进行跨越时间的比较,我们对于案

例的选取将仅仅限于截面数据，许多外生因素将很难被理论考虑在内。③时序比较倾向于采取历史制度主义方法，由于缺乏对照组，只能够通过自身在具体时间节点的变化，比较特定因素对于结果的影响。由于没有空间层面跨案例的比较，时序比较对于案例的选择将仅仅限于时间序列上的截断，而无法拓展案例的普遍性。④动态比较则兼备了案例的内部有效性和外部有效性。它考虑时空维度的变化，是最接近于实验状态的研究方法，显然是最具有说服力的，类似于药物实验中，设置了使用药物的实验组和使用安慰剂的对照组来察看用药前后的差异。从这个意义上来看，无论是定量还是定性分析，其案例选取总是倾向于采用"面板数据"，前者采用了面板回归而后者采用了动态比较。除此之外，动态比较另外一个优势就在于可以最大化情境因素的实证意义。一方面情境因素可以通过在时间上的变化察看其作为干涉变量的作用，另一方面在空间比较过程中可将其作为控制变量而实现同质性假设（Klingman, 1980）。但是面板数据也仅仅是实现了一种相关性的共变或者探求充分条件，而无法去探讨因果异质性（causal heterogeneity）和具体的作用机制，只有过程追踪可以实现这个目标。

最后，时空规制通过增加案例的内部有效性来提高理论的外部有效性。时空规制形成了对理论适用范围的限制，从而增加了案例之间的同质性。案例选择需要在它的推广性和同质性之间进行权衡，在确定的时空范围中选择案例可以增加理论的内部有效性。萨托利（Sartori, 1991）提出可以通过对必要条件的限制，减少规律的适用范围来解决和减少例外情况。笔者认为对时空范围的框定就是对适用范围最重要的限制。时空规制通过条件范围的限制避免了错误的案例选择所导致的误导性结论。过去学者提出了条件范围的概念，正是意识到了无约束的命题系统所固有的易错性（Walker and Cohen, 1985）。与此同时，研究者可以从特殊的案例中抽象出一般性的变量和机制，以此来界定不同案例之间的相似点和不同点（Slater and Ziblatt, 2013）。对案例的时空规制看似通过减少案例的推广性增加了其精确度,但这种精确度背后抽象的、概念化的因果机制反而可能会增加其推广性,因为它实现了关键变量具有代表性的类型变化。正如计量经济学界越来越重视先测量出"本地平均处理效果"(local average treatment effect),先在有限的时空中通过恰当的案例选择来进行因果解释是获得更具外部有效性理论的重要一步。不仅如此,时空规制还可以解决和综合许多看似矛盾的理论,这些理论之间的冲突是因为各自基于不同的假定而演绎出不同结论,而同时又各自声称自己的理论在各个时空中的普适性,通常也可以找到各种"反例"互相批评。例如在国际关系理论中,进攻性现实主义和防御性现实主义之间存在激烈的辩论,一旦加入了时空的规制之后,就可以发现国际社会存在一个从进攻性现实主义逐步演化为防御性现实主义的过程(Tang,2015)。这不仅增加了理论的精确度,而且也容易得出更具动态性、普遍性与综合性的理论。

四、时空规制与案例选择:两本著作的比较

我们现在把注意力转向具体的案例,选择出版的两部政治社会学著作进行比较。一本是托马斯·比宾斯基(Thomas Pepinsky)的《经济危机与威权政体崩溃》(2009),另一本是詹森·布朗利(Jason Brownlee)的《民主化时代的威权主义》(2007)。如表6-2所示,这两本著作的因变量相似,都是探索威权政体崩溃/持续的原因,但是它们的理论解释迥异。比宾斯基从经济危机引发的国内制度变革来分析威权政治崩溃的原因,布朗利从政体内部的政党制度变革来分析威权政治崩溃的原因。我们将通过对这两本书的比较来展示时空规制的重要性。两者虽然都采取了类似方法研究问题,但由于对时空的理解和处理存在差异,他们的理论解释力就大相径庭。

表6-2 两部著作的比较研究

	《经济危机与威权政体崩溃》	《民主化时代的威权主义》
时间	1997年亚洲金融危机前后	第三波民主化期间
空间	东南亚毗邻的两个国家 马来西亚和印尼	全球范围的四个国家 埃及、伊朗、菲律宾、马来西亚
因变量	威权政体持续存在/崩溃	威权政体持续/崩溃
自变量	经济危机、政治联盟、调整政策	精英冲突、精英结盟、政党制度
核心解释	同一经济危机下，不同政治联盟支持的政权所推行的不同经济调整政策引发的政治后果	建国后是否存在一党执政的政党制度决定着威权政体是否能长期存活
比较逻辑	求异法	求同求异法
理论的普遍性	先用案例比较验证因果机制，后用定量分析将理论外推	在大样本中选择四个案例进行比较

　　《民主化时代的威权主义》的核心自变量是政党制度，其他变量包括精英冲突、精英结盟、政党制度等，因变量是威权政体的持续存在。该书作者选了埃及、马来西亚、伊朗和菲律宾这四个国家。他认为是否能够排除反对党夺权或竞争是威权能否持续的关键。埃及和马来西亚存在能够有效排除反对派夺权的政党制度，威权能够持续存在；而伊朗和菲律宾缺乏一个阻碍反对派和反对者进入体制的政党制度，威权不太可能持续下去，政体更有可能崩溃或进行民主转型。我们知道第三波民主化中存续的威权政体很多，在全球范围内第三波民主化中生存/转型的威权政体数量超过30个，然而该书作者仅仅根据是否存在政党制度选择四个案例进行比较，显然，由于缺乏时空规制，作者的案例选择存在以下问题。

　　一方面，布朗利缺乏对因变量的时空控制，这导致了作者在因变量选择中缺乏概念同质性。在空间上，由于所选案例的空间跨度极大，作者难以用统一的标准来测量因变量，这带来的后果是因变量赋值标准的不一致。例如菲律宾威权政体的崩溃属于民主转型，而伊朗所谓的崩溃则是神权政治中左翼的复兴，两种并不能够相提并论。在时间维度上，由于作者没有进行精准的时间截断，同样削弱了其概念的清晰度。需要指出的是，转型的时间截断点应当在威权政体崩溃时，这同转型后的发展是完全不同的两个问题,作者却为了保持时间的一致性而将无关叙述的时间节点延长到了2006年。并且由于"第三波民主化"概念的宽泛性,同属于第三波的"茉莉花革命"爆发后,埃及政府在2011年的崩溃显然削弱了作者的理论。

另一方面,布朗利同样缺乏时空对自变量的规制,案例分析中运用最大差异原则,这种方法可能面临最大的挑战就是多重因果性和遗漏变量。首先,缺乏空间规制使案例选择缺乏相似背景。伊朗和埃及是中东国家,马来西亚和菲律宾是亚洲国家,地理位置、宗教、族群问题、战争、国际干涉等因素差异如此之大以至于可以成为竞争性解释,极大地降低了作者理论的可信度。其次,作者在时间上是将存在争议的"第三波民主化"作为背景条件,而缺乏明确定义,直接将其当作分析的起点。尽管布朗利将自变量(政党制度)追溯到二战后的建国初期,甚至更早,对前期条件作了一些分析(Brownlee,2007),但作者没有对威权政体产生变异截断点进行控制,例如菲律宾的转型在1986年而伊朗的变化则是1997—2000年,这就使得作者无法控制冷战前后国际体系的剧烈变化所带来的情境差异。

《经济危机与威权政体崩溃》一书的核心自变量是政治联盟是否破裂,其他变量还包括调整政策和经济危机等,因变量是威权政体是否崩溃。作者用1998年亚洲金融危机中的马来西亚和印度尼西亚进行对比来验证其理论。经济危机发生后,由于印尼政府采取了开放资本账户和允许汇率浮动的政策,导致了本土印尼商人和华人之间的冲突加剧,使得政治联盟破裂,最终葬送了其政权(Pepinsky,2009)。而马来西亚政体的支持者基本是在本土固定投资的马来人,因此经济危机后,政府没有开放资本账户和实行浮动汇率,而是通过减少货币供应和进行财政改革(Pepinsky,2009),使得支持者联盟没有破裂,最终克服了经济危机,使威权政体得以持续存在。

对本章而言,比宾斯基关于威权崩溃解释的最大启发在于,他用清晰的时空对案例范围进行严格框定,通过时空规制下的案例选择展示了理论的可靠性。在时间上,他将时间截断点定在1997—1998年亚洲金融危机期间,对于因变量威权政体崩溃或持续的判定就在危机发生后,以1998年5月印尼苏哈托(Soeharto)政权倒台和此后马来西亚马哈蒂尔(Mahathir)政权仍得以维系作为截断点,两者在时间上基本一致。在空间上,他所选择的两个案例不仅控制了文化、气候、地理环境等基本因素,并且两国都是出口导向型经济、在政府资源分配中存在显著的偏袒主义(favoritism)和拥有较高的外汇储备(Pepinsky, 2009),这意味着两国对于外生经济危机的敏感性是相似的。作者通过时空规制较好地实现最大相似性比较,从而可以聚焦研究核心自变量的独立影响,因此其核心机制反而更具推广性。该书的核心因果机制是,经济危机→威权政府的应对政策是否导致支持者联盟的冲突→威权政府的崩溃/持续存在。比宾斯基通过对20世纪遭受过经济危机的威权政体大样本统计分析来检验理论的普遍性。作者发现在经济危机中开放资本账户的国家,政权崩溃的概率显著增加了(Pepinsky, 2009)。

《民主化时代的威权主义》和《经济危机与威权政体崩溃》都是典型的案例比较研究。通过比较这两部著作,我们不难发现好的案例研究需要具备基本的时空观念。前者由于在案例选取过程中缺乏了规范与合理的时空规制,在广阔的时空随意选取案例进行求同,其理论看似有较强的普遍性,但是大量的竞争性解释反而削弱了其理论的可信度;后者通过时空规制构建了一个能够较好捕捉因果机制的研究设计,从而使理论经得起推敲,甚至能够将核心机制推广到更大的样本和时空之中。

五、在时空规制下选择案例:具体的操作规则

上述讨论提供了正反两个案例的对比研究,这种对比在某种程度上也是基于"时空规制下的最大相似性"原则,便于展示时空规制对于结论的可靠性和逻辑的严密性所产生的作用。我们将基于前人研究,进一步提出关于时空规制下进行案例选择和研究设计的具体操作流程与方法,避免流于"口号式"的呼吁。乔治和班纳特将案例研究设计归纳为如下五个环节:确

定研究问题(因变量),确定自变量与研究策略,案例选择,描述变量的变化,思考普遍性问题(George and Bennett,2004)。借用这个分析框架,我们将从这五个环节入手讨论如何用时空规制案例选择。

表6-3　时空截断的理论意义与操作

	自变量	因变量
时间维度	前期条件	关键节点控制
空间维度	相似背景	概念同质性

(一)基于因变量的案例选择

因变量所指向的是研究问题,而案例所代表的"样本"并非仅仅是定量研究中一串冰冷的数字,而是特定时空范围内一系列事件的总和及其具体的动态过程。因变量在空间上截断的意义在于保持概念背景的同质性(Falleti and Lynch,2009;Møller,2015),往往以特定的地理或环境相似性作为边界的划分规则,从而确保其跨案例变化的等价性(equivalent)。例如宗教、绝对主义、封建主义等概念在东欧和西欧就存在较大差异,因此在比较分析中建议只选择一个地区而非跨越地区的案例比较。因变量对于案例选择的时间意义在于根据关键节点选择事件,精确展示具体因果机制变化的过程。如果选择过长的时间段,就会面临无限回溯的困境;而如果过短,对于历史过程孤立事件的观察无助于对事件的理解,因为它只有被视为更大过程的一部分才有意义(Büthe,2002)。历史叙述的关键在于时空,即一个历史事件发生在什么时间、什么地方和什么场合,以及以什么方式在时空中发展,只有如此我们才能开始真正理解甚至解释历史动态中一些有意义的规律(赵鼎新,2006)。因此研究者需要选择关键节点来确定研究的轮廓,明晰如何在限定的时空范围内相对"平行"地展示因变量的变化,尤其是选择事件变化或者没有变化(但在相似案例中发生变化)的关键节点。这个关键节点通常是选择同期的重大事件作为标志,例如法国大革命可以作为旧制度崩溃的重大标志,但作为"对照组"的西班牙仍然可以用1789年作为对过程追踪的截断点来解释为何没有发生革命(叶成城、唐世平，2016）。

（二）基于自变量的案例选择

基于因变量的案例选择相比起基于自变量的案例选择更为重要，自变量对于案例选取的规制在于两个层面:相似背景和前期条件。首先，基于时间层面对前期条件的控制，因为事件重大变化是相对容易观察的，相比之下过程追踪的起点更难以寻找。时间上的控制乃是案例叙述或过程追踪的起点，斯雷特认为需要遵循"关键前期条件（antecedent）→关键节点→结果差异"三个步骤，即在关键节点之前进行适当的"回溯"（Slater，2010）。关键前期条件指的是先于关键节点的因素或条件，它们在关键节点对自变量和因果机制产生影响，从而促进长期结果的差异。例如在发生体制转型之前，通常先有制度变迁或者民主化观点的出现，它先于民主化的准备阶段或者制度变迁中的动员阶段而存在，在案例中这部分时间是不能够被忽略的（Rustow，1970；Tang，2011）。其次，基于空间层面对相似背景的控制，它作为一种控制变量确保了案例研究中"最大相似性"。这种相似背景的控制除了包括对类似环境、文化、气候、地理的基本控制之外，还涉及地区内部各个案例对于核心变量的反应。因为地区是一个动态的系统，体系内部的各个行为体都同样会对其他行为体产生影响，即涉及个案扩散的问题（Ross and Homer，1976）。个案扩散的问题同样会导致因果推断失真，而在绝大多数解决这一问题的方法中，最为简单直接的方法就是将研究假设的空间范围限制在特定的子地区（Klingman，1980）。这种空间规制相当于控制了特定的扩散效应，例如思想启蒙、技术变革和经济危机等，研究者通常只能在个案扩散的范围内选择案例（Pepinsky，2009；叶成城、唐世平，2016）。

（三）在时空条件范围下选择案例

需要看到的是，基于机制的案例选择方法和基于变量变化的案例选择方法仍然是不同的。因果机制型的解释要避免错误的跨案例推断，往往既要做到在较小和较为集中的样本中进行案例分析，同时通过在多个案例中对机制的追踪来确保发现的机制在各个案例中都存在(Beach and Pedersen，2016)。凯泽认为时空的条件范围选取可以分为两种类型：一种是历史学的条件范围，它限定了特定的时间和空间范围，例如17世纪的法国研究；另一种则是相对模糊的条件范围，例如欧洲的世袭君主国研究(Kiser，1996)。本章认为案例选择方法介于两者之间，即在限定具体的时空条件范围内进行"案例内研究"，例如时空可以限定在15世纪的意大利(Putnam et al.，1994)或者18世纪西欧(叶成城、唐世平，2016)，但是并不意味着这是关于意大利或整体欧洲的研究，仍然可以通过对意大利南部和北部的比较，或者西欧内部的比较获得案例间的有效性。此外，在控制了时空条件范围之后，笔者认为需要谨慎采用"可能性原则"来剔除那些被认为不可能发生的负面案例(Mahoney and Goertz，2004)，因为界定某结果出现的概率极低与不可能之间存在较强主观性。如表6-4中的案例A_4，尽管几乎不可能导致结果出现，但它对于展示因果机制的P_1阶段仍有重要的理论意义，因为它作为负面案例与A_1、A_2和A_3(正面案例)在P_1阶段进行比较，检验了该阶段机制存在的真实性。

表6-4　案例研究、因果机制与动态比较

案例	自变量X			因变量Y
	阶段P_1	阶段P_2	阶段P_3	结果
A_1	1	1	1	1
A_2	1	1	0	0
A_3	1	0	0	0
A_4	0	0	0	0

(四)在动态比较中描述案例变化

时空规制本身要求对案例有深刻理解，因为时间上的截断意味着需要对案例发展过程(内部有效性)具有基本的理解，而空间上的截断则意味着对案例之间的类型和概念(外部有效性)进行了区分(Gerring，2007)。要在过程追踪中同时保持这两种有效性，我们建议采用条目化的比较，即继续将事件变化的过程细分为特定的数个阶段。例如罗斯托（Rustow，1970）将民主化分为背景条件、准备、决定和习惯阶段；唐世平（Tang，2011）将制度变迁的过程分为五个阶段：观念→政治动员→权力斗争→制定规则→合法化、稳定化，以及复制。在对制度变迁进行讨论时，首先选定诸如案例 A_1 这样结果出现的正面案例（因变量 Y=1）作为参照，通过正面案例与负面案例的比较、分析，抽象出因果机制，从而参照机制的不同阶段进行动态比较。既考察每一个案例在时间维度的变化，也考察案例在各个阶段的变化。例如对比案例 A_1 和 A_2 在 P_2 和 P_3 阶段的差异，就可以发现可能特定因素存在/不存在阻止或造成了案例在不同阶段的差异，两者作为正反案例共同增加了机制 $P_1 \rightarrow P_2 \rightarrow P_3 \rightarrow Y$ 存在的可信度；同理，案例 A_1 和 A_2 在 P_2 阶段的相似之处，则通过求同法增加理论的可信度。每一个阶段的成功（P_n=1）都是结果出现的必要条件，只要有一个阶段失败结果就无法出现（即 Y=0）。当然，由于社会科学的复杂性，Y=0 的结果仍然是存在差异的，例如机制"中止"在 P_2 阶段和 P_3 阶段，可能会输出不同结果，这种差异恰恰加强了因果机制的解释力。

（五）理论的普遍性：基于时空规制的机制推广

在时空规制下考察理论的推广性时，如果是定量研究，研究者会面临采用固定效应还是随机效应模型的选择；如果是定性研究，研究者需要思考这部分时空规制下的理论仅仅适用于这个时空，还是可以拥有更强的普遍性。一方面，研究者通过增强案例的可比性、代表性仍然可以在小样本比较中产生具有一定普遍性的结论，例如采用比较过程追踪的方法在因果机制的每一个阶段强化其解释力（Ruzzene，2011）。在前文所述的动态比较中，我们可以通过对机制的普遍性分析来推广理论，即可以将这些过程中的因果机制抽象为一个代表更广泛样本的、更为概念化的因果机制。我们察看如下两种机制。机制1：基因变异→具有保护色的飞蛾更不易被天敌捕杀→大多数飞蛾颜色同背景一致。机制2：变异→选择→遗传。机制1是具体观察的结果，如果将其抽象为机制2，其推广性就大幅增长，甚至几乎不受条件约束。另一方面,研究者需要在更多的时空去考察其核心机制的有效性,通过比较不同时空中的因果机制的异同,就可以发现和区分哪些理论是依赖于具体情境而存在,而哪些理论则可以独立于特殊情境的约束而存在普遍性。通常对于一个"因素+机制"的理论而言,具体因素的情境意义更为明确,而抽象机制的普遍性更强。由于研究中同时对多时空进行过程追踪是不现实的,故而可以参照比宾斯基(Pepinsky, 2009)的做法,在精确比较的基础上,通过相对"较低成本"的因果推断来拓展理论的普遍性,因为机制的可靠性已经通过此前的案例比较确定了。[①]

六、结论

在社会科学中,基于时空的案例选择时常被实证研究或者方法论研究的学者所忽略,尽管许多优秀的实证学者在不自觉地使用这一方法。基于时空的案例选择有助于保证研究概念与背景条件的一致性,避免由于时空情境所导致的概念同质性问题,以及纷繁复杂的时空差异而导致的遗漏变量问题,从而保证了案例比较研究分析中最基本的"最大相似性"原则。这种变量选择方法的优势在于减少了在过大的样本中选取案例的困扰,通过动态比较增强理论的内部和外部有效性,同时也通过对理论适用范围更为精确的分析进一步增加了机制的推广性。事实上,基于时空角度的条件范围来规制案例选择也是最为直观、简便和有效的。在空间上,需要以传统的地理边界来控制案例的背景条件和历史情境;在时间上,需要通过对从自变量到因变量的整个因果机制进行动态比较,从而兼顾案例研究内部和跨案例间的变化。借助这种方法,研究者将可以避免不切实际地追求理论普遍性,也只有通过更多精确的带有具体情境色彩的理论分析,我们才有可能追求更具普遍性的理论。

[①] 因果推断既可以是定量研究也可以是定性研究,它仅仅通过自变量与因变量的变化去推测背后的逻辑关系,而不去对具体案例进行过程追踪。

参考文献

1. Anderson, P., *Lineages of the Absolutist State*, London: National Library Board, 1974.

2. Brownlee, J., *Authoritarianism in an Age of Democratization*, Cambridge: Cambridge University Press, 2007.

3. Ertman, T., *Birth of the Leviathan*: *Building States and Regimes in Medieval and Early Modern Europe*, Cambridge: Cambridge University Press, 1997.

4. Gerring, J., *Case Study Research*: *Principles and Practices*, New York: Cambridge University Press, 2007.

5. George, A., and Bennett, A., *Case Studies and Theory Development in the Social Sciences*, Massachusetts: MIT Press, 2004.

6. Goertz, G., and Mahoney, J., *A Tale of Two Cultures*: *Qualitative and Quantitative Research in the Social Sciences*, Princeton University Press, 2012.

7. Hintze, O., *The History Essays of Otto Hintze*, New York: Oxford University Press, 1995.

8. King, G., Keohane, R., and Verba, S., *Designing Social Inquiry*: *Scientific Inference in Qualitative Research*. Princeton: Princeton University Press, 1994.

9. Mahoney, J., *Colonialism and Postcolonial Development*: *Spanish Americain Comparative Perspective*. New York: Cambridge University Press, 2010.

10. Mann, M., *The Sources of Social Power*, *Vol. 2*, Cambridge: Cambridge University Press, 1986.

11. Mill, J., *System of Logic*: *Ratiocinative and Inductive*, *Being a Connected View of the Principles of Evidence and the Methods of Scientific Investigation*, New York: Harper & Brothers Publishers, 1882. (Original work pub-

lished 1843）

12.Ragin, C., *Redesigning Social Inquiry*: *Fuzzy Sets and Beyond*, Chicago: University of Chicago Press, 2008.

13.Ragin, C., Berg-Schlosser, D., & De Meur, G., "Political Methodology: Qualitative Methods", In Goodin R. and Klingemann H., eds., *A New Handbook of Political Science*, New York: Oxford University Press, 1996.

14.Pepinsky, T., *Economic Crises and the Breakdown of Authoritarian Regimes.*: *Indonesia and Malaysia in Comparative Perspective*, Cambridge: Cambridge University Press, 2009.

15.Pierson, P., *Politics in Time*: *History, Institutions, and Social Analysis*, Princeton: Princeton University Press, 2004.

16.Przeworski, A., and Teune, H., *The Logic of Comparative Social Inquiry*, New York: Wiley-Interscience, 1970.

17. Putnam, R., Leonardi, R., and Nanetti, R., *Making Democracy Work*: *Civic Traditions in Modern Italy*, Princeton: Princeton University Press, 1994.

18.Slater, D., *Ordering Power*: *Contentious Politics and Authoritarian Leviathansin Southeast Asia*, New York: Cambridge University Press, 2010.

19. Sewell, W., "Three Temporalities: Toward an Eventful Sociology", In McDonald, T., *The Historic Turn in the Human Sciences*, Ann Arbor: The University of Michigan Press, 1996.

20. Tang, S., *A General Theory of Institutional Change*. London: Routledge, 2011.

21. Tang, S., *The Social Evolution of International Politics*, Oxford: Oxford University Press, 2013.

22. Ragin, C., *Fuzzy-Set Social Science*, Chicago: University of Chicago Press, 2000.

23. Tilly，C.，*Coercion，Capital，and European States，AD 990–1992*，Cambridge：Wiley–Blackwell，1990.

24. Abbott，A.，and Tsay，A.，"Sequence Analysis and Optimal Matching Methods in Sociology"，*Sociological Methods & Research*，Vol.29，No. 1，2000.

25. Beach，D.，and Pedersen，R.，"Selecting Appropriate Cases When Tracing Causal Mechanisms"，*Sociological Methods & Research*，First published in 2016，DOI：10.1177/0049124115622510.

26. Collier，D.，"Understanding Process Tracing"，*PS：Political Science and Politics*，Vol.44，No. 4，2011.

27. Collier，D.，and Mahoney，J.，"Research Note Insights and Pitfalls：Selection Bias in Qualitative Research"，*World Politics*，Vol.49，No. 1，1996.

28. Falleti，T. G.，and Lynch，J. F.，"Context and Causal Mechanisms in Political Analysis"，*Comparative Political Studies*，Vol.42，No.93，2009.

29. Geddes，B.，1990. "How the Cases You Choose Affect the Answers You Get：Selection Bias in Comparative Politics"，*Political Analysis*，No. 2，1990.

30. Gisselquist R.，"Paired Comparison and Theory Development：Considerations for Case Selection"，*PS：Political Science & Politics*，Vol.47，No. 2，2014.

31. Grzymala–Busse，A.，"Time Will Tell？ Temporality and the Analysis of Causal Mechanisms and Processes"，*Comparative Political Studies*，Vol.44，No. 9，2011.

32. Klingman，D.，"Temporal and Spatial Diffusion in the Comparative Analysis of Social Change"，*American Political Science Review*，Vol.74，No. 1，1980.

33. Lijphart，A.，"Comparative Politics and the Comparative Method"，*American Political Science Review*，Vol.65，No. 3，1971.

34. Lijphart, A., "The Comparable-Cases Strategy in Comparative Research", *Comparative Political Studies*, Vol.8, No. 2, 1975.

35. Mahoney, J., "The Logic of Process Tracing Tests in the Social Sciences", *Sociological Methods & Research*, Vol.41, No. 4, 2012.

36. Mahoney, J., and Goertz, G., "The Possibility Principle: Choosing Negative Cases in Comparative Research", *American Political Science Review*, Vol.98, No. 4, 2004.

37. Meckstroth, T., " 'Most Different Systems' and 'Most Similar Systems': A Study in the Logic of Comparative Inquiry", *Comparative Political Studies*, Vol.8, No. 2, 1975.

38. Møller, J., "Composite and Loose Concepts, Historical Analogies, and The Logic of Control in Comparative Historical Analysis", *Sociological Methods & Research*, Vol.45, No. 4, 2016.

39. Nielsen, R., "Case Selection via Matching", *Sociological Methods & Research*, Vol.45, No. 3, 2016.

40. Ross M., and Homer, E., "Galton's Problem in Cross-National Research", *World Politics*, Vol.29, No. 1, 1976.

41. Rustow, D., "Transitions to Democracy: Toward a Dynamic Model", *Comparative Politics*, Vol.2, No. 3, 1970.

42. Ruzzene, A., "Drawing Lessons from Case Studies by Enhancing Comparability ", *Philosophy of the Social Sciences*, Vol.42, No.1, 2011.

43. Sartori, G., "Comparing and Miscomparing", *Journal of Theoretical Politics*, Vol.3, No. 3, 1991.

44. Slater, D., and Ziblatt, D., "The Enduring Indispensability of the Controlled Comparison", *Comparative Political Studies*, Vol.46, No. 10, 2013.

45. Seawright, J., and Gerring, J., "Case Selection Techniques in Case Study Research: A Menu of Qualitative and Quantitative Options", *Political*

Research Quarterly, Vol.61, No. 2, 2008.

46. Tarrow, S., "The Strategy of Paired Comparison: Toward a Theory of Practice", *Comparative Political Studies*, Vol.43, No. 2, 2010.

47. BütheT., "Taking Temporality Seriously: Modeling History and the Use of Narratives as Evidence", *American Political Science Review*, Vol.96, No. 3, 2002.

48. Walker, H. and Cohen, B., "Scope Statements: Imperatives for Evaluating Theory", *American Sociological Review*, Vol.50, No.3, 1985.

49. [美]巴林顿·摩尔,王茁、顾洁译:《民主与专制的社会起源》,上海译文出版社,2013年。

50. [美]布莱恩·唐宁,赵信敏译:《军事革命与政治变革:近代早期欧洲的民主与专制之起源》,复旦大学出版社,2015年。

51. [瑞士]丹尼尔·卡拉曼尼,蒋勤译:《基于布尔代数的比较法导论》,格致出版社,2012年。

52. [美]贾雷德·戴蒙德,谢延光译:《枪炮、病菌与钢铁》,上海译文出版社,2006年。

53. [美]杰克·戈德斯通,章延杰等译:《早期现代世界的革命与反抗》,上海人民出版社,2013年。

54. [美]西达·斯考切波,何俊志、王学东译:《国家与社会革命》,上海人民出版社,2013年。

55. [美]许田波,徐进译:《战争与国家形成:春秋战国与近代早期欧洲之比较》,上海人民出版社,2009年。

56. 叶成城:《重新审视地缘政治学:社会科学方法论的视角》,《世界经济与政治》,2015年第5期。

57. 叶成城:《第一波半现代化之"帝国的胎动"——18世纪普鲁士和奥地利的崛起之路》,《世界经济与政治》,2017年第5期。

58. 叶成城、唐世平:《第一波现代化:一个"因素+机制"的新解释》,《开放时代》,2015年第1期。

59.叶成城、唐世平:《第一波半现代化之"帝国的黄昏"——法国与西班牙的改革之殇》,《世界经济与政治》,2016年第5期。

60.赵鼎新:《在西方比较历史方法的阴影下——评许田波〈古代中国和近现代欧洲的战争及国家形成〉》,《社会学研究》,2006年第5期。

61.郝诗楠、唐世平:《社会科学研究中的时间:时序和时机》,《经济社会体制比较》,2014年第2期。

第七章

社会科学中的因果机制与案例选择[①]

对因果机制的重视是社会科学方法最为重要的革命之一,近年来案例研究越发强调因果机制在因果解释中的作用。然而到目前为止多数的案例选择方法却仍然是基于因素的,这就造成了案例选择和案例研究方法之间的脱节。本章试图在前人研究基础上,给出一个基于因果机制的案例选择方法,它的基本逻辑是基于模糊集方法、过程追踪和实验方法,选择机制相同而结果不同的因果机制,强调基于结果的因素分析方法所忽视的过程追踪观测值在案例选择中的作用。以此为基础,本章区分了相关的基本概念,给出了基本的操作步骤,并以两本著作为例来讨论这种方法在因果解释中的优势:便于考察案例和变量之间的关系,实现兼顾内外部效度,并有助于实现反事实分析和寻找超越时空情境的因果机制。

———————

① 作者:叶成城、唐世平。曾发表于《世界经济与政治》。本章系上海市社科规划青年课题"逆全球化对美国地缘经济战略的影响研究"(2019EGJ004)的阶段性成果,同时受同济大学双一流学科建设项目资助。感谢施回、黄振乾的宝贵意见。

　　因果解释是社会科学中最为核心的命题之一。然而人们在思考原因与结果之间的关系时，往往更加习惯于因素性的思考，即哪些因素/变量导致了结果的出现/不出现。这种思考方式更加符合我们的演化直觉，因为因素的观察与对应是相对直观的。古时候人们就已经知道种瓜得瓜、种豆得豆，但是在1953年脱氧核糖核酸(DNA)双螺旋结构被发现之前，这一看似简单现象背后的机制却无法得到有效解释。同样，无论是苹果落地还是昼夜交替，都是司空见惯的现象，但其背后的机制却甚至涉及宇宙起源的问题，至今尚未得到确切的解释。事实上，几乎可以肯定，只有需要寻找机制时，科学家才是必需的。

　　在社会科学中同样如此，早期大部分社科先驱所倡导的因果推断方法，仍然仅仅是基于因素的思考。直到20世纪70年代以来，随着学者对于机制的理解进一步深入，社会科学研究才开始意识到只有因素和过程叙述却没有机制的解释和理解是不完整的。[1]本世纪以来，学术界对于因果机制的讨论和定义逐渐趋同，即认为因果机制是从原因到结果之间的一系列过程，这一过程可以被特定因素启动/冻结、加速/减缓。[2]

　　从因素之间的相关性研究转向同时重视因素和机制，这一方法论的变革对于社会科学中的案例选择和因果解释产生了重大影响。然而目前为止，尚未有学者试图讨论如何在考虑因素的同时基于机制来选择案例。过去许多文献强调案例选择的随机性，即避免所谓的"(样本或案例)选择性偏差"问题。[3]我们将明确地强调，这些理解几乎都是错误的。

---

　　① Edgar Kiser and Michael Hechter, "The Role of General Theory in Comparative-Historical Sociology", *American Journal of Sociology*, Vol.97, No.1, 1991, pp.1-30.

　　② 对因果机制定义的讨论参见Mario Bunge, "Mechanism and Explanation", *Philosophy of the Social Sciences*, Vol.27, No.4, 1997, pp.427-431; Renate Mayntz, "Mechanisms in the Analysis of Social Macro-Phenomena", *Philosophy of the Social Sciences*, Vol.34, No.2, 2004, pp.241-242; 周亦奇、唐世平：《"半负面案例比较"与机制辨别：北约与华约的命运为何不同?》，《世界经济与政治》，2018年第12期，第33~34页。

　　③ 臧雷振、陈鹏：《比较政治学研究选择性偏差及其规避探索》，《政治学研究》，2016年第1期，第39~51页。

本章将从一个全新的角度来考察案例选择这个核心问题。我们将强调，对于"提供一个基于因素+机制的解释"，或者更加特定的"发现或检验机制"的目标来说，"选择性偏差"不仅是不能避免的，而且是必要的。因此此前许多基于因素思维对这些问题的批判都是不成立的。[①]

更加具体地来说，我们将给出因果机制的案例选择方法解决所谓的"选择性偏差"问题，以减少案例比较过程中的信息损失，并通过筛选同机制但不同结果的案例来增强理论的因果杠杆和内外部效度。因为在定性和定量研究中，案例选择的逻辑是不同的。定量分析的大样本研究不需要讨论抽样的目的，而只需保持抽样的随机性来实现其代表性；但在小样本的案例研究中，案例的因果杠杆（casual leverage）往往更为重要。[②]从因果机制的角度来看，研究者不仅需要"基于因变量的案例选择"来提高因果解释力，还要基于中间过程和机制的案例选择方法，这些方法都带有明显的非随机性。

本章分为如下六个部分。第一部分回顾和批评了过去案例选择方法的演变，以及其中存在的不足之处。第二部分提出了基于因果机制的案例选择法的三个基本逻辑。在此基础上，第三部分界定了案例的不同性质，并给出了基于因果机制的案例选择的基本步骤与原则。第四部分则用两本著作的对比来展示如何基于因果机制来选择案例。第五部分进一步总结和介绍了这种案例选择方法的必要性和理论优势。最后是简短的总结。

一、样本选择偏差

在社会科学方法普及之前，早期的案例选取带有浓厚的历史学色彩，研究者通常基于直觉会关注"出现正面结果"的案例，选择因变量非常突出

---

① 例如 Barbara Geddes, "How the Cases You Choose Affect the Answers You Get: Selection Bias in Comparative Politics", *Political Analysis*, No.2, 1990, pp.131-150。

② 参见 Colin Elman, John Gerring and James Mahoney, "Case Study Research: Putting the Quant Into the Qual", *Sociological Methods & Research*, Vol.45, No.3, 2016, p.378。

或者极端的案例。在逻辑上,这类案例选择方法是基于密尔的"求同法",即试图在一些具有较大差异的案例中间寻找共性。[1]例如在研究国家现代化时,就会选取那些国家现代化较为成功的案例。[2]杰克·戈德斯通(Jack Goldstone)在研究国家之间的冲突、革命或崩溃时,同样只选择爆发剧烈的冲突或国家崩溃的案例。[3]迈克尔·波特(Michael Porter)的《国家成功学》尽管出版较晚,但其在讨论各个国家的竞争优势时,仍然只选取正面案例,例如美国、日本、德国、瑞典等这些在二战后经济发展非常成功的国家。[4]

那些只关注于特定单一结果的案例选择方法遭到诸多批评。最初的批评来自对样本选择的讨论,即只选择正面案例的求同法容易夸大特定"共性"的作用。假设某些成功学将伟人的成功经历归因于特定所关心的因素,就存在一种人为的选择性偏差,因为它忽视了有些人可能做了完全相同的事情却没有获得成功。[5]同时客观条件的限制会导致更难察觉和避免的选择性偏差。一方面,行为体经常会对观测值进行人为操纵,例如国家往往倾向于公开对自己有利的数据,删除对自己不利的观测值等;另一方面,如果不是回到起点去观察事件,许多竞争失败的行为体会因为"幸存者偏差"(Survivorship Bias)而被忽视,例如金融行业中因破产而消失的基

---

① Arend Lijphart, "Comparative Politics and the Comparative Method", *American Political Science Review*, Vol. 65, No. 3, 1971, pp.682–693; Theodore W. Meckstroth, "'Most Different Systems' and 'Most Similar Systems': A Study in the Logic of Comparative Inquiry", *Comparative Political Studies*, Vol.8, No.2, 1975, pp.132–157.

② 例如[美]西里尔·布莱克编,杨豫、陈祖洲译:《比较现代化》,上海译文出版社,1996年。

③ [美]杰克·戈德斯通,章延杰等译:《早期现代世界的革命与反抗》,上海人民出版社,2013年,第169~170页。

④ 参见 Michael E. Porter, *The Competitive Advantage of Nations: with a New Introduction*, New York: Free Press, 1990。事实上,波特关于企业的其他成功学理论都是以类似的方法进行案例选择。

⑤ Samantha Kleinberg, *Why: A Guide to Finding and Using Causes*, Sebastopol: O'Reilly, 2016, pp.39–40.

金。①查尔斯·蒂利（Charles Tilly）认为，许多学者采取了一种"回溯性"的方式作为研究起点，即选取小部分在19世纪和20世纪依然存在的西欧国家进行比较，这就意味着存在生存者选择性偏差，因为绝大多数国家都在激烈的竞争中被淘汰。②

此后的多数定性研究中，研究者通常都会采用正反案例相对比的方法，而多数的比较政治研究著作中都在共同使用求同和求异法。巴林顿·摩尔（Barrington Moore）用民主和专制的二分法，通过英国、法国和美国的民主化案例同日本和印度等进行正反对比，旨在阐述土地和农民在现代化过程中所发挥的作用。③罗伯特·帕特南（Robert Putnam）对意大利的研究中就包含了对南北的对比和南北内部的求同。④同样，在早期历史比较研究的诸多著作中，关于欧洲国家兴起的讨论中都包含了两组正面和负面的案例。⑤

定量研究者批评基于结果的选择方式存在明显的样本选择偏差（Sample Selection Bias），关于选择性偏差的讨论事实上主要集中在对总体和样本的争论之中，即认为存在非随机性偏差的样本选择会导致无法正确估计

① Stephen Brown, William Goetzmann, Roger Ibbotson and Stephen Ross, "Survivorship Bias in Performance Studies", *The Review of Financial Studies*, Vol.5, No.4, 1992, pp.553–580; Martin Rohleder, Hendrik Scholz, Marco Wilkens, "Survivorship Bias and Mutual Fund Performance: Relevance, Significance, and Methodical Differences", *Review of Finance*, Vol.15, No.2, 2010, pp.441–474.

② Charles Tilly, "Reflections on History of European State-Making", in Charles Tilly, ed., *The Formation of Nation States in Western Europe*, New Jersey: Princeton University Press, 1975, pp.14–15.

③［美］巴林顿·摩尔，王苗、顾洁译：《民主与专制的社会起源》，上海译文出版社，2013年。

④［美］罗伯特·帕特南，王列译：《使民主转起来》，江西人民出版社，2001年。

⑤ Thomas Ertman, *Birth of the Leviathan: Building States and Regimes in Medieval and Early Modern Europe*, Cambridge: Cambridge University Press, 1997; Otto Hintze, *The History Essays of Otto Hintze*, New York: Oxford University Press, 1975;［美］布莱恩·唐宁，赵新敏译：《军事革命与政治变革：近代早期欧洲的民主与专制之起源》，复旦大学出版社，2015年;［美］道格拉斯·诺斯、罗伯斯·托马斯，厉以平译：《西方世界的兴起》，华夏出版社，2009年;［美］保罗·肯尼迪，陈景彪译：《大国的兴衰》，国际文化出版公司，2006年。

总体,从而影响因果推断的有效性。[1]

在20世纪80年代前后,詹姆斯·赫克曼(James Heckman)等人对计量经济学中的选择性偏差问题进行了系统的阐述。[2]在对选择性偏差批评的基础上,研究者开始提出了基本的样本选择方法,其核心是避免由于对负面案例的忽视而造成样本代表性不足的问题。约瑟夫·休伊特(Joseph Hewittand)和加里·格尔茨则提出,对于概念的界定本身也可能会以各种隐蔽的方式和研究者想要构建的理论互相作用,从而带来选择性偏差问题,例如以此类方式分析"危机"时,对于危机的不同定义可能会导致分析结果之间的差异。[3]

芭芭拉·格迪斯(Barbara Geddes)明确提到不能基于因变量来选择案例,他用了劳工压制的案例来说明,对于因变量的截断可能会导致对因果效应的严重高估。当给出全体样本而非仅仅是亚洲国家后,劳工压制和经济增长之间的正相关关系就不复存在。[4]加里·金、罗伯特·基欧汉和西德尼·维巴在其经典论述中同样提到了这个问题,即大样本中的随机选择才能做到可以忽视变量和取样标准之间的相关性,因此样本选择过程可能使得被解释变量发生变化。[5]但是这类叙述存在的另一个问题是,往往容易过度地假定了样本之间的同质性,认为其背后必然存在一个将其包含在内

① Richard A. Berk, "An Introduction to Sample Selection Bias in Sociological Data", *American Sociological Review*, Vol.48, No.3, 1983, pp.386-398.

② James J. Heckman, "Sample Selection Bias as a Specification Error", *Econometrica*, Vol.47, No.1, 1979, pp.153-161; Gangadharrao S. Maddala, *Limited-Dependent and Qualitative Variables in Econometrics*, Cambridge: Cambridge University Press, 1986; James J. Heckman, "Varieties of Selection Bias", *The American Economic Review*, Vol.80, No.2, 1990, pp.313-318.

③ Joseph Hewittand and Gary Goertz, "Conceptualizing Interstate Conflict: How Do Concept-Building Strategies Relate to Selection Effects?", *International Interactions*, Vol.31, No.2, 2005, pp.163-182.

④ Barbara Geddes, "How the Cases You Choose Affect the Answers You Get: Selection Bias in Comparative Politics", pp.131-150.

⑤ Gary King, Robert O. Keohane and Sidney Verba, *Designing Social Inquiry: Scientific Inference in Qualitative Research*, Princeton: Princeton University Press, 1994, p.129.

且拥有更多样本量的案例集，而研究的样本可以在其中进行更为广泛的比较（broader comparisons）。

此后，学术界进一步的讨论是围绕选择性偏差和尽可能增加样本的做法，一些研究者对加里·金等人的倡议提出了不同看法。首先，尽可能地增加样本数量不一定意味着可以保证案例的同质性。有学者批评古典回归分析中先验地假定了在不同单元、时间或情境中行为基础的相似性，即认为所有样本观察值代表的是同一个总体。[①]并且试图过度增加样本的结果是将许多无关案例视为负面案例，从而导致因果效应的估计偏差。詹姆斯·马奥尼和加里·格尔茨认为负面案例的选择同样不是样本数量多多益善，而是要基于遵循"范围条件"和"可能性原则"来区分不同类型的案例，排除那些结果本不可能发生或理论适用范围之外的案例。[②]

其次，早期强调选择性偏差的逻辑前提是认为定性和定量研究是两种相同的方法，这一观点广受方法论学者的批评。在亨利·布兰迪（Henry Brandy）和大卫·科利尔（David Collier）主编的《重新审视案例研究》一书中，许多研究者针对选择性偏差问题进行了反驳。其核心内容是指出以加里·金等人为代表的定量研究过度夸大了选择性偏差的影响，同时认为定性研究的因果逻辑不同于定量分析，定性研究采取的是案例内分析，旨在寻找自变量在因果过程中产生影响的证据，故而不存在代表性不足的问题。[③]亚历山大·乔治（Alexander George）和安德鲁·班纳特（Andrew Bennett）认为加里·金等人研究的缺陷在于将过程追踪视为增加样本数量的方式，因为

---

① Larry M. Bartels, "Pooling Disparate Observations", *American Journal of Political Science*, Vol.40, No.3, 1996, pp.905-942.

② James Mahoney and Gary Goertz, "The Possibility Principle: Choosing Negative Cases in Comparative Research", *American Political Science Review*, Vol.98, No.4, 2004, pp.653-669.

③ David Collier, James Mahoney, and Jason Seawright, "Claiming Too Much: Warnings about Selection Bias", in Henry E. Brady and David Collier, eds., *Rethinking Social Inquiry: Diverse Tools, Shared Standards*, Lanham: Rowman & Littlefield Publishers, 2010, pp.95-98.

过程追踪注重特定历史案例内部的时序性过程,而非注重跨案例研究的数据相关性。①大卫·科利尔(David Collier)和马奥尼以及约翰·格林(John Gerring)同样认为应当在更广泛的比较和维持案例的同质性之间进行权衡,在跨案例研究的深度和广度之间进行权衡。②

最后,许多研究者也意识到了,不同案例之间的功能是不尽相同的,即便是较少的样本或没有因变量多样性的组合,仍然可以具有一定的因果意义。道格拉斯·迪安(Douglas Dion)认为,仅仅选择出现结果的数据是一种应当被允许的重要研究策略,因为这不仅是基于密尔的求同法逻辑,更为重要的是,它是检验必要条件的重要方法。③杰森·西赖特(Jason Seawright)和约翰·格林根据自变量和因变量的特征总结出了七种案例类型:典型案例、多样化案例、极端案例、异常案例、影响性案例、最大相似案例和最大差异案例。④而德里克·比奇(Derek Beach)和拉斯马斯·佩德森(Rasmus Pedersen)则提出要根据三种不同的研究目的来选择不同类型的案例,即检验理论、建立理论和解释结果三种不同目的之下的案例选择方法是不同的。⑤

过去的案例选择方法经历了仅从正面案例中总结共性,到逐渐转向正负案例的对比和强调大样本选择的随机性。在定性和定量的"两种文化之争"后,一些学者开始强调案例选择要根据样本特征和研究目的来进行权

① Alexander George and Andrew Bennett, *Case Studies and Theory Development in the Social Sciences*, Massachusetts: MIT Press, 2004, p.13.

② David Collier and James Mahoney, "Insights and Pitfalls: Selection Bias in Qualitative Research", *World Politics*, Vol.49, No.1, 1996, pp.56-91; John Gerring, *Case Study Research: Principles and Practices*, Cambridge: Cambridge University Press, 2007, pp.50-53.

③ Douglas Dion, "Evidence and Inference in the Comparative Case Study", *Comparative Politics*, Vol.30, No.2, 1998, pp.127-145.

④ Jason Seawright and John Gerring, "Case Selection Techniques in Case Study Research: A Menu of Qualitative and Quantitative Options", *Political Research Quarterly*, Vol.61, No.2, 2008, pp.294-308.

⑤ Derek Beach and Rasmus Pedersen, *Process-Tracing Methods: Foundations and Guidelines*, Ann Arbor: University of Michigan Press, 2019, pp.9-22.

衡。但是上述样本选择的方法依旧是以因素为基础的讨论，在样本选择过程中仍旧忽视中间过程与机制。然而他们在具体的案例研究中却仍然要通过过程追踪来发现因果机制，这就造成了案例研究方法和样本选择方法之间的脱节。因此本章试图在前人研究的基础上，给出一个基于因果机制的案例选择方法来解决上述困境。

二、基于因果机制的案例选择逻辑

过去的研究者将因果机制的出现视为方法论的革命性剧变，当今的方法论和实证研究总会强调因果机制的重要性，但是包括案例选择在内的许多研究方法仍然没有因此发生变化，这可能损害因果解释的有效性。事实上，无论是忽视因素还是忽视机制的案例选择方法都是不恰当的，但是仍然没有研究者讨论一种基于因果机制的案例选择方法，这同基于因素性的案例选择方法在逻辑上存在一定差异。两者的共同之处在于选择结果出现/未出现的案例进行正负案例对比，即解决空间维度的变化或者说是寻找"对比空间"（contrast space）案例。[1]而两者之间的差异在于基于因果机制的案例选择方法强调"半负面案例"的重要性，即还要选择那些"存在可以让结果出现的机制，但却因为各种因素的作用而使得机制中止，最终结果未能出现"的案例。[2]因此从因变量的角度来看，传统负面案例往往是与正面结果差异巨大的结果，旨在通过正反对比形成鲜明反差；而半负面案例则会选择那些接近但未实现正面结果的案例。例如在讨论经济增长的问题时，半负面案例法会选择那些原本有机会实现高增长却没能实现，最终陷入"中等收入陷阱"的国家，这些案例显然比选取一些前现代的部落或者失败国家更加有说服力。

---

① Alan Garfinkel, *Forms of Explanation: Rethinking the Questions in Social Theory*, New Haven: Yale University Press, 1981, pp.25-36.
② 关于半负面案例的初步讨论，参见周亦奇、唐世平：《"半负面案例比较"与机制辨别：北约与华约的命运为何不同？》，《世界经济与政治》，2018年第12期，第32~59页。

　　本章用如下三幅图来说明和阐述半负面案例的作用。假设研究者试图证明单一变量 X 是 Y 的原因，而 X 和 Y 的最大取值都是 1。[1]如图 7-1a 所示，可以看到通过一个点可以做出无数条直线，因此如果研究者选择或发现的案例都集中于点 A（X=1，Y=1）时，那么分析者就无法真正理解 X 和 Y 之间的关系。[2]早期基于因变量的选择（往往只选择正面案例）都存在这个问题，因为可以有无数条线直接穿过该点，就无法估计 X 和 Y 之间的斜率。而在图 7-1b 中存在两类案例，分别是点 A（X=1，Y=1）和点 B（X=0，Y=0），当研究者选取许多集中于 A 和 B 附近的点时，至少意味着可以通过两个点来确立线性关系。早期的比较政治研究中存在大量此类研究，它们强调正负案例的对比。但需要指出的是，在样本量较小时，这种因果关系是脆弱的，仍会受到诸多质疑，例如 X 和 Y 之间可能并非线性关系。更为重要的是，点 B 是一个机制从未启动的案例，它对于发现的机制的作用非常微弱。为解决这个问题，研究者还需要增加半负面案例。图 7-1c 在图 7-1b 的基础上加入了案例 C（X=0.5，Y=0.5），即本章所叙述的半负面案例，这类案例在过去因果分析中的作用被低估。一方面，从因素的角度来看，案例 C 排除了某种倒 U 型关系，因为三个点同时出现在一条线上时进一步增强因果推断的可信度；另一方面，案例 A 和 C 同时存在时，就从正反两个方面极大地增强了机制的可信度。不同于因果推论中仅仅强调 Y_0 和 Y_1 之间的差异性，[3]基于因果机制的案例选择方法存在如下的方法论基础。

　　① 前面两幅图参考了 Barbara Geddes, *Paradigms and Sand Castles: Theory Building and Research Design in Comparative Politics*, Ann Arbor: The University of Michigan Press, 2003, pp.133-135。

　　② 参见 Samantha Kleinberg, *Why: A Guide to Finding and Using Causes*, Sebastopol: O'Reilly, 2016。

　　③ 参见 Gary King, Robert O. Keohane and Sidney Verba, *Designing Social Inquiry: Scientific Inference in Qualitative Research*, Princeton: Princeton University Press, 1994。

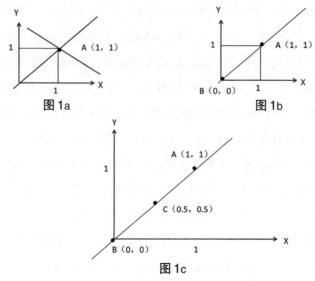

图7-1　正面案例、负面案例与半负面案例

资料来源:笔者自制。

第一,基于因果机制的案例选择方法吸收了模糊集的思想,提供了变量的连续谱系,从而使得机制更加容易被观察到,也丰富了样本的类型。定性分类往往过多地强调变量之间的二分法,从而忽视了0和1之间的广泛谱系。正如查尔斯·拉金所言,社会现象的多样性不仅存在于其所属的集合,还取决于它们多大程度上属于这种集合。[1]从正负面案例到半负面案例的选择在一定程度上是试图降低操作化过程中的信息损失,同时也使得变量之间的相关关系更具连续性。例如有学者在研究20世纪上半叶东亚国家是否能够实现社会主义制度时发现,摩尔的著作中仅仅使用中日进行对比是不够的,即资产阶级较弱($X=0$)的中国实现了社会主义制度($Y=1$),而资产阶级较强的日本($X=1$)则没有实现($Y=0$)。[2]因此建议加入资产阶级相

---

① Charles Ragin, *Fuzzy-Set Social Science*, Chicago: University of Chicago Press, 2000, p.149.

② 参见[美]巴林顿·摩尔,拓夫、张东东等译:《民主和专制的社会起源》,华夏出版社,1988年,第四章和第五章。

对较弱的朝鲜半岛（X=0.5）最终只有部分实现了社会主义制度（Y=0/1）的案例。[1]西达·斯考切波（Theda Skocpol）在衡量社会革命的问题时，为不同变量给出了定序赋值，列出了不同程度的变量组合，这为寻找半负面案例提供了重要的方法依据。[2]斯考切波的讨论带来的启发是，研究者在讨论革命或者社会崩溃时，那些处于中间状态的案例不能够被忽视，尤其是革命即将发生却没有发生的情况，例如已经存在明显动乱迹象的社会。同样，在讨论18世纪欧洲的现代化改革时，那些相对临近成功却仍然失败的国家（例如法国），对于现代化研究的意义就尤为突出。[3]

第二，基于因果机制的案例选择方法借鉴了过程追踪的逻辑。相对于传统定量分析中的数据集观察值（Data-set observation），大卫·科利尔（David Collier）等人提出了因果过程观察值（Causal-process observations）的重要性，因为它提供了关于情境、过程和机制的信息。[4]科利尔等人认为，进行案例内研究时，如果研究者仔细筛选证据，区分自变量的影响和每种情况下的误差，跨案例比较可以避免定量研究中的选择性偏差问题。[5]过程追踪不是简单的历史叙述，而是通过展现因素的相互作用和机制的运行，

① Adam Glynn and Nahomi Ichino, "Increasing Inferential Leverage in the Comparative Method: Placebo Tests in Small-n Research", *Sociological Methods & Research*, Vol.45, No.3, 2016, pp.613-619.

② [美]西达·斯考切波，何俊志等译：《国家与社会革命》，上海人民出版社，2013年；这部分论述也参见 James Mahoney, "Nominal, Ordinal, and Narrative Appraisal in Macrocausal Analysis", *American Journal of Sociology*, Vol.104, No.4, 1999, pp.1154-1196; Gary Goertz and James Mahoney, "Two-Level Theories and Fuzzy-Set Analysis", *Sociological Methods & Research*, Vol.33, No.4, 2005, pp.497-538.

③ 参见黄振乾、唐世平：《现代化的"入场券"——现代欧洲国家崛起的定性比较分析》，《政治学研究》，2018年第12期，第26~41页；叶成城、唐世平：《第一波半现代化之"帝国的黄昏"——法国与西班牙的改革之殇》，《世界经济与政治》，2016年第3期，第122~154页。

④ Henry E. Brady, David Collier and Jason Seawright, "Refocusing the Discussion of Methdology", in Henry E. Brady and David Collier, eds., *Rethinking Social Inquiry: Diverse Tools, Shared Standards*, pp.12-13.

⑤ David Collier, James Mahoney, and Jason Seawright, "Claiming Too Much: Warnings about Selection Bias", in Henry E. Brady and David Collier, eds., *Rethinking Social Inquiry: Diverse Tools, Shared Standards*, p.97.

从而检验自己的理论和假说是否有效。这类过程追踪的理论基础是不同于频率学派的贝叶斯方法，它基于对事件而非变量的观察。这些事件通过一定的时序组成了事件链，对任何事件的反事实删除将导致对所有后续事件的影响不复存在。[1]同时半负面案例的作用在于其所包含的因果过程观察值可以作为正反案例检验特定阶段因果机制的真实有效性。如表7-1所示，半负面案例有助于通过密尔方法[2]（尤其是共同使用求同和求异法）来强化对中间过程的因果推断。在初始阶段，各个案例都出现类似的现象（反之则不具备可比性），这是案例同质性的基础，它主要基于求同法的逻辑。在中间阶段，通过对传统负面案例和半负面案例的比较可以得知，X不为0时该因果机制才会被部分启动，此时半负面案例是中间阶段的"正面结果"。在最终阶段，通过对半负面案例和正面案例的比较可以得知，只有当X=1时，因果机制才够被完全实现，此时半负面案例作为最终阶段的"负面结果"而存在。[3]通过表7-1同样可以看出不同类型案例对于因素和机制的贡献，如果仅有正面和负面案例，就无法来捕捉中间过程，因此基于因果机制的案例选择方法可以更为充分、有效地利用因果过程观察值所蕴含的信息。

表7-1　正面案例、负面案例与半负面案例

自变量/各阶段结果	初始阶段	中间阶段	最终阶段	结果	对因果解释的贡献
X=1（正面案例）	√	√	√	1	对因素和机制都是强有力的贡献
X=0.5（半负面案例）	√	√	×	0.5	对因素和机制都是强有力的贡献
X=0（传统负面案例）	√	×	×	0	对因素有贡献，对机制贡献非常有限

资料来源：笔者自制。

---

[1] 参见 James Mahoney, "Mechanisms, Bayesianism, and Process Tracing", *New Political Economy*, Vol.21, No.5, 2016, pp.493-499。

[2] 密尔对于逻辑的讨论参见 John Mill, *System of Logic: Ratiocinative and Inductive, Being a Connected View of the Principles of Evidence and the Methods of Scientific Investigation*, New York: Harper & Brothers Publishers, 1898, pp.478-537。

[3] 这部分讨论也同时参考了叶成城、黄振乾、唐世平：《社会科学中的时空和案例选择》，《经济社会体制比较》，2018年第3期，第152页。

第三,社会科学中的案例比较在某种程度上就是追求接近"准实验状态",而基于因果机制的案例选择方法比传统负面案例更接近于实验方法。实验方法并非仅仅是通过控制变量实现一种共变,更为重要的是实现对过程的控制。如果研究者可以在两个结果不同的案例(正面案例与负面案例)中识别出相同的机制,那么就会对所识别的机制更有信心,即认定在两种不同结果之间,潜在的机制是相同的。[1]例如在观察过量生长素对于植物生长的拮抗作用(antagonism)的机制时,就需要实现对过程的控制。那些拥有充分的养料和光照的侧芽仍然无法生长,而一旦顶端优势被解除后,侧芽生长素浓度降低,就会迅速生长;如果再往顶端加入合成的生长素,侧芽的生长又会重新停止。[2]从因果机制的视角来看,半负面案例的作用在于通过展示那些只进行到一半的因果机制,近似"控制机制",使其"停滞"于中间阶段(参见表7-1),从而检验因果机制的真实性。再以一氧化碳的案例来说明,碳氧化需要两个步骤,即先通过反应1生成中间产物一氧化碳(CO),再通过反应2生成最终产物二氧化碳(CO_2)。

$C+O_2 \rightarrow 2CO$(反应1)

$2CO+O_2 \rightarrow 2CO_2$(反应2)

用变量的视角讨论上述问题时,可以看到该机制的因变量是碳的化合物,自变量则是氧气,因变量经历了碳→一氧化碳→二氧化碳的变化。当氧化反应没有进行时(例如氧气量为0时),就可以视作传统意义上的负面案例,其因变量仍然是碳;当这个氧化机制如因为氧气量不足而停留在中间阶段时,碳的不完全燃烧仅仅产生一氧化碳,或者一氧化碳与二氧化碳的混合气体时,就属半负面案例;当存在足量的氧气时,则属于正面案例,即因变量为最终产物二氧化碳。要了解碳氧化的机制,单单看正面案例与

---

[1] Kim Sass Mikkelsen, "Negative Case Selection: Justifications and Consequences for Set-theoretic MMR", *Sociological Methods & Research*, Vol.46, No.4, 2017, p.762.

[2] 顶端优势的问题讨论,参见 Margaret Wickson and Kenneth V. Thimann, "The Antagonism of Auxin and Kinetin in Apical Dominance", *Physiologia Plantarum*, Vol.11, No.1, 1958, pp.62-74。

传统意义上的负面案例仍然是不够的，半负面案例中的中间产物—氧化碳极大程度地提高了上述化学反应机制的可信度。因此半负面案例对于"控制"因果过程具有重要意义。此外，它也展示了在氧气不足的空间内燃烧碳所带来的风险。

三、因果机制与案例选择的具体操作规则

在进一步讨论基于因果机制的案例选择的具体操作之前，需要区分和澄清几组基本概念，图7-2展示了这些概念之间的关系。第一，区分同质性案例和非同质性案例。这两种类型案例主要从马奥尼和格尔茨提出的"范围条件"（scope condition）进行区分，即强调了要选择具有相似背景的案例，而无关案例的讨论无助于否定或肯定理论本身，反而会干扰因果推断。[①]第二，区分符合理论预期的案例与不符合理论预期的案例，或者称之为"异常案例"（deviant case）。早期一些讨论中，对于负面案例和异常案例的区分仍然是模糊的，例如丽贝卡·埃米（Rebecca Emigh）将负面案例理解为解释与预期结果之间存在巨大差异的案例。[②]因此需要澄清这两者属于不同类型的区分，符合理论预期的案例（如负面案例）在一定程度上增强或者至少不会削弱理论的可信度，而不符合理论预期的案例则可能对理论构成挑战，因为它与理论预期的结果不同。第三，在符合理论预期的案例中区分结果出现和不出现的案例。这两种类型的案例都符合理论预期：前者会出现正面结果（如发生革命），而后者则会出现负面案例（如没有发生革命）。此外，在负面案例中也存在一种概率极低的出现正面结果案例，本章称之为"不可能案例"。

[①] James Mahoney and Gary Goertz, "The Possibility Principle: Choosing Negative Cases in Comparative Research", *American Political Science Review*, Vol.98, No.4, 2004, pp.653-669.

[②] Rebecca Emigh, "The Power of Negative Thinking: The Use of Negative Case Methodology in the Development of Sociological Theory", *Theory and Society*, Vol.26, No.5, 1997, pp.649-684.

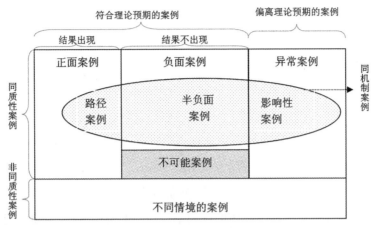

图7-2　因果机制与案例类型

资料来源:笔者自制。

以上三组概念是传统的、基于因素的案例区分方法,而这些区分方法的缺陷在于没有区分同样的结果是否是由相同机制/路径所导致的,这是本章所要重点讨论的第四种区分(即图7-2在椭圆形中所包含的案例)。在具有相同机制的案例中,同样存在正面与负面案例。具有相同机制的正面案例,其含义接近于约翰·格林对"路径案例"(pathway case)的定义,即控制了其他条件之后,只有变量X对结果Y产生影响,就可以认为至少展示一条具体的路径。[①]具有相同机制的负面案例,则被视作"半负面案例",讨论的是因为某项因素(拮抗剂)而使得机制部分推进但没有得到完全实现的案例。此外,在具有相同的因果机制的案例中,还存在一些同理论预期不同的结果,其定义接近于格林的"影响性案例"(influential case),它展示的是看似同理论预期不同的结果,实际上并不是真正的异常案例,或者说当充分理解特殊案例的具体环境时,可以发现这些案例不会挑战理论的

---

① 参见 John Gerring, *Case Study Research: Principles and Practices*, Cambridge: Cambridge University Press, 2007。

内核。①从因果机制的角度来看，即便相同的机制在不同情境（context）下也可能导致不同的结果。②在影响性案例中，这些因素由于追求理论的简约性等原因而不被纳入框架，当研究者对这些极端案例进行细致考察时，仍然可以认为这些案例是支持而非证伪理论所宣称的因果机制。因此基于机制的案例选择方法遵循了图7-2的路径，即它需要首先通过基于因素的类型学检验，然后整理出那些具有相同机制的路径案例和半负面案例。这种案例选择方法大致上遵循了如下的步骤。

步骤1：确立理论适用的基本条件，规划理论研究的总体（population）

实证研究中对于样本总体的规划基于相同的范围条件，避免情境和概念上的巨大差异。同质性假设是案例研究的基础，而时空范围的一致性是保证同质性的基础，因为这意味着对各类历史和文化要素的控制。③例如不同情境下的地理概念存在巨大差异，故而不能用古代的海权来类比当代的海权。④再比如斯考切波的社会革命理论仅仅适用于欧洲，因此不能用拉美殖民地的案例来反驳她，⑤而她本人也声称不能将该理论用于20世纪的伊朗等国。⑥多数关于"选择性偏差"的理论事实上描绘的是对因变量取值进行裁剪所造成的各类"以偏概全"，例如仅仅选择没有发生革命的国

① John Gerring, *Case Study Research: Principles and Practices*, Cambridge: Cambridge University Press, 2007, p.108.

② Tulia G. Falleti and Julia F. Lynch, "Context and Causal Mechanisms in Political Analysis", *Comparative Political Studies*, Vol.42, No.9, 2009, pp.1143-1166.

③ 参见 Charles Ragin, Dirk Berg-Schlosser and Gisèle De Meur, "Political Methodology: Qualitative Methods", in Robert Goodin and Han-Dieter Klingemann eds., *A New Handbook of Political Science*, New York: Oxford University Press, 1996, pp.751-752。

④ 叶成城：《重新审视地缘政治学：社会科学方法论的视角》，《世界经济与政治》，2015年第5期，第109页。

⑤ James Mahoney and Gary Goertz, "The Possibility Principle: Choosing Negative Cases in Comparative Research", *America Political Science Review*, Vol.98, No.4, 2004, p.665.

⑥ Theda Skocpol, "Explaining Social Revolutions: First and Further Thoughts", in Theda Skocpol, ed., *Social Revolutions in the Modern World*, Cambridge: Cambridge University Press, 1994, p.4.

家、没有经济奇迹的国家。①在限定具体时空范围后(如二战期间的欧洲),研究案例的总体就呈现出清晰的界定,这类问题就不难避免。

具体而言,对于范围条件定义的研究需要区分其所包含的事件起止的时间节点。事件起止状态的选择同样需要建立在对因果机制的理解之上,往往是以相对稳定的状态或者重大事件作为"里程碑"式的标记,因为初始状态意味着先期条件的影响变得微弱,而结束状态则意味着特定范围内的事件至少处于阶段性的终结。对于样本总体的定义需要基于事件起始状态而非结果,这样做可以减少典型的"幸存者偏差"问题。例如在经典的"幸存轰炸机"案例中,起飞之前轰炸机的集合而非返航之后的集合才是样本的总体。②对于事件终结时间的清晰界定同样是重要的,因为一旦理论假设本身包含相应的时间截断,就可以避免未来的突发事件对于理论的威胁。例如同样是定义国家崩溃,托马斯·比宾斯基用"1997年亚洲金融危机前后国家是否崩溃"来定义,就比詹森·布朗利用"第三波民主化进程中的国家是否崩溃"来定义要更为严谨。因为前者只需要考察金融危机出现后数年时间的变化而不必对更远的结果负责,而后者结论的可靠性则受到了更不确定未来的影响,例如作者当时认为不会崩溃的埃及就在其著作出版4年后(2011年)崩溃,这就削弱了其理论的可信度。③

步骤2:基于相似的时空情境,给出合理的理论假设使得多数案例符合理论预期

在确定样本总体之后,研究者就需要建立自变量与因变量之间合理的关系,即基于因素进行因果推断。在是否对小样本案例进行随机选择的问

---

① 选择性偏差问题也可参见臧雷振、陈鹏:《选择性偏差问题及其识别》,《世界经济与政治》,2015年第4期,第137~153页。

② 该案例试图说明的问题是,不能因为飞回的轰炸机机翼中弹最多就认为需要加固机翼,因为机身中弹就意味着坠毁。

③ Jason Brownlee, *Authoritarianism in an Age of Democratization*, Cambridge: Cambridge University Press, 2007; Thomas Pepinsky, *Economic Crises and the Breakdown of Authoritarian Regimes: Indonesia and Malaysia in Comparative Perspective*, Cambridge: Cambridge University Press, 2009.

题上,即便是定量研究的学者也承认,这种情况下的随机选择会造成更多的问题。[1]在中小样本的案例研究中,往往采用类型学方法确保绝大多数案例符合理论预期。以双自变量理论模型为例,假设变量X_1与X_2是因变量Y出现的"充分条件"[2],需要保证在步骤1中所限定的绝大多数案例都落入符合理论预期的单元之内,即表7-2中的类型1—4都是与理论预期相符的案例;反之,类型5—8则会削弱理论的解释力,属于偏离理论预期的"异常案例"。一旦存在过多偏离预期的案例时,就意味着可能存在遗漏变量或者范围条件设置错误等问题,研究者需要重新调整情境和理论,直到因素在类型学上的相关性总体符合预期。

表7-2　案例性质与理论预期[3]

变量	类型	自变量X_1	自变量X_2	因变量Y
符合理论预期的案例	1	1	1	1
	2	1	0	0
	3	0	1	0
	4	0	0	0
偏离理论预期的案例	5	1	1	0
	6	1	0	1
	7	0	1	1
	8	0	0	1

资料来源:笔者自制。

　　与此同时,在符合预期的案例中,需要区分正面案例和负面案例。在表7-2中的类型1—4展现了这些案例类型。类型1表示了结果出现的案例,属于正面案例,而在类型2—4中,结果没有出现。格尔茨和马奥尼认

　　① 参见 Gary King, Robert O. Keohane and Sidney Verba, *Designing Social Inquiry: Scientific Inference in Qualitative Research*, Princeton:Princeton University Press,1994。
　　② 从机制的角度来看,因素组合本身不足以构成充分性,这里用带引号的充分条件指代布尔逻辑意义上的充分条件。
　　③ 为了简化讨论,最初设定基本的理论预期时,将结果不为1的情况(例如0.5)都视作为0。

为,类型4的特殊性在于,所有的自变量和因变量都为0,即意味着在理论上结果不可能出现。因此他们将类型2和3定义为负面案例,而类型4作为负面结果也经常包含了结果不可能出现的案例。①不同类型的符合/偏离预期的案例对于理论的促进或削弱作用是不同的。就案例在因果解释中的作用而言,基于贝叶斯逻辑,类型1、类型2和类型3中的案例对于理论的促进作用较强(尤其在同时出现时),而类型4中的案例无法或者只能微弱地增强理论的可信度,尤其在寻找或检验机制时,它的作用非常有限,因为在类型4的案例中所有可能激发因果机制的因素都不存在,从而造成机制无法被观察,并且结果出现的可能性极低。例如在讨论特定因素和机制对出现高福利社会的影响时,至少需要排除那些极度贫穷且资源匮乏的国家,因为这些国家几乎不可能出现高福利社会。

步骤3:筛选具有相同机制的正面案例

由于社会科学的复杂性,仅仅基于因素进行因果推断很难真实地理解背后的因果机制,尤其无法区分结果出现是否基于相同机制。许多研究建立了变量之间稳健的正向或负向相关关系,但是只能非常有限地提供对因果机制的思考,这些案例中的变量之间的联系很大程度上是一个黑箱。②因为仅仅观测到恒常联结可能会提出错误的因果关系,例如早期西方社会发现精神病人数量和罪犯数量比值大致不变,但这并不意味着精神失衡是犯罪的原因。最近的研究证明,失业是心理失调和犯罪二者的共同来源。③因此即便结果与理论预期相符,当真实机制无法被检验或明晰时,理

① 马奥尼等人将这类出现正面结果概率极低的案例称为无关案例(irrelevant cases)是不够准确的,因为部分案例仍然可以对结果起到微弱的支持作用,并非与因果解释无关。James Mahoney and Gary Goertz, "The Possibility Principle: Choosing Negative Cases in Comparative Research", *American Political Science Review*, Vol.98, No.4, 2004, pp.653-669.

② Nicholas Weller and Jeb Barnes, "Pathway Analysis and the Search for Causal Mechanisms", *Sociological Methods & Research*, Vol.45, No.3, 2016, p.437.

③ [加拿大]马里奥·邦奇,吴朋飞译:《在社会科学中发现哲学》,科学出版社,2018年,第36~37页。

论的可信度仍然会存在疑问。

而寻找因果机制则需要以正面案例为基础，因为只有正面案例才可能展现完整的机制。研究者需要在正面案例中审视因果变量发挥作用的路径和方式，通过研究正面案例中的路径案例，寻找出具有共性的因果过程。首先，路径案例与传统意义上的正面分类差异在于，路径案例还考察了这些相似正面案例在不同关键节点的共性，区分因变量在因果机制不同阶段的标志性变化。发现一个因果机制在多个案例中产生相似的结果时，就找到了单位同质性的证据。[1]基于因果机制的案例选择不仅需要说明关键解释变量的变化，更要包含能够说明核心机制运转变化的路径案例，从而能够明确甄别那些关于核心机制的相互竞争的理论。[2]其次，在同质性的案例中寻找和发现共同的因果机制。这类案例的作用就在于完整地展现了因变量在各个因果机制的各个链条与环节的具体变化过程。[3]基于模糊集的视角来看，每一个阶段的变化都有其潜在的意义，即因变量从"$Y=0 \rightarrow Y=0.5 \rightarrow Y=1$"的过程。例如将制度变迁视作因变量（$Y=1$）时，一些前期的准备和动员都可以被视作制度变迁的渐变过程。通常先有观念性的变化，还存在准备阶段或动员阶段，然后经历相应的权力斗争，最终创立和延续新制度。[4]最后，讨论在特定的情境中，各类自变量在因变量变化过程中所起到的作用。因变量的每一个过程通常都不是自发的，而是受到外部因素的影响，例如碳氧化的机制会受到诸多因素影响，这些变量同样分为两类。

---

[1] Gerardo Munck, "Tools for Qualitative Research", in Henry E. Brady and David Collier, eds., *Rethinking Social Inquiry: Diverse Tools, Shared Standards*, p.110.

[2] Shiping Tang, Yihan Xiong and Hui Li, "Does Oil Cause Ethnic War? Comparing Evidence from Process-tracing with Quantitative Results", *Security Studies*, Vol.26, No.3, 2017, p.370.

[3] 这部分同时也参见 Derek Beach and Ingo Rohlfing, "Integrating Cross-case Analyses and Process Tracing in Set-Theoretic Research: Strategies and Parameters of Debate", *Sociological Methods & Research*, Vol.47, No.1, 2018, pp.12-15。

[4] 关于制度变迁的讨论，参见 Shiping Tang, *A General Theory of Institutional Change*, London: Routledge, 2011。

其一是核心因素的作用,例如氧气在碳氧化中起到不可或缺的作用,这类核心因素往往在统计学或类型学上呈现最明显的相关性,自变量在其中发挥作用。其二是辅助性因素的作用,这些因素未必可以展现出相关性,但并非无关要素,往往可以起到加速或者减缓机制的作用,例如氧化反应中的温度和催化剂等。

步骤4:选择半负面案例进行比较

同因素性分析一样,基于因果机制的案例选择同样需要加入负面案例考察那些"被中止的机制",从而更好地理解因果机制在正负案例中的作用。[①]半负面案例的选取逻辑与路径案例是相似的,都是基于因果机制的一致性。半负面案例可以根据时间节点分为两部分:在前半部分机制展开的阶段,其过程追踪观测值与路径案例是一致的;后半部分因果机制在特定阶段"中断",从而在结果上造成同路径案例之间的差异。因此选择半负面案例的目的是强调因果机制的部分展开,通过对比路径案例和半负面案例来察看因果机制中的特定因素缺失对结果的影响。一方面,研究者需要察看具有相似中间因果过程观察值的案例。因果机制在半负面案例中经常被抑制,因此时常不能被完整地观察到。[②]因此甄别半负面案例的关键是部分展开的因果机制所产生的因果过程观察值,以前文所述的化学反应为例,尽管没有获得最终产物二氧化碳,但是反应的中间产物一氧化碳则是作为选取半负面案例的依据。在国际政治中同样如此,假设将二战后美国使用核武器作为正面案例(并未发生,仅存在于反事实层面),那些风平浪静的时刻即传统的负面案例,但是更有研究价值的是出现一定危机时美国却因为"核禁忌"(nuclear taboo)而没有使用核武器的案例。[③]另一方面,

---

① Kim Sass Mikkelsen, "Negative Case Selection: Justifications and Consequences for Set-theoretic MMR", *Sociological Methods & Research*, p.753.

② 周亦奇、唐世平:《"半负面案例比较"与机制辨别:北约与华约的命运为何不同?》,《世界经济与政治》,2018年第12期,第41—42页。

③ Nina Tannenwald, *The Nuclear Taboo: The United States and the Non-Use of Nuclear Weapons Since 1945*, New York: Cambridge University Press, 2007.

选择负面案例时，还需要察看主要的因果变量在特定阶段所起的作用。亚历山大·乔治(Alexander George)和安德鲁·班纳特(Andrew Bennett)将因果机制理解成为是原因和结果之间的干涉性过程。①半负面案例意味着因果过程部分展开，直至特定阶段受到特定因素的干涉性影响。如果能识别出在两种不同的结果中运行相同的机制，一个出现正面结果而另外一个出现"半负面"结果，就可以更加确信所讨论的机制是真实存在的，因为在两个不同的结果之间，潜在的机制是相同的。例如约翰·欧文(John Owen)在讨论民主认知对和平的影响时，认为民主制度可以通过制度性辩论和反对攻击民主国家的意识形态来阻止战争，采用了正反案例的机制性对比：正面案例是1796—1798年的法国和美国，自由主义意识形态使得美国持有"不要发动针对法国人民的战争"的认知，杰斐逊等人在濒临战争时通过国会施压阻止了麦迪逊政府对法国的全面战争；而半负面案例则是1803—1812年的英国和美国，尽管事后看来两国都属于西方民主国家，但是由于共和党人控制了国会并煽动战争，同时托马斯·杰斐逊(Thomas Jefferson)等人在独立战争之前就厌恶其母国英国而不将其视作民主国家，因此民主—和平的机制被抑制而未能发挥作用，最终没有阻止美国对英国发动战争。②可以看到，这两组案例的选取要比两个完全非民主国家爆发战争(传统的负面案例)更有说服力。

通过正负面案例的对比确定了大致的因果机制之后，研究者可以察看结果不同于理论预期的"异常案例"中是否存在相同的因果机制，即格林等人所说的"影响性案例"。基于因果机制思考这些案例的时候，如果仅仅是未被纳入到理论中的特定变量赋值变得非常极端时，事实上这些异常案例

① Alexander George and Andrew Bennett, *Case Studies and Theory Development in the Social Sciences*, Massachusetts: MIT Press, 2004, p.165.

② John M. Owen, "How Liberalism Produces Democratic Peace", *International Security*, Vol.19, No.2, 1994, pp.87−125; John M. Owen, *Liberal Peace, Liberal War: American Politics and International Security*, New York: Cornell University Press, 1997.

是支持而非削弱理论的。[1]因此在影响性案例中,往往可以借此发现被遗漏的变量。例如根据托马斯·埃特曼在《利维坦的诞生》一书中的理论预期,近代早期的丹麦应当成为世袭立宪主义国家,而结果却成为了官僚专制主义国家。这看似是异常案例,然而埃特曼对丹麦的历史进行细致考察时发现,在1660年,丹麦的国家建设受到德意志模式的启发和对瑞典战争失利的影响被迫从世袭立宪主义转向官僚专制主义。[2]故而可以将丹麦视作理论之外的特定要素所导致的异常,但是丹麦早期的国家建设的核心机制仍然与其理论一致。此外,还有一些看似是"异常"的结果,可能是由于情境的差异所导致的,如果可能在其中发现相似的机制,则不仅可以强化理论的解释力,甚至可以拓展机制的外部效度和适用范围。

四、因果机制与案例选择:两本著作的比较

在讨论了具体的案例选择方法后,本章将用上述的规则去分析和审视《构建国家:意大利和德国的形成以及联邦制的困境》(以下简称《构建国家》)和《捍卫民主:对两战期间欧洲极端主义的反应》(以下简称《捍卫民主》)这两本著作中案例选择的优缺点,通过重新审视两本著作中的案例选择方式,以此作为例证来展示上述方法和框架的可操作性与在因果解释中的作用。

(一)构建国家:联邦制还是单一制

在丹尼尔·齐勒拉特(Daniel Ziblatt)的《构建国家》一书中,他用地区性制度和联邦主义意识形态两个因素构建其理论,探讨国家最终是构建成为联邦制还是单一制国家。他发现只有具备强地区制度和强联邦主义意识,才能够

---

① 有时候案例偏离理论预期是由于具体情境的差异或者出于理论精简性而舍弃不太重要的变量(即基于精简性的"奥卡姆剃刀"原则),但在个别案例中这些变量对结果产生决定性的影响。

② Thomas Ertman, *Birth of the Leviathan: Building States and Regimes in Medieval and Early Modern Europe*, Cambridge: Cambridge University Press, 1997, pp.306-311.

构建联邦主义国家,反之则会成为单一制国家。他的案例选择如表7-3所示。[①]

首先是相似的时空情境和初始条件的选择,从作者的绝大多数案例选择来看,其时空范围主要集中于"第二波现代化"时期的欧洲。[②]因此作者提到的1707年的英国、1920年的奥地利和1993年的比利时可以被视作不同情境的案例,违背了案例选择的"同质性"原则,但由于并非是重点分析的案例故而对于因果分析的影响甚微。

其次是从类型学角度来看(见表7-3),除了1993年之后的比利时外,齐勃拉特的案例选择与理论预期基本一致,即只有两个自变量(联邦主义意识和地区制度)同时为强时,结果才会出现。正面案例只有1920年的奥地利、1871年的德国和1848年的瑞典;而在负面案例中,其他国家构建结果都是单一制国家。

再次是通过重点察看作为正面案例的德国联邦制国家构建过程,齐勃拉特的因果机制总结如下:国家构建时刻的联邦主义需求→联邦制度供给→谈判形成联邦制国家。[③]

最后是在正反案例的对比中,负面案例由于缺乏特定要素使其因果机制冻结在不同的阶段,第一个阶段如果缺乏了联邦主义的需求(缺乏联邦意识),联邦制就无从谈起(例如丹麦),但是也有一些国家(如意大利)由于地区制度效率低而无法自治,最终在国家构建的关键时刻(national moment)决定了国家的新制度设计。[④]意大利在其因果叙述中仍然更加接近于传统的负面案例,因为作者将大量的篇幅(尤其是次国家数据)用于佐证和描绘因素的赋值,即意大利的地区制度较德国要更弱,但是作者对于意

---

① Daniel Ziblatt, *Structuring the State: The Formation of Italy and Germany and the Puzzle of Federalism*, Princeton: Princeton University Press, 2006.

②④ 本章将1789—1945年定义为第二波现代化时期,关于现代化"波次"的区分讨论参见叶成城、唐世平:《第一波半现代化之"帝国的黄昏"——法国与西班牙的改革之殇》,《世界经济与政治》,第122~154页;王子夔:《现代化研究的回顾与反思——从"类型"到"分波次"》,《学术月刊》,2018年第3期,第177~184页。

③ Daniel Ziblatt, *Structuring the State: The Formation of Italy and Germany and the Puzzle of Federalism*, Princeton: Princeton University Press, 2006, pp.57~78.

大利如何曾一度尝试构建联邦制,但是最后未能推行联邦制的过程叙述相对有限。此外,作为异常案例的比利时(1993),作者认为这是制度重新设计的结果,如果以1993年作为国家重新构建的时刻,比利时同样具有较强的联邦主义意识和地区制度,因此该案例看似是一个"异常值",但是实际上却仍然是支持作者的结论的。[1]

表7-3 《构建国家》中的案例选择

变量A/变量B	弱地区制度(B−)	强地区制度(B+)
联邦主义意识强(A+)	负面案例(单一制): 意大利(1861)、荷兰(1814)	正面案例(联邦制): 奥地利(1920)、德国(1871)、瑞典(1848)
联邦主义意识弱(A−)	不可能案例(单一制): 法国(1791)、芬兰(1917)、冰岛(1944)、瑞典(1809)、爱尔兰(1937)、葡萄牙(1822)、挪威(1905)、比利时(1831) 异常案例:比利时(1993)成为联邦制国家	负面案例(单一制): 丹麦(1849)、西班牙(1812)、英国(1707)

资料来源:笔者自制。

(二)捍卫民主:边缘政党策略与欧洲民主制度的存亡

在乔瓦尼·卡波奇(Giovanni Capoccia)的著作《捍卫民主》中讨论的是在两次世界大战期间,欧洲民主国家遇到了极端主义(如分离主义、纳粹主义等力量)的挑战时,欧洲国家如何通过政治策略和制度安排来捍卫民主。[2]如表7-4所示,他用了基于结果的案例选择方法来区分案例的类型,使用了两个维度,第一个维度是民主制度中现任掌权者和反体制者的斗争作为政治进程的主要特征,第二个维度是民主是否被极端主义所取代。[3]

---

① Daniel Ziblatt, *Structuring the State: The Formation of Italy and Germany and the Puzzle of Federalism*, Priceton: Priceton University Press, 2006, p.149; John Fitzmaurice, *The Politics of Belgium: A Unique Federalism*, Boulder: Westview Press, 1996.

② Giovanni Capoccia, *Defending Democracy: Reactions to Extremism in Interwar Europe*, Baltumore and London: Johns Hopkins Univeristy Press, 2005.

③ Giovanni Capoccia, *Defending Democracy: Reactions to Extremism in Interwar Europe*, Baltumore and London: Johns Hopkins University Press, 2005, pp.6–15.

其核心观点是,在遭受到强有力反对派挑战的国家中,那些可以团结边缘政党的国家最终可以维持民主制,反之则会被法西斯政权所取代。

表7-4 《捍卫民主》中的案例选择

结果	变量/维度	民主制度中现任掌权者和反体制者的斗争作为政治进程的主要特征	
		是	否
民主崩溃	边缘政党战略:背叛	(1)被极端主义接管:意大利、德国	(4)民主制中断或先发制人的政变:保加利亚、葡萄牙、波兰、立陶宛、南斯拉夫、奥地利、爱沙尼亚、拉脱维亚、希腊、罗马尼亚
民主维持	边缘政党战略:合作	(2)被挑战后存活:捷克斯洛伐克、芬兰、比利时、(法国)	(3)未被挑战且存活:荷兰、挪威、瑞典、丹麦、瑞士、英国

资料来源:笔者自制。

我们仍然按照此前所提到的步骤来审视卡波奇的研究设计。首先,从案例选择角度来看,卡波奇所选样本的时空边界更为清晰和严密。相比起齐勒拉特或者早期的摩尔和斯考切波,卡波奇直接将时空限制在两次世界大战期间的欧洲,即实现了在该时空限制之下的"全样本选取",自然也完全规避了所谓的"选择性偏差"问题。其次,从类型学的角度来看(见表7-4),卡波奇的研究属于单变量模型,只有一个核心变量即边缘政党战略,而反体制政党的实力则属于情境变量,即只讨论反体制政党实力较强的情况。正面案例是民主国家被极端主义接管,即当时法西斯化的意大利和德国;负面案例则是那些被挑战后民主制度仍然存活的国家,包括捷克斯洛伐克、芬兰、比利时,以及法国。这些案例全部符合理论预期,不存在异常值的情况。再次,尽管卡波奇没有直接说明是民主维持还是民主崩溃的结果是正面案例,但从因果机制的角度来看,显然是后者。因为讨论的是民主制度经历了一系列挑战而崩溃的过程,卡波奇用德国和意大利的案例来阐述具体的因果机制,其机制可以总结为:极化和分裂的政党体系与社会动荡→极端主义政党对现有政党联盟构成挑战→联盟重组过程中部分政党背叛→联盟分裂与民主崩溃。[1]最后,相对于正面案例,捷克斯洛伐克、芬兰、比利时则属于负面案例,即它们展现的是民主制度遇到挑战,并且联盟内部同样有部分政党背叛,但是最终仍然通过团结边缘政党的策略阻止了民主制度的崩溃。卡波奇根据极端主义带来的挑战风险程度对传统的负面案例和半负面案例进行区分。[2]卡波奇用极端主义政党在下议会中占据的席位比例来测量极端主义的风险,其中风险最高的是作为正面案例的德国和意大利。风险居中的则是作为半负面案例的捷克斯洛伐克、芬兰和比利时,在这三个国家中,极端主义的压力同样造成了联盟内部的背叛,已经对民主制度构成严重威胁,而当时的执政者通过团结边缘政党,以及限制、镇压极端主义的活动来保障了制度的稳固。风险最低的则是作为传统案例的荷兰、挪威、瑞典、丹麦、瑞士和英国(而法国则介于负面和半负面案例之间),在这些国家中极端主义没有构成对民主制度的本质威胁,尤其是没有造成执政联盟内部的分裂与背叛,因此几乎无法观察到因果机制。很显然,如果基于能动者的视角来察看危机应对措施对于民主制度的作用时,那些"临危受命"的半负面案例比"风平浪静"的传统负面案例要更有研究价值。那些阻止民主崩溃的策略相当于前文所述的"拮抗剂",即通过特定的方式来冻结或中断已经被"启动"且部分进行的因果机制。此外,由于作者只讨论那些被极端主义威胁导致的民主崩溃,因此类型4(民主制中断或先发制人的政变)的情况则不在其讨论范围之内。

(三)小结:两本著作的比较

齐勒拉特和卡波奇的研究都是当时最具代表性的案例比较研究著作之一。如表7-5所示,从时空范围来看,卡波奇的时空范围选择更为聚焦,因此也具有更强的同质性,而齐勒拉特的部分案例违背了条件范围的原则,但是并未涉及与核心案例的比较,因此对总体结论影响甚微。在具体

---

① Giovanni Capoccia, *Defending Democracy: Reactions to Extremism in Interwar Europe*, Baltumore and London: Johns Hopkins University Press, 2005, p.193.

② Ibid., p.10.

的变量和案例处理中,可以看出基于因素和基于机制的案例选择不同之处。齐勃拉特对于情境和变量的区分较为模糊,因为其研究设计仍然更多的是基于因素的分析,对意大利的过程追踪更多的是描绘两个国家的统一进程,但是关于意大利在建国过程中如何在单一制和联邦制之间摇摆的讨论则略显不足。因此其案例分析可以较好地体现因素同结果之间的关联性,但是对于发现机制的作用仍然不够。而卡波奇明确区分了案例分析的情境与核心变量的差异,其目的在于更好地筛选和重点分析半负面案例。卡波奇全书近一半篇幅都通过过程追踪来讨论那些存在民主崩溃的国家如何捍卫其制度,而对正面案例的讨论相对简略,因而可以更好地展现机制对结果的影响。

表7-5 两本著作案例选择的比较

著作	齐勃拉特(2006)	卡波奇(2005)
时空范围	第二波现代化中的欧洲(1789—1945年)	两战期间的欧洲(1919—1939年)
情境变量	较强的联邦主义意识(较少区分)	较强的极端主义挑战
核心变量	地区制度强弱	边缘政党策略
因素分析	较为明确	相对模糊
核心案例	正面案例与负面案例 (德国和意大利)	三个"半负面案例" (捷克斯洛伐克、芬兰、比利时)
案例分析的 因果贡献	对理解因素有很强的贡献,但对发现机制的贡献有限	对因素的讨论相对较少,但对发现机制有较强贡献

资料来源:笔者自制。

五、基于因果机制的案例选择的理论优势

前文以两本经典著作为范例进一步说明如何基于机制选择案例,以及具体的操作流程,笔者将重点讨论基于上述案例选择方法所具备的优势,主要从变量和案例选取、内外效度问题、因果机制与时空的关系,以及在反

事实分析中的作用这四个方面进行阐述。

首先,基于因果机制的案例选择有助于考察变量之间的关系,并以此为基础选择恰当的案例进行研究。在案例研究的过程中最具优势和便捷的操作方法仍然是通过正反案例的"配对比较"来增强因果解释力。[①]以表7-2中的双变量模型为例,在负面案例(即 Y=0)中,类型2(X_1=1,X_2=0)和类型3(X_1=0,X_2=1)的差异只在布尔代数上是无法区分的。定量研究中同样存在类似差别,例如在讨论自变量 X_1 和 X_2 之间的交互影响时,数理公式本身无法区分这两个变量中,哪个是主要变量,哪个是次要变量。[②]因此基于因素的案例研究会面临选择哪个变量作为"主要变量"的问题,即在进行因果解释的时候,存在选择类型2还是类型3作为负面案例的困惑。而基于因果机制的案例选择可以较为有效地解决这个问题,这个优势在齐勃拉特的著作中可以看出。在齐勃拉特的研究中,正面案例是德国(建立联邦制),而负面案例则会面临是选择意大利还是丹麦的难题。从联邦制国家构建的三个阶段来看,第一个阶段的联邦主义需求(即较强的联邦意识)是"启动"因果机制的必要条件,故而选择半负面案例时必须选择具有强联邦意识的国家。因此齐勃拉特选择意大利而非丹麦作为负面案例,并且在具体的过程追踪中,简单叙述了意大利曾经试图实行联邦制,但是由于缺乏地区制度而放弃,而丹麦等国则没有这种尝试。[③]

其次,基于因果机制的案例选择有助于兼顾内部和外部效度。传统的

① Sidney Tarrow, "The Strategy of Paired Comparison: Toward a Theory of Practice", *Comparative Political Studies*, Vol. 43, No. 2, 2010, pp.230–259; Rachel Gisselquist, "Paired Comparison and Theory Development: Considerations for Case Selection", *PS: Political Science & Politics*, Vol.47, No.2, 2014, pp.477–484.

② 关于交互项的讨论,参见 Thomas Brambor, William Roberts Clark, and Matt Golder, "Understanding Interaction Models: Improving Empirical Analyses", *Political Analysis*, Vol.14, No.1, 2006, pp.63–82。

③ 意大利国家构建的过程追踪参见 Daniel Ziblatt, *Structuring the State: The Formation of Italy and Germany and the Puzzle of Federalism*, Princeton: Princeton University Press, 2006, pp.109–141。

定性和定量两种范式之争很长时间内都是方法论研究最为核心的话题之一。马奥尼等人认为基于定性和定量两种研究方法的样本观测值是不同的,前者是案例间数据集的观测值,讨论的是结果的原因(即平均因果效应),而后者是基于过程追踪的观测值,讨论的是原因的结果。①案例研究中往往面临着内外部效度不能兼顾的问题,例如认为基于外部效度的定量分析长于检验因果假设,而基于内部效度的定性研究则长于产生因果假设。丹尼尔·利特尔(Daniel Little)认为,尽管案例间数据集会限制因果假设,但不足以取代这些因果假设,研究人员仍然需要考虑假设的因果链,然后根据新的证据对其进行检验。②基于因果机制的案例选择之所以可以兼顾两种效度/范式,其原因就在于它通过案例比较和反事实逻辑来实现过程而不仅仅是结果的理论化,即它可以通过对因果机制的分析与控制来解释中间过程和机制"冻结"所带来的不同结果,而不仅仅是哪些变量组合会导致结果是否出现。

再次,基于因果机制的案例选择在样本缺乏时空维度的变化时,可以通过基于反事实分析的逻辑来增强因果解释力。研究者可以在半负面案例中通过反事实分析"操纵"某些关键变量的值达到其最大强度,以及"冻结"某些点的机制,使它不能完全实现。反事实分析中最为基本的逻辑是基于"最小程度重写原则"(minimal rewrite)。③马奥尼用集合图来论证对中间过程的改写最符合该原则,因为事件发生/不发生的概率最为接近。④同样的,半负面案例的优势在于它更符合该原则,因为它本身就是那些接近于成功而未成功的案例。这种优势在不存在正面案例时尤为显著,因为

---

① James Mahoney, "After KKV: The New Methodology of Qualitative Research", *World Politics*, Vol.62, No.1, 2010, pp.120-147.

② Daniel Little, "Causal Explanation in the Social Sciences", *The Southern Journal of Philosophy*, Vol.34, Supplement, 1995, p.53.

③ 关于该原则的叙述参见 Richard Lebow, "What's So Different about A Counterfactual?", *World Politics*, Vol.52, No.4, 2000, pp.550-585。

④ James Mahoney and Rachel Sweet Vanderpoel, "Set Diagrams and Qualitative Research", *Comparative Political Studies*, Vol.48, No.1, 2015, pp.85-86.

在特定时空下的历史不一定会出现理论层面的正面结果，只能进行反事实思考。例如有学者在研究"第二波现代化"时期的多民族帝国时，由于没有严格意义上的成功正面案例，就以"普鲁士道路"作为理论上的反事实而存在，俄罗斯和奥地利则可以视为半负面案例。①

　　最后，基于因果机制的案例选择可以在一定程度上突破时空限制，追求更具普遍意义的理论。在社会科学中的理论往往会受到时空范围的限制，因为不同时空之中会存在许多难以控制甚至难以察觉的干扰因素，导致最终产生与理论预期不同的结果。但是不同的结果并不意味着理论必然被证伪，相反，有时候进一步细致考察这些"影响性案例"中的因果机制时，反而在逻辑上肯定和证实了相关机制的理论。因此可以看到的是，尽管许多因果机制最初源于案例的内部效度，但是通过精确的控制比较，因果机制同样可以得出具有很强普遍性与外部效度的理论。例如在生物学中，达尔文关于进化的机制就是一种几乎不受时空限制的机制，"变异→选择→遗传"的机制几乎可以解释所有生物演化的基本原理。②丹·斯莱特和齐勃拉特认为，控制比较能够兼顾内部和外部效度，产生跨越时间和空间的理论，但是需要以建立精确的因果关系作为基础。③基于因果机制的案例选择在对时空控制的基础上，通过对过程的"控制"和机制的"冻结"来实现精确的因果关系。因此可以看到，许多著作在其深刻的因果解释中所隐含的逻辑与机制，例如托克维尔对于波旁王朝改革的论述，斯莱特关于东南亚国家政权稳定性的研究，都或多或少地产生了超越其所论述时空的洞见。④

---

　　① 王子夔：《普鲁士歧路——19世纪俄国和奥地利现代化改革中的效仿》，《世界经济与政治》，2018年第10期，第105~128页。

　　② ［英］达尔文，周建人等译：《物种起源》，商务印书馆，2017年，第3~6章。

　　③ Dan Slater and Daniel Ziblatt, "The Enduring Indispensability of the Controlled Comparison", *Comparative Political Studies*, Vol. 6, No.10, 2013, p.1322.

　　④ ［法］托克维尔，冯棠译：《旧制度与大革命》，商务印书馆，2013年；Dan Slater, *Ordering Power: Contentious Politics and Authoritarian Leviathansin Southeast Asia*, New York：Cambridge University Press，2010。

六、结语

在传统研究方法和案例比较研究之间存在一定的分歧,许多研究者试图进行因果解释,但是仍然坚持那些基于因果推断为导向的案例研究方法。[①]这带来的后果是造成了案例研究和案例选择方法之间的脱节,因此需要基于因果机制的案例选择方法来解决这一问题。基于因果机制的案例选择方法的基本逻辑是要选择具有相同机制的正负面案例进行对比,这种案例选择方法一方面具有模糊集思想,通过选择那些"进行到一半"的机制,从而减少二分虚拟变量的信息损失;另一方面它借鉴了过程追踪和动态比较的方法,基于对因果机制的求同和过程追踪观测值的比较,最大程度地实现"准实验状态"。它的优势在于可以更好地理解变量、案例和机制之间的关系,同时兼备了内外部效度,并且有助于发现超越时空情境的因果机制。当然,作为一种全新的案例选择方法,它在方法论层面的优势还需要后续的实证研究来进一步展现。

---

① Ryan Saylor, "Why Causal Mechanisms and Process Tracing Should Alter Case Selection Guidance", *Sociological Methods & Research*, 2018, pp.27–28.

第八章

运用"半负面案例"甄别机制：北约与华约的命运为何不同？ [1]

为何冷战时期的北约维持了基本的稳定并最终发展成了安全共同体，而华约却经历了多次危机并最终分崩离析？为了更深刻地理解这一实证问题，本章创新性地采取了"半负面案例比较"的方法，比较两个具有相似初始条件下的相似机制在不同约束条件下的发展。本章认为联盟内能否实现有效的和解是理解此问题的一个关键机制，而影响联盟内和解的重要变量是该联盟内成员国所采取的国内管理体制，这些变量通过影响和解机制，并最终对联盟的发展产生重要影响。在拥有有限性、灵活性和开放性管理体制的国家组成的联盟中，联盟内国家更容易实现和解，反之则更不容易实现和解。和解程度的不同最终会影响到联盟最终的发展结果。通过对美苏两个案例进行半负面案例比较，本章甄别出"和解机制"对联盟发展的重要影响。

---

[1] 作者：周亦奇、唐世平。曾发表于《世界经济与政治》。周亦奇，上海国际问题研究院比较政治与公共政策研究所助理研究员。

在实证社会科学中，确立机制的必要性已经成为基本的共识。那接下来的问题就是如何寻找和确立机制。本章开创性地提供这样一个方法："半负面案例比较"的方法。本章强调，半负面案例比较能够充分展现不同因素组合对核心机制的影响，即某些特定的因素组合能使得机制走完整个进程，而某些特定的因素组合则能够阻止机制走完整个进程，让机制停在某一个程度。这种做法类似于在化学和生物学实验中，加入"阻抗剂"（inhibitor），从而使得相关生物过程能够停滞在某一个阶段一样。

根据半负面案例比较的方法，本章以美国和苏联在冷战时期在欧洲大陆建立的两大联盟组织为比较对象，创新性地采取了机制比较而非简单的因素比较的方式，从而确立了和解是维持联盟内部稳定的核心机制之一，并分析国内管理体制对和解机制的影响，进一步说明本方法和理论在实践中的应用价值。

一、半负面案例比较与机制甄别

在实证社会科学中，确立机制[①]的必要性已经成为基本的共识。本章把机制定义如下：①机制是在真实的社会系统中，驱动变化或阻止变化的真实过程；②机制和因素的互动驱动了社会系统的结果，因此机制和因素是相互依赖的。[②]那

---

① 社会科学对于因果关系一般分为三种理解：新休谟主义、反事实/实验法、因果机制法，参见方才《政治学研究中的因果关系：四种不同的理解视角》，《国外理论动态》，2018年第1期，第24~31页；James Mahoney，"Beyond Correlational Analysis：Recent Innovations in Theory and Method"，*Sociological Forum*，Vol.16，No.3，2001，pp. 575–593。

② 定义的第一部分来自马里奥·邦奇，Bunge，Mario，"Mechanism and Explanation"，*Philosophy of Social Science*，Vol.27，No.4，1997，pp. 410–465。而第二部分是笔者的原创观点，对理解机制和因素如何相互关联，以及如何设计揭示新机制和新因素的方法至关重要。因此笔者拒绝了乔恩·埃尔斯特（Jon Elster）对机制的定义，即"在普遍未知的情况下触发或伴随不确定结果的，经常重复且容易识别的因果模式"。机制不是可识别的（因果）模式，而埃尔斯特的定义受到过多"覆盖律"的影响。类似地，笔者拒绝把机制定义为解释的"（理想的）结构"。简单来说，理解是解释的一部分，而诠释则是纯粹的释经学。菲利普·戈尔斯基（Philip S. Gorski）把机制定义为"系统内相关实体的涌现因果力量"，与邦奇和笔者的想法相似。Philip S. Gorski，"Social 'Mechanisms' and Comparative-Historical Sociology：A Critical Realist Proposal"，in Peter Hedström and Björn Wittrock，eds.，*Frontiers of Sociology*，Leiden and Boston：Brill，2009，pp.147–194。

接下来的问题就是如何寻找和确立机制。本章开创性地提供这样一个方法——半负面案例比较法。半负面案例比较法在传统的负面案例比较法的基础上,将比较对象从变量转向机制,通过分析相同机制在不同影响变量下导致不同结果的情况,从而确定某项机制的存在。

本章强调,半负面案例比较能够充分展现不同因素组合对核心机制的影响,即某些特定的因素组合能使得机制(mechanism)走完整个进程,而某些特定的因素组合则能够阻止机制走完整个进程,让机制停在某一个程度。

这种做法类似于在化学和生物学实验中,加入"阻抗剂",从而使得被观察的过程能够停滞在某一个阶段一样。最著名的"阻抗剂"可能是大部分读者都还有印象的来自中学生物学教程中的"秋水仙素"(学名是秋水仙碱,colchicine)。其基本作用原理是,秋水仙素能够和纺锤体的微管蛋白结合,从而破坏细胞有丝分裂的纺锤体,阻止染色体的分离,而将有丝分裂停滞在分裂中期。因此通过加入秋水仙素可以让我们看到有丝分裂进程的一部分,从而允许我们确立有丝分裂作为一个机制的存在。类似的用(阻抗剂)来确立化学和生物学中的机制还非常多,特别是许多非常复杂的机制(有时生物学成为回路,pathway),如从大家熟悉的代谢中的"三羧酸循环"到发育中的细胞凋亡。[1]在这些自然科学的案例中,其对于机制的发现通常都依赖于在一组对比的案例中,加入阻抗剂,从而使得两个相似机制在相似的初始环境下呈现出不同的状态,并分析其与最终结果之间的关系。

(一)社会科学中的因果机制以及甄别

在实证社会科学研究中,机制的重要性已成为几乎所有社会科学研究

---

[1] 关于秋水仙素的科普,https://baike.baidu.com/item/%E7%A7%8B%E6%B0%B4%E4%BB%99%E7%A2%B1/2105959? fr=aladdin#3https://en.wikipedia.org/wiki/Colchicine。关于阻碍剂的科普,https://en.wikipedia.org/wiki/Enzyme_inhibitor。

者的共识。[①]鉴于机制的重要性，在社会科学中甄别机制也成为方法论探索的重点，美国学者西德尼·泰罗(Sydney Tarrow)将甄别机制理解为一种对于机制的测量，并提出两类测量方式，分别是将机制理解成一系列的中介变量，使用事件史的定量研究方式进行讨论；以及使用人类学的观测方式，通过叙述将机制的过程描述出来。[②]总体而言，目前研究者主要采取了第二种机制测量，例如查尔斯·蒂利(Charles Tilly)认为机制是一种主观叙述的话语，其关键在于学者对其的描述；克莱尔(Collier)则提出了过程追踪的研究方法，主张根据机制提出的假设寻求相关的证据并对有关理论主张进行有关的检验。[③]本章认为以上观点虽有一定道理，但存在着以相关性代替因果性、以主观叙述代替客观发现、以单案例研究代替推广性的问题。

因果机制是一个连续不断并且客观存在的进程，无论加入多少中介变量的相关性也无法勾勒出因果机制的本质，而主观叙述的机制无论多么的复杂，也无法论证出因果机制的真实存在，而简单地在单一案例中进行过程追踪检测，其在可推广性上也始终存在着缺陷。此外，以上各项方法都还都存在一个根本性的问题就是将机制和因素彻底割裂起来，在讨论机制的时候彻底忽视了因素对于机制的重要影响。机制和因素虽然是两个截然不同的研究对象，但是对于机制和因素的讨论需要放在一个整合的分析框架之中讨论，脱离了机制讨论因素或者脱离了因素讨论机制都会使我们难以得出较为准确的判断。本章认为，因素与机制的关系有如下特点：

---

① 定量学者倾向于将机制认定为中间变量，Gary King, *Robert O. Keohane, & Sidney Verba*, Princeton：NJ：Princeton University Press，1994；定性学者则倾向于将其视为一个过程，Derek Beach and Rasmus Pedersen, *Process Tracing Methods：Foundations and Guidelines*，Ann Arbor, MI ,The University of Michigan Press,2013,pp.34-37。

② Doug McAdam , Sidney Tarrow, Charles Tilly, "Methods fo Measuring Mechanism", *Qualitative Sociology*, Vol.31, 2008, pp.307-333；Charles Tilly, "Mechanism in Political Process", *Annual Review of Political Science*, Vol.4, 2001, pp.21-41.

③ 这四类检验可包括：风中稻草(Straw in the wind)、箍检测(hoop test)、冒烟枪(smoking gun test)、双重确定(double decisive)检测，Collier, David. ,"Understanding Process Tracing", *PS - Political Science and Politics*, Vol.44, No.4, 2011: pp.823-830。

首先,机制是一个驱动变化的过程,而因素必须要依靠机制才可以产生影响。社会科学中的因果机制是一个过程,其不同于一般定量研究中的中介变量,通过连续的过程,从而将不同因素联系起来驱动变化。以烧菜为例,单纯的将不同食材(因素)放在一起并不能变成最终的成品,而是需要通过加热带来的氧化过程(机制)从而使得不同食材变成最终的成品。

其次,因素可以作为环境(Context),从而为机制的探索提供一个具体的限定范围。在传统的讨论中,由于社会科学家常将因素和机制隔离开来,故而实证社会科学只重视因素,而将机制的探讨视为一个社会科学哲学问题。这一将因素与机制割裂开来的现象对社会科学的讨论并不有利。正如既有研究讨论的那样,[①]因素组成的一系列初始条件是讨论机制的具体范围,对于具体机制的讨论不能离开对于其外部环境的讨论。

最后,因素和机制作为一个整体都属于客观存在的事物,但两者的可观测性和判断其是否存在的标准并不相同。因素可观测、可测量,并且当研究者观察不到某一项因素或者观察不到其导致的结果时,研究者基本可以判定这个因素是不存在或者对相关的研究结果是没有影响的。而对于机制而言,很多机制都更加难以观测,也无法测量,对于机制的判断只能是起作用、没有起作用两个指标。并且与因素不同,当我们看到一个研究对象中机制并未呈现出相应的结果时,研究人员也不能判定机制是不起作用的。而这点也是后文所提到的半负面案例比较法的核心思想。

故而在社会科学的讨论中,我们需要将因素与机制相结合进行讨论,才可以更加完善地论证我们所希望讨论的理论假设。

(二)半负面案例比较法与正负面案例比较法的区别

正负面案例比较法,即案例研究中包含了研究者所感兴趣的结果出现了的案例和结果没有出现的案例,被认为是一种讨论机制较为有效的方

---

① Tulia G. Falleti &Julia F.Lynch ,"Context and Causal Mechanism in Political Analysis", *Comparative Political Studies*,Vol.42,No.9,2009,pp.1143–1166.

式。正负面案例比较法是指寻找出一组因素组合，然后比较具有或不具有相应的初始条件，因而会出现或者不出现研究者所感兴趣的结果（正面案例与负面案例）。在其中，正面案例是指其实现了相应理论所指向的结果的案例，而负面案例则是指并未实现相应结果的案例①。在这里需要特别强调的是，在正负面案例比较法中，正面和负面案例都是符合理论预期的。按照理论预期，那些具备初始条件的案例应该出现某些结果；而那些不具备初始条件的案例应该不出现某些结果。因此负面案例不是指不符合理论预期的案例。

为了防止混淆，我们用"支持理论的案例"和"不支持理论的案例"来特指那些支持理论预期的案例和不支持理论预期的案例。

正负面案例比较法拥有非常久远的历史，可追溯到19世纪哲学家约翰·斯图尔特·密尔所提出的逻辑五法中的求异法。在求异法中，密尔提出需要通过对具有相似条件却存在不同结果的案例进行分析，以确定相关因素的因果关系。而在随后的社会科学发展中，许多的经典作品与研究方法都遵循了密尔的求异法逻辑。②例如比较政治学中的"最相似系统设计"就是对求异法的发展，此逻辑采取了"控制比较确定因果"的方式。通过正负案例本身的相似性，控制各种对结果有影响的因素，从而甄别真正对结果有影响的变量。同时此方法也符合因果分析中"匹配方法"（Matching）来

---

① 例如有研究认为，意大利在文艺复兴后期其实也拥有了与英国类似的初始条件（农业商业化、城市发展），但是为何意大利出现资本主义的时间却比英国晚了很多，Rebecca Jean Emigh，"The Power of Negative Thinking: The use of negative case methodology in the development of sociological theory"，*Theory and Society*，Vol.26，1997，pp.649-684；还有研究分析为何同样都是威权体制，多族群而且拥有大量石油的国家中，有的因为石油开采分配问题而爆发了严重的族群冲突，而有的则没有爆发。Shiping Tang，Yihan Xiong，Hui Li，"Does Oil Cause Ethnic War? Evidence from Process-tracing with Quantitative Results"，*Security Studies*，Vol.26，No.3，2017，pp，360-389.

② 这其中包括了摩尔的讨论，为何类似的前现代政体在进入现代化时期会出现西方民主、法西斯和共产主义三种政体，和斯考切波尔对于社会革命的发动的讨论。而密尔所提出的求异法，经过后世学者的发展也逐步形成了所谓的"最相似系统设计"，John Gerring，*Case Study Research Principles and Practices*，New York，NY，Cambridge University Press，2012。

判断因果关系的思路。[①]

　　近年来，对负面案例法的讨论主要集中在负面案例的标准上。过去，研究人员通常将负面案例理解为未出现相应结果的的案例，并不严格要求对比案例需具备相似的初始条件，导致负面案例选择含混不清。因此目前研究人员对负面案例提出了明确的标准。首先，负面案例必须是没有发生理论预测结果的案例；其次，负面案例必须要与正面案例存在相似性。相似性是指负面案例除了主要的解释变量之外，必须要具备和正面案例相似的必要条件，使其具备出现正面案例结果的可能性。[②]

　　正负面案例比较法是目前常用的案例比较方法，虽不乏对其的批评，[③]但由于此方法可最小化案例之间差异并最大化结果区别，依然被认为是在

　　① 负面案例比较构造了类似准自然实验的研究设计，其中的正面案例可被认为是实验中的受影响组（Treatment Group），而其中的负面案例则是实验中的控制组（Control Group）。在此类方法中，通过这两类案例之间在结果上的差别，从而确定相关因素的影响。类似的逻辑可参看 Seanwhite，Paul W.Holland，"Statistics and Causal Inference"，*Journal of the American Statistical Association*，Vol.81，No.396，1986，pp.945−960；Donald Rubin，"Estimating Causal Effects of Treatments in Randomized and Nonrandomized Studies"，*Journal of Educational Psychology*，Vol.66，No.5，1974，pp.688−701；King，G.，Keohane，R. O.，& Verba，S.，*Designing social inquiry：Scientific inference in qualitative research*，Princeton，NJ：Princeton University Press，1994。

　　② 关于此方法的介绍可参考 James Mahoney and Gary Goertz，"The Possibility Principle：Choosing Negative Cases in Comparative Research"，*American Political Science Review*，Vol.98，No.4，2004，pp.653−669；Seawright，Jason，and John Gerring，"Case Selection Techniques in Case Study Research"，*Political Research Quarterly*，Vol.61，No.2；Seawright，Jason，and John Gerring，"Case Selection Techniques in Case Study Research"，*Political Research Quarterly*，Vol.61，No.2，2008，294−308。

　　③ 对于负面案例比较法的批评主要认为其并没有足够多的外部效用（External Validity），只能探索单变量的影响，以及过于决定论和没有自由度、误差项；并且对情境性的内容过度简化，从而得出不适当的广义结论。具体的批评可参考 George，Alexander，& Bennett，Andrew，*Case studies and theory development in the social sciences*，Cambridge，MA：MIT Press；Stanley Eieberson，"Small N analysis and Big Conclusions：An Examination of the Reasoning in Comparative Studies Based on a Small Number of Cases"，*Social Force*，Vol.70，No. 2，pp.307−320；Barbara Geddes，"How the Cases You Choose Affect the Answers You Get：Selection Bias in Comparative Politics"，*Politcal Analysis*，Vol.2，1990，pp.131−150。可参考萨托利的抽象阶梯策略，Giovanni Satori，"Concept Misformation in Comparative Politics"，*The American Political Science Review*，Vol.64，No.4，1970，pp.1033−1053。

社会科学中甄别机制的重要工具,也是本章提出的半负面案例比较法的基础。①不过我们认为此前正负面案例比较法存在如下问题:

首先,此前的正负面案例比较法并没有考虑因果之间的内在机制。负面案例研究的重点在于论证出变量与结果之间是否存在着充分、必要、充分必要、INUS②等关系。但这一思路其实将因素和机制混淆在一起,并用抽象逻辑关系代替了对具体因果机制的讨论。因此其即便论证了相关因素对于结果存在着必要或者充分的关系,但我们也不能知道这种必要和充分关系在具体情境下是如何影响结果的。传统的负面案例比较虽然可以证明结果与因素之间在形式逻辑上(充分或者必要)的因果关系,但是却无法表明从因到果之间的中间机制。

事实上,如果我们对负面案例比较法所倡导的充分和必要条件进行深究,可发现其恰恰体现了一种因素与机制结合的思路。某一个因素之所以是充分或必要的,是因为此因素可以激发某一种有关的机制,从而驱动/阻碍出现结果或出现结果的前提。例如我们说太阳是各种生命存活的必要条件,这是因为太阳可以激发起植物的光合作用机制从而制造氧气,而我们除了要证明出太阳是生命存活的必要条件之外,还需要有方法甄别出光合作用这个机制的存在,而这一点传统的负面案例比较法并不能有效地实现。由于传统的负面案例比较法缺少对于中间机制的讨论,从而使得相关研究人员其实无法论证出因素与结果之间的真正机制。在传统的负面案例比较法中,即便研究者发现了 A 是 B 的充分必要条件,但是我们也不能

---

① 类似的观点可参考 Slater, Dan, and Daniel Ziblatt, "The Enduring Indispensability of the Controlled Comparison", *Comparative Political Studies*, Vol. 46 , No.10, 2013 , pp. 1301 – 1327; Sidney Tarrow, "The Strategy of Paired Comparison: Toward a Theory of Practice", *Comparative Political Studies*, Vol. 43, No.2, 2010, pp.230 – 597。

② INUS(insufficient but non-redundant parts of a condition which is itself unnecessary but sufficient for the occurrence of the effect)是指某一原因是结果的某个充分不必要条件中的必要不充分部分。关于 INUS 的讨论,见 Mackie, John L., "Causes and Conditionals", *American philosophical quarterly 2*, 1965, 245–265; Mackie, John L., *The Cement of the Universe: A study in Causation*, Clarendon Press, Oxford, England, 1988。

确定此研究者所说的 A 导致 B 的中间机制是正确的。正如后文所展示的那样，我们虽然可以通过传统的负面案例比较法发现国内体制差异是导致美苏两大阵营最终呈现出不同的联盟转型结果的一项充分必要因素，但是如果仅停留于此，我们其实也无法了解到这一因素产生影响的真正机制，我们可以在其中提出如民主和平、价值吸引、相互和解等多种机制的解释，但我们无法知道哪一种机制是真实存在并能产生影响的。实际上，在目前的讨论中，已有学者提出，传统的负面案例比较法必须要加入对于中间机制的探讨，例如詹姆斯·马宏尼（Mahoney）就认为要论证出某一因素是结果的充分或者必要条件，关键在于先确立原因和结果之间的中间机制，其后对这一机制进行相应的检验，从而确定其中的逻辑关系。[1]。

　　其次，在加入了机制后，可发现传统的负面案例比较法混淆了两种不同的情况。第一种情况中的正负案例，由于不同的机制而导致了不同的结果，而第二种情况中的正负案例则存在相同的机制，但因为该机制受到某因素的阻碍，从而变成了不同的结果。举例而言，当研究者发现国内管理体制的差异导致冷战时期的美国的联盟转化为安全共同体，而苏联阵营最终分裂后，对于该问题可能存在两类不同的机制解释，第一种认为在控制了其他变量后，由于相应的解释变量（国内管理体制不同），故而产生了两种不同的机制，最终导致了不同的结果；第二种则认为在这两个案例中，由于关键解释变量的不同，一个相同的机制在一个案例中得到激发，而在另一个案例中被阻碍。从最终甄别机制的角度而言，这两种情况对于机制的

---

①在詹姆斯·马宏尼的讨论中，因果机制依然被看成了一个中间变量，而不是一个过程。James Mahoney, "The Logic of Process Tracing Tests in the Social Sciences", *Sociological Methods and Research*, Vol.41, No.4, 2012, pp.570-597; James Mahoney, "Strategies of causal inference in small-N analysis", *Sociological Methods and Research*, Vol.28, No.4, 2000, pp.387-424。

证明与发现的作用并不相同。[①]在机制不同的情况下，研究者其实不能论证出这一机制的存在或者不存在，而只有在具有相同机制的情况下，研究者可以通过负面案例对于机制的限制作用，从而更加信服论证出某一机制的作用。

表8-1　半负面案例比较法与传统的负面案例比较法区别

	传统的负面案例比较法	半负面案例比较法
比较对象	因素	因素与机制
研究重点	不同变量如何导致不同结果	相似机制的案例为何在不同的调控变量下运作不同最终导致结果不同
因素性质分类标准	根据结果区别必要性与充分性	根据机制区别必要性与充分性
负面案例对结果的支撑作用	否定某些因素对结果的支持作用	通过负面因素的阻碍剂作用来证实机制的作用
研究设计基本模式	相似初始条件——不同结果	相似初始条件——相似机制——不同结果

（三）半负面案例比较法

在此情况下，本章提出半负面案例比较法。此方法以负面案例比较法为基础，故而也是一种对具有相似初始条件、不同结果的案例的比较方法，但半负面案例比较法与传统的负面案例比较法最大区别在于其将因素与机制的结合作为论证的核心，并且将焦点集中于负面案例中拥有与正面案例相似机制的那一部分案例，更为准确地证明机制。因此如果说传统的负面案例比较法将拥有相同和不同的机制的正负案例都放在一起比较的话，半负面案例比较法则聚焦于其中只存在相同机制的正负案例中，可以说只聚焦于传统负面案例中的"一半"；同时在本方法中，正面案例是指一个机制得到完全实现的案例，而负面案例则是指一个案例中因为某项因素

---

① 当然要在类似的初始条件下，不同结果下发现不同的机制是一个本章并没有回答的问题，但是这一因素的变化，还是要从因素与机制的相关性中进行考虑。如果某一因素是某一个机制的引发因素，即在只有存在这一因素才会出现此机制的情况下，那么有无某项因素就代表了不同的机制；而如果某一因素只是机制的阻碍或催化，或者这因素有无并不影响机制的启动，那么这一因素就是本章讨论的相同机制情况。

(阻碍剂)而使得机制并没有得到完全实现(实现了"一半")，因此从较为形象的角度，我们将其命名为半负面案例比较法。

本章所讨论的半负面案例比较法相比较于传统的负面案例比较法有如下的优点：

首先，半负面案例比较法可在案例比较中发现因素和机制之间相互作用的关系。与传统方法相比，半负面案例比较法将比较的视角从单一的因素扩展到因素与机制。传统的负面案例比较法只强调因素的比较，其所谓的相关案例只是强调具备了相似的必要条件因素。但是在半负面案例比较法中，除了要考虑初始条件和必要因素的讨论之外，还加入了对机制的讨论。研究者在正面和负面案例中讨论的不仅仅是某一个关键解释因素的有无或者程度高低，还要讨论这两个案例中是否存在一个相同、可比的机制。故而在传统的负面案例比较法中，只要具备了相似的初始和必要条件便可作为负面案例，而在半负面案例比较法中，构成负面案例的标准除了具备相似的因素，更要具有相似的机制，才可称为是相关负面案例。传统的负面案例比较法的重点是不同的因素如何导致不同的结果，而在半负面案例比较法中，我们的分析重点是不同因素如何对相似机制产生不同的促进/抑制作用，最终导致了不同的结果。正如前文分析的那样，如果不在负面案例比较中控制相似的机制，那么就导致可能会出现两个独立、不同的机制，这样的负面案例比较就不是可控的比较，而是两个案例之间的简单堆砌。这样的案例本质上就和简单案例的效果一样，并没有办法论证出某一机制的推广性和外部效度。

其次，半负面案例比较法对于因素分类的理解也与传统的负面案例比较法有所不同。在传统的比较方法中，因素的分类通常被理解为必要、充分、必要充分、INUS条件等。而传统的比较方法理解的机制则是在确立了必要和充分条件之后，再对其中间过程进行主观的描述。正如前文所言，这样的思考方式其实并没有将机制理解为一个客观存在的过程，并且人为地混淆了因素和机制。在半负面案例比较法中，一切因素都被理解为对于机制起到催化或者阻碍的必要或充分条件,而机制本身也变成了需要因素来推动的必要条件。研究者不必再纠缠于因素本身对最终结果的充分性与必要性,只要通过直接观察因素与机制互动的影响,来分析因素是如何逐步驱动结果的发生或未发生。因此如果说传统的比较方法所讨论的充分必要条件都是针对结果的充分必要条件的话,本方法所提出的充分必要条件则是针对机制而提出的充分必要条件,更为综合与准确。

最后,半负面案例比较法对于机制的理解也不同于传统的负面案例比较法。传统的案例比较法将机制更多视为中介变量或者一种叙述,故而其会产生一种误区,认为机制只存在于出现结果的正面案例中,而不存在于负面案例中。事实上,这样对于机制的理解其实是一种过于决定论的思考方式。实际上,机制是否存在并不依赖于结果是否出现,机制与最终结果之间的关系需要考虑机制所处的具体环境。[①]这里所说的具体环境是指能对机制产生催化或者阻碍的相关因素。因此在传统比较方法中,负面案例关注某项不存在的因素对结果的影响。而在半负面案例中比较法中,负面案例的作用除了关注某些不存在的因素,更要关注一些虽然存在但被遏制的机制。

在半负面案例比较法的具体操作上,需要遵循以下原则:

首先,根据既有案例比较原则,选择一批具有相似初始条件和不同结果的案例进行比较。例如相似的前现代国家但却出现不同的革命结果,相似的族群矛盾但有不同的冲突情况。

其次,除了需要了解自己希望研究的相关变量,更要了解与其研究结果有关的机制,从而选择具有类似机制但是不同结果的案例。在传统的负面案例比较中,将焦点放在具有相似初始条件、不同解释变量和不同结果的案例上,而半负面案例比较法则强调具有相似初始条件、不同解释变量、

---

① Tulia G. Falleti &Julia F.Lynch,"Context and Causal Mechanism in Political Analysis",*Comparative Political Studies*,Vol.42,No.9,2009, pp.1143-1166.

相同机制和不同结果的案例上。

最后,在每个案例中,要根据自身提出机制,以此对每一个案例描述进行规制,从而利用过程追踪来对相应的机制进行检验,分析在不同案例中,阻碍因素对机制的影响。

在下文中,将采用由和解机制与国内管理体制因素组成的理论框架,并以美苏在冷战时期同盟体系为案例,展示半负面案例在具体研究中的作用。

表8-2 半负面案例比较法与传统的负面案例比较法结果区别

	案例(1:正案例;2:负案例)	考察变量(X_1)	控制变量(X_2)	中间机制(M_1)	结果(Y)	解读
传统的"负面案例比较法"	1	+	+	+	+	论证出 X_1 对结果存在因果关系,但是没有甄别出 M_1 是否存在
	2	−	+	+/−(混淆在一起)	−	
"半负面案例比较法"	1	+	+	+	+	充分的证明了 M_1 的作用存在
	2	−	+	+(相同机制)	−	

二、冷战联盟的不同结局:既有理论解释及其不足

在冷战时期,欧洲大陆的两端出现了以北约为代表的西方阵营与以华约为代表的东方阵营。这两个阵营以遏制对方为目标,并分别在内部发展出了相应的军事、政治等联盟组织,可谓互为镜像,但是这两大拥有相同初始条件的联盟最终发展结果却不同。为什么冷战时期的北约同盟最终发展出了安全共同体,而华约同盟没有。这一问题除了是历史学[1]和区域研

———————

[1] 历史学和区域研究对于这个问题的讨论可以参考 John Lewis Gaddis, *We Now Know: Rethinking Cold War History*, Oxford: Oxford University Press, 1997;潘兴明:《帝国研究视角下的苏联解体研究》,《俄罗斯研究》,2011年第6期,第3~14页;E.普里马科夫:《苏联为什么会终结?》,2011年第5期,第25~39页;C.卡拉-穆尔扎:《苏维埃制度崩溃原因的初步分析》,《俄罗斯研究》,2011年第5期,第40~58页。

究讨论的重要问题外，也是国际关系理论讨论的重要问题。

既有对此问题的理论解释主要是从联盟与安全共同体构建两个角度展开，联盟理论将此问题视为联盟维持问题，认为该联盟面临的外部威胁、内部实力对比与互动情况是影响此问题的变量。此理论认为拥有共同敌人和内部实力不均衡，并存在较多的互动的联盟体系更易持续。①但此理论并不能有效地解释北约与华约这两个案例，因为这两个案例都满足拥有强大对手、内部存在霸主并有较多互动等条件，故而根据联盟理论，北约与华约的联盟体系长期维持下去，并且在华约解体后，北约也会随之解体。而这与实际观察到的现实并不相符。

与联盟理论相比，安全共同体理论更为动态地理解了这一问题，认为联盟演进是一种内部成员认同身份变化的过程，安全联盟通过成员内的和解而演进为共同体。虽然安全共同体理论意识到了联盟的动态演进性，并

----

① 与这些理论有关的讨论包括：Stephen M. Walt, *The Origins of Alliance*, Ithaca: Cornell University Press, 1990; Kenneth Waltz, *Theory of International Politics*, Long Grove, IL: Waveland Press, 2010; Glenn H Snyder, "The Security Dilemma in Alliance Politics", *World Politics*, Vol.36, No.4, 1984, pp.461−495; D. Scott Bennett, "Testing Alternative Models of Alliance Duration, 1816−1984", *American Journal of Political Science*, Vol.41, No.3, 1997, pp.846−878; 苏若林、唐世平:《相互制约:联盟管理的核心机制》,《当代亚太》,2012年第3期,第5~38页; William Riker, *The Theory of Political Coalition*, New Haven, CT: Yale University Press, 1962; Fotini Christia, *Alliance Formation in Civil Wars*, New York: Cambridge University Press, 2012; Shiping Tang, *A Theory of Security Strategy for Our Time*, London: Palgrave Macmillan, 2010; William Reeds, "Alliance Duration and Democracy: An Extension and Cross−Validation of Democratic States and Commitment in International Relations", *American Journal of Political Science*, Vol. 41, No. 3, 1997, pp. 1072−1078; Leeds, B. A., & Savun.B, "Terminating alliances: Why do states abrogate agreements?", *Journal of Politics*, Vol.69, No.4, 2007, pp.1118−1132; 刘丰、董柞壮:《联盟为何走向瓦解》,《世界经济与政治》,2012年第10期,第4~31、156页; Brian Lai, Dan Reiter, "Democracy, Political Similarity, and International Alliances, 1816—1992", *Journal of Conflict Resolution*, Vol 44, Issue 2, 2000, pp. 203−227.

且认识到了和解的重要作用,①但在本研究问题中,此类理论可为北约的案例提供一定的解释,却无法解释华约的案例。在历史上,无论是北约还是华约,其联盟中的主导国都试图要将自身的联盟体系建立起更为稳定的安全共同体,北约的宪章就明确表示其希望能够建立基于共同历史和传统的共同体,而在华约方面,也提出过建立"社会主义大家庭"的理想。并且根据安全共同体理论,在塑造共同体的过程中,如果有一个主导国可以起到锚点的作用,会极大地促进共同体的推进,从这一角度而言,无论北约还是华约都存在类似可能性。因此这一系列理论也不能为本问题提出恰当的解释。

除此之外,在既有对此问题的讨论中,基本上都未采取较为严谨的方法论,而是采取了简单的案例堆砌或者轶事性案例(Anecdotal Case)的方式。这就使得学者要么只关注北约这一成功的正面案例,要么仅仅关注华约这一失败的负面案例,缺乏更为科学、系统性的比较,也没有对其中的机制进行深入的探索。这也说明本章提出使用半负面案例比较法来研究此问题的必要性。

---

① 在本章中,如无特别明确,所说的共同体均为安全共同体,类似欧盟这类的共同体虽然也属于共同体的一部分,但是其不在本章讨论的范围之内。安全共同体理论对此问题的理解包括:理查德·瓦杰尼(Richard Van Wagenen)于20世纪50年代早期最先提出安全共同体的概念,Richard Van Wagenen, *Research in the International Organization Field Some Notes on a Possible Focus*, Princeton, NJ: Princeton University Press, 1952;Alexandar Wendt, *Social Theory of International Politics*, New York:Cambridge University Press, 1999;Karl W.Deutsch ed, *Political Community and the North Atlantic Area*, Princeton, NJ :Princeton University Press, 1957;Kenneth Boulding, *Stable Peace*, Austin, TX: University of Texas Press, 1978;Charles A. Kupchan, *How Enemies Become Friends: The Sources of Stable Peace*, Princeton, NJ: Princeton University Press(Reprint edition), 2012;Stephen R. Rock, *Appeasement in International Politics*, Lexington, KY: University of Kentucky Press, 2000;Adler, Emanuel and Michael Barnett eds., *Security communities*, Cambridge: Cambridge University Press, 1998;Norrin M. Ripsman, "Two Stages of Transition from a Region of War to a Region of Peace: Realist Transition and Liberal Endurance", *International Studies Quarterly*, Vol. 49, No.4, 2005, pp.669–693.

三、联盟内和解：机制与影响因素

本章试图论证联盟内部能否实现有效和解是决定其发展结果的一项关键机制。本章所说的联盟内和解是指内部成员在重大冲突后，管控并消除对于其他国家的安全恐惧与敌意，实现从冷和平走向热和平的进程。和解与其他机制（如战略示善等）一样均属于国家间的合作进程，但其重点在于强调国家间在重大暴力冲突后，实现道歉与原谅的过程。和解机制是联盟中弥合冲突创伤，构建共同身份的关键，是联盟维持与共同体构建的连接重叠环节。通过和解可使联盟内形成对彼此意图的高度信任，以及共同的叙述和认同，故而为之后更为有深度的共同体的构建打下基础。[1]需要澄清的是，本章虽然重点讨论和解机制，但并非主张此机制是决定联盟最终结局的唯一机制。影响联盟崩溃的机制有许多，而直接导致华约解体的原因必定是苏联自身对领导权的放弃和自身政策决定。其他机制的存在虽可以成为本章讨论的背景，但是并不能否定和解机制在联盟发展中的重要作用。本章认为，与其他机制相比，在既有的讨论中对和解机制缺乏足够的理论讨论，并且也没有足够好的方法进行论证，故而应将研究焦点集中于和解，从而推进我们对联盟发展结果的理解。

（一）联盟内和解机制的前提、组成部分

和解机制是一项需要综合考虑心理因素与政治因素的机制。[2]和解需要国家克服自身"族群中心主义"而进行道歉或者宽恕，其通常需要一国政治领袖与民众共同担当，从而防止"国家神话制度化"，改善集体记忆，从而实现最终和解。和解机制的前提与具体过程如下：

和解机制的前提是国家之间出现了严重的暴力冲突，并在冲突后取得

---

① Charles A. Kupchan, *How Enemies Become Friends: The Sources of Stable Peace*, Princeton, NJ: Princeton University Press(Reprint edition), 2012.

② 唐世平：《和解与无政府状态的再造》，《国际政治科学》，2012年第1期，第79~103页；Shiping Tang, "Reconciliation and the Remaking of Anarchy", *World Politics*, Vol.63, No.4, pp. 711-749。

了表面的和平。这里的冲突通常是一方施加在另一方之上的伤害行为(侵略战争或殖民)。这些冲突、矛盾都需通过和解进行化解。和解机制的行为主体是加害国与受害国,其关键涉及加害国道歉与受害国谅解之间的互动。

根据笔者对于和解理论的研究与发展①,本章认为联盟内部的和解机制可分为浅和解与深度和解两个阶段:

1.浅和解阶段

此阶段的特点是指受害国与加害国在进入联盟后,迫于联盟战略需要、依靠强力进行的和解。浅和解是各种和解机制的第一个环节。存在如下特点:

首先,从加害国道歉而言,浅和解存在不够深刻、难以持续、功利性强等特点。此阶段加害国对受害国的道歉和补偿通常停留在表面,通常是在外部威胁和联盟内主导国的要求下被迫进行,并未深刻反思其过去的历史错误。

其次,受害国在浅和解阶段也难以真正宽恕加害国。在此阶段,受害国进行的宽恕也通常出于共同的战略需要或者第三方强制的原因,故而其并非是主动愿意进行宽恕,同时此类宽恕通常只是停留在政治精英层面,并没有完全扎根于社会之中。

2.深度和解阶段

受害国与加害国通过进一步的互动,可逐步地将初期的浅和解过渡到深度和解。要实现这一点,除了必不可少的时间之外,还需如下步骤:

首先,加害国需在其内部展开深入对历史的讨论与深刻反思,并且这类反思需逐步地转化为国家新的集体记忆。这首先需要加害国对自身的侵略历史进行全面反思。这些反思通常由知识分子发起,并逐步从单纯的

---

① 唐世平:《和解与无政府状态的再造》,《国际政治科学》,2012年第1期,第79~103页;Shiping Tang, "Reconciliation and the Remaking of Anarchy", *World Politics*, Vol.63,No.4, 711-749。

学术讨论扩大到对于全社会民众的启蒙与教育，并逐步沉淀、积累为全社会所接受的观念。而且此类反思需要通过相应的政治或者代际轮替的方式逐步成为该国在政治上的主导观念。初期强调浅和解和不愿意直面侵略历史的政治家被边缘化，而新上台的领导人可以做出更为深刻、发自内心的反思与道歉。

其次，受害国方面也需要真正地原谅加害国，才可获得和解。这需要两个条件，一个是加害国的彻底道歉，另一个是受害国内部也需准确、客观地获知并了解加害国的内部反思进程，避免受到民粹主义和极端民族主义情绪的操控。这通常需要受害国内部存在一个理性、自由的舆论空间。

除了以上的核心环节外，和解进程还需一系列辅助机制，分别是在受害国与加害国之间保持着相互妥协的政治关系、互惠和相互依赖的经济关系、人员自由交流的社会关系。这些辅助机制可以帮助相关国家的政治精英和社会民众都进一步加强了解，增强互信，帮助推动和解。

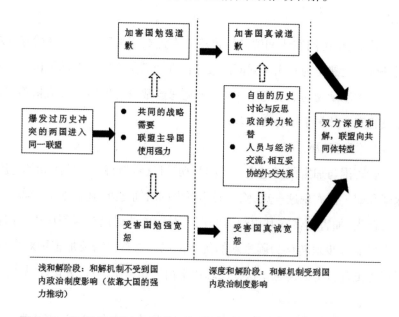

图8-1　和解机制示意图（➡️代表机制流程，⇨代表因素影响）

（二）半负面案例比较法与联盟内和解机制的调控因素（催化剂与阻碍剂）

根据对半负面案例比较法的讨论，此方法需在正负面案例中确立相同的机制与不同的调控因素。在本章所讨论的案例中，北约和华约均属于非对称联盟。这一联盟内部已具备了引发和解机制的要素（如相同的意识形态、核心国家、联盟之间的制度建设）。并且在冷战的历史格局下，推动联盟内的和解也符合美国与苏联这两个联盟主导国的利益，因此我们有理由推测和解机制同时存在于北约与华约这两个案例中。而接下来的任务便要确定本章所需要加入的因素（催化剂或阻碍剂）。这项阻碍剂必须是能够直接影响和解机制的调控因素。[1]本章认为联盟内部的国家采取的国内管理体制是影响和解进行的关键。而这在北约、华约两个案例中也呈现出了不同的模式。

从定义上来看，本章所提出的国内管理体制[2]是指联盟内部国家所采取的政治经济制度，一般而言，在一个拥有主导国的非对称联盟中，联盟内国家通常会采取类似的制度、体系[3]。而这一变量属性有三个维度，分别是边界性、轮替性和开放性。当联盟内部国家的体制呈现出有限边界、竞争轮替和开放交流的特点时，这些因素可以催化和解的发生；而当联盟内国家如果采取了缺乏边界、垄断僵化和封闭保守的国内管理体系，这些因素就会成为和解机制的阻碍剂，影响和解机制的运作。

第一，制度边界性维度分成有限边界和无限边界两个特征。有限边界的制度明确国家、市场、社会相关场域的边界，允许独立的非国家行为体（企业、个人、社会组织）的存在与发展。在有限边界制度的国家内，国家尊重政府之外的社会领域产生自发秩序，采取柔和的调控模式。而无限边界

---

① 这类调控因素就是半负面案例比较法中所要讨论的催化剂和阻碍剂。

② 在本章中，管理体制、制度与体系三者有时会交互使用，但其所指的概念是一致的。

③ 这一问题的理论分析可参考 Seva Gunitsky，"From Shocks to Waves：Hegemonic Transitions and Democratization in the Twentieth Century"，*International Organization*，Vol. 68，No.2，2014，pp.561-597。

制度的国家则并没有在政府、市场、社会构建明确的边界，相关决策者直接利用指令强制对各个领域进行管控。

第二，制度的竞争性维度分为竞争和垄断两个特点。竞争性的制度鼓励内部竞争，可将此类竞争规范化，并保持对人员和政策变化的空间。由于其政策多为各方博弈的产物，故而妥协空间也较大。而垄断制度则较为僵化，不允许政治竞争，缺乏轮替机制，政策与人事变动空间较小。

第三，制度的开放交流维度分为开放交流和封闭保守两类。此处开放交流即指如金融、贸易等经济层面上的相互交易，也指思想和文化上的自由交流。在拥有开放交流制度的国家内，有关决策者不能垄断对公共事务的讨论，制定政策需广纳民意，非国家行为体的意见和想法可有较多的渠道沟通。而封闭保守的制度体系则限制社会层面的相互交流与自由思考，封闭性较强。

本章认为，国内管理体制的三个维度对和解有重要影响，但在和解的不同阶段，国内管理体制对和解的影响并不相同。在和解机制的发起阶段（浅和解阶段），国内管理体制并不会对和解机制的发生产生特别明显的影响。这是因为此阶段的和解推动力通常来自于第三国的强力或共同威胁的需要，而当和解进入深度阶段，国内管理体制的作用就格外重要了，这是因为：

第一，彻底和解首先需加害国内部深刻的反思，并且此反思需得到受害国的积极回应。实现这一点的前提是独立、自由的社会讨论与联盟内充分的人员、信息交流。制度的有限性和开放性可以促进联盟内部社会的相互交流，形成和解所需的社会基础。①有限边界性的国内管理体制可使该国有较为独立的社会和思想交流渠道，这可确保该国民间对过去的历史进

---

① 根据相关研究，和解的主要困难在于克服各国由于自身"族群中心主义"所带来的自我美化的心理动机和随之而来的相关集体记忆的制度化，而要解决这些问题，就需要进行有效和真诚的沟通。唐世平：《和解与无政府状态的再造》，《国际政治科学》，2012年第1期，第79~103页；Shiping Tang，"Reconciliation and the Remaking of Anarchy"，*World Politics*，Vol.63，No.4，711-749。

行较为自由和独立的反思与研究,并为联盟内民间自发的历史交流确保独立、自主的空间。由于历史问题的敏感性,与政府相比,民间交流可以更为自如与细致地处理这些历史问题和社会心态,而政府则可扮演此类思想讨论的中立观察者,不直接干涉,使得国家间更易实现深刻和解。反之,无限边界性的国内管理体制会导致一国缺乏讨论空间和思想渠道,可能对相关历史讨论设立禁区,阻碍对此类问题的深刻反思。此模式会使加害国方面越发遗忘自身过去的历史暴行,甚至正当化此类行为,使得两国间仇恨进一步地延续下去。

第二,深入的和解需要在对历史进行深刻反思后,相应的精英与社会群体需要通过相应机制进入政权,从而巩固对历史的反思,并释放深度和解的信号。而具有竞争性国内管理体制的国家更容易实现这一点。历史经验表明,在经历暴力冲突后,相关国家新上台的领导人在初期并不能做出非常深入的和解和道歉,只有经过一段时间的反思与政治轮替后,对历史深刻反思的精英才可进入政权。当联盟内国家采取比较垄断、僵化的国内管理体制时,其国内政策与人事的变动空间相对较小,导致坚持浅和解、排斥深入和解的势力更容易垄断政治地位,阻碍深度和解的实现。

第三,实现深入和解还需联盟内部实现平等、充分、相互依赖的人员和经济交流。而具有有限性、竞争性和开放性体制的国家也更容易推动这一机制的运作。在具有有限性和开放性的联盟内,经济与社会交流可以自由开展,更易形成民众间的相互往来和经济的相互依赖。同时具有有限边界性的国内管理体制可塑造具有独立自主性的市场、社会领域,自发解决本领域内的冲突,避免政府直接介入导致矛盾升级而冲击国家间关系。而在一些缺乏有限边界性的制度国家组成的联盟中,民众之间无法深入、自由交流,并且相应的经济矛盾也容易由国家本身的介入而导致低政治矛盾上升为高政治冲突。

总之,本章认为调控和解机制的重要因素是该国国内管理体制的特点。在下文中,将以北约和华约作为本章所要讨论的正面案例和负面案例,分析在两个具有相似初始条件并且都存在和解机制的案例中,不同的国内管理体制特点如何对两个案例的和解机制产生影响,并最终形成不同的结果。

四、半负面案例比较:美苏冷战时期的联盟体系比较

本章从冷战时期美苏两个超级大国在欧洲地区构建的两大同盟体系(北约和华约)作为半负面案例进行比较,试图甄别出和解机制对联盟体系转型的作用。本章表明在北约和华约均存在和解机制,而由于相关调控因素的不同,和解机制在北约案例中得到了充分的运行,最终使其形成安全共同体,而和解机制在华约案例中受到阻碍[1],最终使其走向崩溃。

表8-3　半负面案例比较下的北约与华约联盟内安全共同体过渡

案例(1:正案例;2:负案例)	考察变量(国内管理体制)	控制变量(联盟相关情况)	中间机制(和解)	结果(Y)
1 北约	+	+	+	安全共同体
2 华约	−	+	+	崩溃

(一)案例选择理由

根据半负面案例比较法的原则,合格的半负面案例需要拥有相似初始条件、相似机制、不同结果的正面案例和负面案例,而北约与华约都符合了这些要求。

首先,从最终的结果来看,美苏两大联盟体系在向共同体的演变过程中有明显差异。在北约方面,自二战以来,该阵营一直维持团结,并成功转

---

[1] 之所以北约体系与华约体系在联盟内和解问题上取得的成效不同,并且最终走向了共同体与崩溃两个截然相反的方向,从因素而言,就是北约内部实行了以竞争式民主为代表的政治体制和以市场经济为代表的经济体制,从而使得其政治制度体系更多地具备了本章所说的有限边界、竞争轮替和开放交流的特点;相反在华约体系中,由于实行了政治精英终身制的威权政治体制和以指令计划经济为代表的经济体制,最终使其制度体系不具备以上的特点,从而使得其内部的和解机制屡次遭遇打击,最终失败。

型为共同体。即便在冷战后失去共同敌人,北约也并没有如国际关系学者预测的那样分崩离析,[①]相反继续保持稳定。而反观华约阵营,即便在其联盟维持稳定的阶段,其构建共同体的相关努力也屡屡受挫,往往需要苏联通过强力直接干预才可维持稳定,并最终瓦解。北约和华约在转型结果上的差异使其符合半负面案例的比较条件。

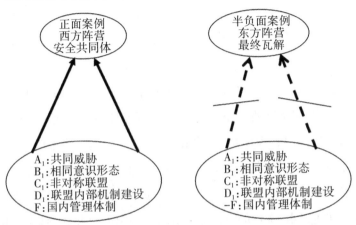

注:在 A、B、C、D 条件(控制条件)都相同情况下,唯有 F 条件(解释变量)不同箭头代表和解机制,虚线代表未完成的和解。

图8-2 案例比较示意图

其次,北约与华约有相似的初始条件。从联盟目标而言,两大阵营互以对方为目标,并且在实力对比上基本维持一致。此态势使得两大联盟都面临着强大的外部威胁,根据联盟理论,这样有利于联盟内的团结与和解;从联盟结构而言,两大联盟都是非对称的联盟,美国和苏联都在军事和经济实力上拥有了压倒其他国家的绝对优势。因此作为联盟主导国的美国和苏联都有实力和权威来推动联盟内的和解。两大联盟体系内都构建了相应的多边机制。美国先后建立了以北约为代表的军事联盟体系和以布雷顿森林体系为代表的经济制度。而在以苏联为主导的体系中,其先后在

---

① John J. Mearsheimer, "Correspondence: Back to the Future, Part III: Realism and the Realities of European Security", *International Security*, Vol. 15, No. 3, 1990/1991, pp. 219-222.

政治上建立共产党与工人党情报局，在军事上建立华约体系，同时在经济上建立经互会等组织，也试图在其阵营内部建章立制，从而有效地规范联盟内部互动。

再次，在两大联盟中都有和解的诉求和尝试。北约和华约两大联盟内部都存在成员国之间的历史恩怨。在北约内，美国与联邦德国，以及联邦德国与其他国家之间的冲突是此联盟必须面对的重大历史恩怨，华约也存在很多需要和解处理的历史包袱。故而两大联盟内部都将内部的和解和团结作为一项重要的任务。北约方面的跨大西洋联盟倡议和华约方面的社会主义大家庭都体现了双方政治精英对于内部团结与和解的追求。

最后，在和解机制的调控因素上，两大联盟体系则呈现了差异性，在本章提出的变量国内管理体制上，冷战时期，北约内部大多采取了选举制度和市场经济制度，而华约阵营采取了集中制度和计划经济制度，这使得北约的制度更具备有限边界、竞争轮替和开放交流的特点，而华约同盟内部中则缺乏这些因素，本章的案例主要分析这一差异对北约和华约的内部和解机制的影响。

表8-4　北约与华约联盟内和解的初始条件

初始条件	华约	北约
外部威胁强度	强	强
内部权力格局	非对称	非对称(比华约略对称)
联盟之间的制度化程度	高(华约和经互会)	高(北约和八国集团)
联盟内制度理念一致程度	完全一致	完全一致
联盟内和解问题程度	严重(苏联与东欧、巴尔干诸国)	严重(联邦德国与法国，美国与联邦德国、战后复苏的法国)
联盟内主导国对和解的态度	推进	推进

（二）北约的和解进程：法德和解

在北约阵营中，和解的核心在于德国问题。冷战前，德国长期与其他北约成员国为敌；在二战时，德国更是直接占领法国，并对在欧洲的犹太人和其他民族造成了巨大的伤害;在二战后,德国被瓜分,联邦德国进入北约阵营,与法、英、美等前交战国建立盟友关系。在北约阵营内,联邦德国与法国的和解就成了该阵营内和解的关键。

北约建立之初,出于对抗苏联的需要,美英法决定再次武装联邦德国。在美国的推动下,法国与联邦德国实施了初步的和解。1955年,法国同意联邦德国加入北约,并在1957年向联邦德国归还其之前占据的萨尔保护领。[1]联邦德国也相应对其过去侵略历史进行清算,采取了包括审判纳粹战犯、制定刑法第86条a项法案等方式,清除纳粹遗迹。[2]

不过此阶段法德之间的和解还停留在较为肤浅的层面。在联邦德国方面,阿登纳政权基本上采取了"遗忘过去"的态度,将重点放在讨论德国在二战时期遭遇德累斯顿大轰炸等事件上,强化其"二战受害者"形象。[3]而在法国方面,其内部对联邦德国也是忧心忡忡。戴高乐曾表示,德国一旦复苏,必然要再次进攻法国。[4]并且当时法国民众也缺乏对德国的信任。1951年的社会调查显示,超过60%的法国人对德国人怀有敌意,直到联邦德国进入北约之后的1956年,民意调研依然显示超过60%的法国人对联邦德国的未来不乐观。[5]由于国内强烈的反德情绪,法国议会否决了法国政府在20世纪50年代初期提出的包含德国在内的欧洲防务共同体方案。[6]故而虽然冷战初期,法德在北约内部大国的主导下,实现了名义上的

---

① 对于此段历史的介绍,可参考 https://en.wikipedia.org/wiki/Saar_Protectorate。

② 关于此法案的科普,可参考 https://en.wikipedia.org/wiki/Strafgesetzbuch_section_86a。

③ Robert Muller, *War Stories: The Search for Unstable History in Federal Republic of Germany* Berkely, CA: University of California Press, 1996;管克江、郑红、黄发红:《德国,反省引来历史尊重》,《人民日报》, 2012年8月15日;关于德国对德累斯顿受害者的记忆,可参考 Fuchs, A, *After the Dresden Bombing, Pathway of Memory 1945 to the Present*, Palgrave Macmillan UK, 2012。

④ Jennifer Lind, *Sorry States Apologies in International Politics*, Ithaca, NY: Cornell University Press, 2008, p.181.

⑤ Ibid., p.115.

⑥ Michael Creswell and Marc Trachtenberg, "France and the Germany question, 1945-1955", *Journal of Cold War Studies*, Vol.5, No.3, 2003, p.20.

和解,但这样的和解是非常肤浅和脆弱的。

不过在德法两国高层对敏感的历史问题讳莫如深的同时,德法两国的民间社会率先开始对历史进行反思。两国的知识分子率先展开对法德历史问题的讨论。早在1945年,法国牧师让日屋(Jean du Rivau)就建立民间机构国际档案局(International de Liaison et Documentation),开始民间历史交流。1948年,法国人阿尔弗雷德·葛罗索(Alfred Grosser)和德国人卡洛·施米特(Carlo Schmidt)、希尔多何塞(Theodor Heusee)建立的德法研究所,致力于推动德法民间交流。[1]在两国舆论自由的允许下,此类交流可不受限制,较为自由地交流相关敏感问题。同时在德国方面,由于对阿登纳政府遗忘历史的不满和对纳粹思潮的担忧,以哈贝马斯和阿多诺为代表的德国知识分子开始深刻反思历史,形成多次对纳粹历史的大讨论,深刻反思德国在二战时的罪责,尤其反思普通德国人对纳粹的支持,并最终在20世纪70年代汇聚成了著名的"史家论战"[2](Historikerstreit),推动德国的历史反思。

德国社会对于历史的深刻反省也不断通过其国内管理体制转化为外交政策。德法在20世纪50年代开始建立双边历史教科书委员会,共同讨论相关二战历史。[3]并且德国民间的反思运动还在1968年引发了针对当时右翼德国基督教民主联盟政府的学生运动。此次运动针对当时右翼政府对纳粹历史含糊不清的态度,要求彻底清算历史,防止法西斯回潮。1968年,学生运动极大地影响了德国政局的走向,为20世纪70年代左翼

---

① Alice Ackermann, "Reconciliation As a Peace Process-Building Process in Post-War Europe", *Peace &Change*, Vol.19, No.3, 1994, pp.240-243.

② Theodor W. Adorno, *What Does Coming to Terms with the Past Mean?* in Geoffrey Hartman ed, *Bitburg in Moral and Political Perspective*, Bloomington, IN: Indiana University Press, 1986, pp.114-129; Jurgen Habermas, "A Kind of Settlement of Damages (Apologetic Tendencies)", *New German Critique*, No.44, 1988, pp.25-39; Jurgen Habermas, "Concerning the Public Use of History", *New German Critique*, No.44, 1988, pp.40-50.

③ 李秀石:《德法、德波改善历史教科书的启示》,《社会科学》,2016年第12期,第60页。

社会民主党的上台打下了基础。①最终在20世纪70年代，对历史有着更深刻反思的左翼社会民主党上台，勃兰特担任德国总理，采取了更加积极主动的道歉姿态（包括在波兰的惊天一跪），使得德国的道歉更为真诚。

而在德国变化的同时，法国也逐步改善对德国的看法。到20世纪70年代，法国已认为德国是其最好的盟友。②并且德法两国因其各自的市场经济体制，不断推动两国的经济和社会相互交流。经济和社会交流极大地促进了法德的和解，法德先后建立了欧洲煤钢共同市场、欧洲经济共同体等机构。并且法德交流呈现出明显的政府与民间协调的特点，在确保彼此独立的前提下相互协作。当时法德之间的民间交流大幅度提升，根据统计，在1950—1962年，法国和德国市镇之间建立了125对伙伴关系。③在这些经济与社会交流的帮助下，德法两国之间的和解变得更加巩固。

总之，在西方阵营的和解进程中，其国内管理体制的边界性使得法德两国都可在政府层面对此问题讳莫如深的情况下率先在民间进行历史交流，同时其制度的竞争性使得相应的反思力量通过政治轮替开始进入政府，转变政府的外交政策。并且国内管理体制的开放性也使这些国家可通过民众间交流加强互信，最终实现和解，并发展为共同体。

（三）华约的和解进程：波兰、民主德国与苏联、东欧

与北约相对应，苏联在冷战时期也构建了一个无比庞大的联盟体系，在华约中同样也存在着相当程度的历史冲突。首先，与北约一样，德国问题也存在华约之中，其中焦点是民主德国与波兰之间的矛盾。二战期间，德国入侵波兰，并在波兰设立大批的犹太人集中营，屠杀大批的波兰犹太人和普通平民。其次，与北约不同的是，华约中还存在着联盟主导国苏联和其追随国之间的矛盾，其中的一个焦点就是苏联与东欧国家（波兰、捷克

① Jennifer Lind, *Sorry States Apologies in International Politics*, Ithaca, NY: Cornell University Press, 2008, p.126.

② Ibid., pp.130–160.

③ Alice Ackermann, "Reconciliation As a Peace Process-Building Process in Post-War Europe", *Peace &Change*, Vol.19, No.3, 1994, pp.245–250.

斯洛伐克、匈牙利)之间的历史怨恨。自沙皇时代以来,苏联与东欧国家曾爆发过多次严重的军事政治冲突(例如沙皇俄国参与瓜分波兰、与奥匈帝国开战,苏联二战初期与德国瓜分波兰)。除了这些历史冲突外,苏联在二战胜利初期,在东欧建立相应政权时,采取许多如取缔多党制、推动农业集体化等改革,强硬处理了这些国家不满意苏联政治模式的反对力量。[①]这些历史与现实的恩怨都成为了华约与苏联需要和解的重要目标。

自华约建立以来,内部和解就是其关注重点。二战后,苏联也将关注点放在德国问题上,力推波兰与民主德国和解。通过扶持波兰统一工人党与民主德国社会民主党两个执政党,苏联试图以党际外交替代国家外交,通过意识形态的一致来消弭彼此的世仇。此外,苏联还推动民主德国对波兰进行领土补偿。为了补偿波兰,苏联支持波兰与民主德国按照奥德河与尼斯河西岸为界进行划线,使波兰获得了本属于德国的11万多平方千米的土地。在划界之后,苏联与波兰强行驱逐了大批原本生活在此地的德国普通民众,使其成为无家可归的移民。[②]经过这些安排,德国与波兰达成形式上和解,当时的边界也被宣传为"和平与友好的界限"。[③]

与波德问题类似,苏联与东欧国家间也有大量需要和解的问题,但直到斯大林逝世,苏联与波兰并无太多机会开启和解进程。在1953年斯大林去世后,新上台的赫鲁晓夫召开了苏共二十大,开始了苏联与东欧的和解。当时赫鲁晓夫提出"三和外交",推动自由化。波兰也在其支持下开展平反运动,释放大批政治犯。但是国内舆论的自由化,导致波兰内部对苏

① A Kemp-Welch, *Poland under Communism*, New York: Cambridge University Press, 2008, pp.17-76.

②奥德河尼斯河线的谈判经过,可参考https://zh.wikipedia.org/wiki/%E5%A5%A7%E5%BE%B7%E6%B2%B3 -% E5%B0%BC% E6%96%AF% E6%B2%B3%E7%B7%9A; Sheldon Anderson, *A Cold War in the Soviet Bloc: Polish-East German Relations, 1945-1962*, Boulder: Westview Press, 2001。

③ Sheldon Anderson, "The Oder-Neisse Border and Polish-East Germany Relations, 1945-1949", *The Polish Review*, Vol.42, No.2, 1997, pp.185-198.

联既有的历史怨恨被释放,最终导致波兹南事件的爆发。[1]该事件爆发后,波兰统一工人党采取更为民族主义的政策,推举哥穆尔卡为党的总书记,并试图逐步边缘化苏联在波兰的代理人罗科索夫斯基元帅。这些举动导致了苏联的不满,但是在多方斡旋下,最终苏联还是妥协了,主动承认犯下了大国沙文主义的错误,维持了与波兰的和解。[2]

不过与北约相比,华约阵营实现浅和解后,并未能向更深的层次发展。在波德关系上,两国虽然表面实现和解,但是依然存在强烈的相互不信任。在波兰内部,其依然认为民主德国即便是由社会主义政党执政,也会将自身的利益放置在国际共产主义运动的利益之上。[3]当时的波兰统一工人党总书记哥穆尔卡更是直接宣称:"德国就是一匹战马,无论这匹马是由纳粹骑还是由社会民主党人来骑,我们都要把它四个蹄子弄断。"[4]而民主德国也对当时和解非常不满,在签订奥德河—尼斯河边界的时候,民主德国当时所有政治势力都表示反对,以至于协议签署之后,民主德国都没有在其国内宣传此协议。[5]在苏联的影响下,民主德国与波兰都建立起了相当严格的国内舆论审查机构,对于涉及边界和与之有关的德国移民问题都采取了严厉管制、禁止讨论的压制方式,[6]故而在此期间,波兰与民主德国在公

---

①② 吴伟:《苏波关系:从卡廷事件到十月事件》,载沈志华编著:《冷战时期苏联与东欧的关系》,北京大学出版社,2006年,第135~143页。

③ 时任波兰外交部长穆德兹勒维斯基(Zygmunt Modzelewski)也表示波兰对民主德国毫无信心,即便是社会主义政党执政,in Sheldon Anderson, "The Oder- Neisse Border and Polish-East Germany Relations, 1945-1949", *The Polish Review*, Vol.42, No.2, 1997, p.189。

④ Sheldon Anderson, "The Oder- Neisse Border and Polish-East Germany Relations, 1945-1949", *The Polish Review*, Vol.42, No.2, 1997, p.189.

⑤ Ibid., p.190.

⑥ 对于这一阶段的德国对舆论的控制,可参考[美]彼特沃克,张洪译:《弯曲的脊梁:纳粹德国与民主德国时期的宣传活动》,上海三联书店,2012年。

开的舆论中只能大谈双方的友谊、所谓共同纽带和团结,[1]但是这并不能消弭彼此的真实敌意。在私下的场合中,波兰多次流露出对民主德国的厌恶。根据解密资料[2],在20世纪70年代的一次华沙军事演习中,波兰军队依然在私下中把民主德国军队比为希特勒的军队。美国《时代周刊》在苏联解体前的一次新闻报道中,波兰的媒体还在抱怨民主德国使用类似"纳粹式"的方式来处理与波兰的经济纠纷。[3]根据相关研究[4],在整个冷战时期,波兰和民主德国都还经常在新闻报道和日常外交往来中隐晦地相互抹黑、互相鄙视。与法德结成的深厚友谊产生鲜明对比,甚至波兰在冷战期间与联邦德国的关系在很大程度上比民主德国要更加友好。

与波兰、民主德国关系类似,由联盟主导国苏联发起的和解进程也难以依靠其本身的强大实力和影响力来推动。在苏联和波兰就波兹南事件取得初步的和解后,赫鲁晓夫在此问题上表达了相对较为温和、妥协的态度,但是其依然不愿意彻底推动苏联与波兰对历史问题进行彻底反思,因

---

① 对于此类宣传的讲解,可参阅 Poland and the German Problem, 1945–1965, Warsaw: KsiazkaiWiedza, 1967; Eugeniusz Gajda, Polska Polityka Zagraniczna, 1944–1971; Podstawowe Problemy, Polish Foreign Policy, 1944–1971; Basic Problems, Warsaw: Ministerstwo Obrony Narodowej, 1972; and Werner Hanisch, Aussenpolitik und internationale Beziehungen der DDR, 1949–1955, The Foreign Policy and International Relations of the DDR, 1949–1955; Berlin: Staatsverlag der DDR, 1972, in Sheldon Anderson, "The Oder-Neisse Border and Polish-East Germany Relations, 1945–1949", The Polish Review Vol.42, No.2, 1997, p.189。

② Michael Peck, "Warsaw Pact Worries: Poland and East Germany Weren't Exactly the Best of Allies", National Interests, 2016, September 25, http://nationalinterest.org/blog/the-buzz/warsaw-pact-worries-poland-east-germany-werent-exactly-the-17821.

③ Roger Boyes, "Bitterness on Chocolate Express: Relations between East Germany and Poland", Times, Issue 63570.

④ J.C, "Relations between Poland and Eastern Germany", The World Today, Vol.7, No.9, 1951, pp.370–376; Edwin Moreton, East Germany and the Warsaw Alliance: The Politics of Dentente, Boulder: Westview Press, 1978, p.21; Sikora, Sozialistische Solidaritat und nationale Interessen, Socialist Solidarity and National Interests, Cologne: Verlag Wissenschaft und Politik, 1977, p.100; Sheldon Anderson, "The Oder-Neisse Border and Polish-East Germany Relations, 1945–1949", The Polish Review, Vol.42, No.2, 1997, p.186.

这涉及二战时卡廷森林事件等敏感问题。苏联政府命令有关部门强制禁止讨论卡廷森林事件等敏感问题,甚至直接从地图上删去卡廷森林地名,[①]认为公开这段历史无助于促进苏联和波兰的友谊关系。[②]并且即便类似波兰波兹南事件这类的和解,在华约的国内管理体制下也难以进行大范围的推广。因为华约成员国国内体制的原因,其内部政治博弈呈现出要么没有竞争,要么残酷竞争的悖论。[③]故而即便是对历史的初步反思,在该联盟内都可能升级为严重的政治冲突。在波兹南事件之后不久,匈牙利爆发了类似的改革呼声,匈牙利党内改革派拉吉联合基层裴多菲俱乐部,举行游行,抗议匈牙利党总书记拉科西过去的强硬镇压,并将矛盾直指苏联。对此,赫鲁晓夫一开始也试图采取波兰的模式,[④]准备宣布从匈牙利撤军,但由于各种内外因素,赫鲁晓夫最终决定出兵匈牙利,直接用武装力量平息匈牙利事件,恢复拉科西党内领导地位,最终处决拉吉。[⑤]另外,由于华约成员国没有政治轮替机制,故而领导人陷入要么终身制,要么遭遇政变下台的问题之中。在具有一定的和解意愿的赫鲁晓夫被政变推翻后,之后上台的勃列日涅夫则采取了更加强硬的联盟管理模式(有限主权论),并在1969年强力打压了捷克斯洛伐克民众发动的改革运动,进一步阻碍了苏联与东欧国家的和解。

此外,虽然苏联阵营有内部经济互助理事会,试图促进苏联阵营内部

① George Sanford, *Katyn and the Soviet Massacre of 1940: Truth, justice and Memory*, London: Routledge, 2005, pp.194-200.
② 赫鲁晓夫认为公开这段历史无助于促进苏联和波兰的友谊关系,可参阅吴伟:《苏波关系:从卡廷事件到十月事件》,载沈志华编著:《冷战时期苏联与东欧的关系》,北京大学出版社,2006年,第135~143页。
③ 这个观点也可参考 John Lewis Gaddis, *We Now Know: Rethinking Cold War History*, Oxford: Oxford University Press, 1997。
④ 这一部分历史可参考 A Kemp-Welch, *Poland under Communism*, New York: Cambridge University Press, 2008, pp.30-100。
⑤ 侯凤菁:《1956年匈牙利事件与东欧剧变》,《俄罗斯中亚东欧研究》,2006年第5期,第21~28页;李锐:《匈牙利事件:苏匈关系的一面镜子》,载沈志华编著:《冷战时期苏联与东欧的关系》,北京大学出版社,2006年,第144~152页。

的和解与共同体意识的构建①,并且通过了大量关于此的文件和政策②,不过由于苏联体制的原因,经互会内部并非是一个如欧共体一般的市场经济体系,而是一个以苏联为中心,驾驭和控制成员国经济命脉的体系,对促进阵营内部的人员交流和经济相互依赖都很有限。③经互会建设非但没有促进其内部成员更加团结,相反,还导致其内部的经济矛盾升级,进一步加剧了苏联阵营的内部冲突。在这些因素的积累下,苏联在经历了勃列日涅夫二十多年的执政后,在联盟内部积累了大量的怨恨。直到20世纪80年代中后期戈尔巴乔夫上台提出新思维,试图再次推动和解,但却释放出联盟成员国乃至苏联国内普通民众对苏联强烈的不满情绪,最终导致苏联阵营在民众运动的冲击下土崩瓦解。

从苏联方面的案例也可看出,即便在联盟层面,华约有与北约相似的和解诉求并都实现了浅和解,但由于国内管理体制的不同,和解在华约内进行得很不顺利。首先,国内管理体制在华约缺乏边界,难以形成民间对历史的独立思考,相关的历史问题始终由于高度的政治敏感性而难以有效反思。其次,苏联体制导致竞争性、轮替性缺失,故而相关阻碍和解的政策长期化,难以通过制

① 经互会的思想根源来自斯大林的两个平行市场,其认为人类社会基本矛盾运动之一是资本主义生产方式的结构性缺陷。这种缺陷会导致资本主义的衰落与瓦解,从而被社会主义市场体系所取代。但总危机爆发之前会有一个过渡时期,资本主义市场与社会主义市场将会平行存在。John Lewis Gaddis, *We Now Know: Rethinking Cold War History*, Oxford: Oxford University Press, 1997, pp.189-195; 陆钢:《苏联国际市场大战略失败探源》,《社会科学》,2017年第11期,第3~13页。

② 具体举措包括成立经互会投资银行,随后几年通过了《综合纲要》,在15—20年内分阶段实现生产、科技、外贸和货币金融的"一体化",使经互会从过去的"个别一体化"过渡到"综合一体化",最后达到全面的"经济一体化"。其中社会主义国际劳动分工、专业化和协作,被视为经济一体化的基础。李兴、焦佩:《经互会:苏联与东欧的经济组织》,载沈志华著:《冷战时期苏联与东欧的关系》,北京大学出版社,2006年,第205~237页;陆钢:《苏联国际市场大战略失败探源》,《社会科学》,2017年第11期,第3~13页; John Lewis Gaddis, *We Now Know: Rethinking Cold War History*, Oxford: Oxford University Press, 1997, pp.200-220。

③ 1988年,只有1600多个苏联企业与经互会的其他成员国建立了直接的经济联系,商品流通额不到苏联与其他社会主义国家总的商品交换额的0.8%,在发展生产合作方面没有起到多少作用。李兴、焦佩:《经互会:苏联与东欧的经济组织》,载沈志华编著:《冷战时期苏联与东欧的关系》,北京大学出版社,2006年,第220~237页。

度化方式进行化解。最后,由于其经济体制原因,华约内国家间民众交流与经济交流都难以平等进行,导致经济问题政治化,最终影响了相互的好感。这些因素都阻碍了和解机制在苏联阵营的发展,最终导致联盟的崩溃。

(四)案例总结与"半负面案例比较法"的效果讨论

从以上美国和苏联的半负面案例比较,我们可看到半负面案例比较法对理解与甄别和解机制的作用。

首先,半负面案例比较法使我们更有信心甄别出和解机制,并理解其重要性。以上案例表明,和解机制在北约与华约都存在,两大联盟都进行了相当的和解努力,并均运行至浅和解阶段。只是由于外部调控的因素,在北约案例中,我们观察到了运作完整的和解机制与其带来的成功转型结果;而在华约案例中,我们观察到了一个被阻碍的和解机制及其导致的结果。半负面案例比较法清晰地展示了相同的机制,由于受到的阻碍不同而导致不同的结果,使我们确信和解机制是存在且对联盟的转型发展具有重要的影响。

其次,通过半负面案例比较法,本章更加确定了国内管理体制因素对联盟转型的作用方式。在明确描述了和解机制的作用之后,我们可以清晰地看出对历史问题的自由讨论和政治轮替是进行和解的必要途径,而人员之间在文化、经济上的自由交流则是辅助这一进程的重要机制。而这些条件的实现就需要相应的制度体系的支持。在北约体系内,制度体系基本上完全实现了本章所说的有限边界、竞争轮替和开放交流特性,故而也带来了深度和解,而华约体系则是几乎不存在这些特点,故而和解失败。这种"根据机制确定因素"的方式可加深我们对因素作用方式的理解。

最后,由于半负面案例比较法可以有效甄别机制,我们还可在众多似是而非的解释中选择更为可信的解释。如果没有机制的甄别,只观察国内管理体制因素与结果的关系,其实我们也可以得出类似于所谓的"民主和平论"等相关的解释,但是这类解释的问题在于其所提出的机制在负面案例(华约)中是不存在的,故而我们也不知道这类解释是否可信。而半负面案例比较法所甄别出的和解机制,由于其同时存在于正面与负面案例之中,故而更为可信。

表8-5　国内管理体制对和解机制的影响总结

和解机制	北约阵营	华约阵营
●浅和解	成功(法德在美国强力压制下结成同盟)	成功(苏联主动向东欧国家提出道歉)
●深度和解	成功(在历史反省上,德法进行较深入的历史反省讨论;在政治轮替上,德国社会民主党上台;在人员、社会、经济交流上,双方交流密切)	失败(历史反省的讨论遭到压制,政治轮替基本不存在,计划经济压制经济、人员交流)

五、结论

从方法论上来看,本章所采取的半负面案例比较法是证明机制非常有效的研究工具。通过相关案例研究,本章论证了和解机制对联盟发展的重要性,并讨论了国内管理体制对和解机制的作用。本章认为,当联盟体系内由有限、灵活和开放式的国内管理体制组成时,这些因素可以对该联盟内部的和解机制起到催化的作用,从而使得该联盟更有可能实现和解,并转化为共同体制度,而当一个联盟体系的政治体制偏向于绝对权力、僵化和封闭时,该联盟体制内的和解机制遭到了制度因素的阻碍,从而只能运行到浅和解这一初级阶段,无法继续下去。正负案例进行对比,体现了该机制及相关因素对联盟内实现和解并向共同体过渡的影响作用。在本章的基础上,之后的研究还可在如下方面进行延伸:

第一,本章所论证的和解机制除了应用于北约和华约这类的联盟体系,有相当的推广性。一方面,当前世界依然存在着本章所讨论的联盟内成员和解的问题,例如美国在东北亚联盟体系中的日本与韩国,海湾合作委员会体系内的沙特与卡塔尔,这些问题可应用本章所提出的和解机制进行研究。另一方面,在更广泛的国际关系领域上,和解依然是许多国家间关系面临的重要挑战(阿塞拜疆与亚美尼亚、巴以问题、印巴问题),在这些问题上,本章的发现也有相当的推广价值。

第二,本章的研究还对思考联盟的转型及其与共同体的关系有所启示。在传统的国际关系理论中,联盟与共同体被认为是泾渭分明的不同体系,而本章表明联盟与共同体存在演进的关系。这种演进关系需要哪些步骤,除了和解机制之外还需要何种机制,这些问题都值得进一步研究。此外,另一个本章未讨论的问题是在联盟向共同体转型过程中,联盟体系与非联盟体系之间的差异。当前,我国正处在构建人类命运共同体的关键阶段,而我国采取的模式是以不结盟为主要特点的伙伴关系网络模式。对这一方式在构建共同体过程中,与联盟体系构建共同体方式的异同①,如何更好地推动和解,都需要我们进行更加仔细的研究。

---

① 周亦奇:《当伙伴"遇见"盟友——中国伙伴关系与美国同盟体系的互动模式研究》,《国际展望》,2016年第5期,第21~39页。

后　记

在来到复旦大学的第三学年(2012—2013年),我开设了"社会科学中的研究设计"这门课程。中间除了出国访问一年(2015—2016年)没有开设之外,我每年都开设这门课,到目前已七年。这门课也就成了我到复旦之后持续开设时间最长的课程。

我对这样一门课程的思考是从2008年开始的。这个思考源于一个司空见惯的事实:不同学者的书,甚至同一位学者不同的书,质量的差别可能是很大的。有一天我突然想到,如果我们能知道哪些书好、哪些书不好,然后再问为何哪些书好、哪些书不好,我们就有可能吸取这些学者的一部分研究和写作的经验或教训。

这样的一个课程,与"研究方法"和"(以方法为主线的)研究设计"的课程并不一样。事实上,许多受到过不错的方法论训练的同学们,可能仍旧写不出一篇好的博士论文(经济学除外,因为经济学基本不再重视博士论文),甚至一篇好的研究文章。因此这背后不完全是定量、定性的方法水平的问题,而是一个博士论文设计的起点高低的问题。这个起点的高低,在很大程度上决定了一篇博士论文的最后水平。如果"研究设计"仅仅只是介绍或者学习定量、定性的方法,其实是不够的。

换句话说,在具体的研究方法和好的研究之间还缺少一环:一个以写一本好的博士论文为目标的"研究设计"课程。而据笔者观察,即便在欧美,绝大部分的"研究设计"课程其实也都主要是学习定量、定性的具体方法。

而真正的"研究设计"起点应该要比方法高一个层次:它介于方法和

"社会科学哲学"之间,同时还要考虑其他诸多问题。(因此"研究设计"这一门课的读物确实包含了"社会科学哲学"的一些文献。)更具体地说,要写好一篇好的博士论文,需要从选题、理解文献(文献批评)、理论化、实证方法、具体的实证、讨论这六个方面有通盘的考虑,而具体的实证方法(和具体的做法)仅仅是一个环节而已。

那么如何才能让学生尽快掌握写一篇好的博士论文的秘籍呢?我的直觉就是从研读不同学者的博士论文中直接学习,而这是最为直接、有效的。因为只要有比较(不同的博士论文),就(才)会有鉴别,方知论文水平的高低,所以必须让学生比较不同的博士论文。知识广度对好的社会科学研究是至关重要的,因此每一个学生都应该至少读两个领域的论文。

显而易见,开设这门课程,对我也是一个巨大的挑战。这些挑战主要包括两个方面:

(1)话题的多样性。没有一个人是全能的,每个人的知识面都是有限的。要开设这样一门面对整个社会科学(主要是政治学、社会学,以及政治经济学)的课程,我需要恶补很多东西。而如果我要求每个学生都至少读六本论文(两本中文论文、两本英文论文,再加上另一个领域的两本论文)的话,自己的阅读量就是好几十本论文。

(2)鉴于研究方法的多样性(不仅仅是定量、定性),以及我对综合运用不同研究方法的推崇,我希望虽然不同的论文展现的方法各有千秋,但却能够共同支持重要的科学进步。显然,我不可能精通每一个具体的方法,但要教授这样一门课程,我需要对各个大类的方法都有基本的了解,否则就是在误人子弟。

以上两个方面加在一起,我的压力是巨大的。每个学生读的论文我都要读至少两遍(在挑选这些论文的时候,我肯定都大致读了一遍),再加上课程中其他必读和选读作品,我需要读的东西实在是有点儿多。

因此在开设这门课之前,我认真准备了三年多(2008—2012年)。在这期间,需要:①给自己补课,从不同的话题到不同的方法;②获得这些博士论文的原稿，和这些作者建立某种联系，了解他们当初的某些思考；③甄选论文和其他阅读材料；④制定课程安排，并且自己先读一遍所有的必读材料；⑤大致备好课，特别是归纳出"如何批判性阅读博士论文"。为了不让自己累趴下，我在推出这门课的时候特意限定了选课人数，因为选课学生越多，意味着我要读的博士论文会越多。

这门课90%左右的读物都是英文，除了每周都必须交读书笔记，还要求同学们完成特定的作业，以及最终用整个暑假完成"期末论文"。特别是为了贯彻"有比较，就会有伤害"的精神，几乎每周同学们都会两两捉对厮杀。具体的做法是：每周，所有选课的同学会被分成两个人一组。然后一个组的两个同学比较同样的两本论文或者其他阅读材料的理解和心得。之后，这两位同学退场，让其他的同学投票，决定谁赢得了这场比赛，而赢的同学将获得输的同学的分数，甚至差距极大时，赢家可以通吃。这一做法迫使同学们都必须为自己的分数和荣誉而战。据选课的同学们反映，"效果不错"！

为了不落空，我当然会要求自己的学生都必须选修这门课，而这也是我考察他们的一个手段。所幸的是，从一开始，这门课就吸引了一些真正希望挑战一下自己的同学们。因此我开玩笑地说："在这门课上拿到A-以上成绩的同学，都应该有潜力做出国内一流的研究。"

我不知道同学们是否真的喜欢这门课。但令我意想不到的是，这门课对我自己的回报可以说是巨大的，甚至可能超出了它给同学们带来的回报。同样重要的是，我也会将我和同事正在进行的一些研究，用"现在进行时"在课上介绍，这对我们提升自己的研究也是大有帮助的。

在此，我特别感谢所有选修这门课的同学。其次，我要感谢所有愿意把他们通常都不够成熟的博士论文拿出来给同学们分享的青年新锐们。

我还特别欣喜的是，从最近的一些博士论文甚至硕士论文中已经看到了一些影响（自己贴点金）：一些原来中国学生几乎从不研究的话题和问题（通常是非中国的话题和问题），现在也开始有学生进行研究。让我们大家一起努力,让中国的社会科学能够为世界贡献一些有普适意义的知识。

本书中的几乎所有内容,都是我在教授这门课的过程中的产物。许多文章都是选修这门课的学生和我合作的成果。

因此我将本书献给所有选修过"社会科学中的研究设计"这门课的同学们,以及"新唐门"的所有学生们。感谢他们的参与、支持和讨论。没有他们,就不大可能会有这本书。

最后,还要特别感谢天津人民出版社的杨舒编辑以及多个杂志的编辑们,他们的辛勤劳动使得本书的出版成为可能。

唐世平

2021 年 3 月